大跨度桥梁抗震设计理论与方法

夏修身　戴胜勇　编著

科 学 出 版 社
北 京

内 容 简 介

本书介绍了国内外大跨度桥梁的典型震害及其成因分析，涵盖了大跨度桥梁抗震设计理论中的抗震设防标准、抗震概念设计、地震动输入模式与抗震性能指标等内容。基于最新的抗震设计理念，本书探讨了斜拉桥桥塔顺、横桥向的非弹性抗震设计问题，给出了大跨度拱桥的抗震设计方法，讨论了大跨度钢管混凝土拱的抗震薄弱部位及非线性抗震性能，从各墩协同抗震的角度对长联大跨度混凝土连续梁桥进行了减隔震设计，解决了其抗震设计中的难题。

本书语言浅显易懂，适合桥梁抗震领域的研究生、教师及工程技术人员阅读，也可以作为桥梁抗震方向研究生的辅助教材。

图书在版编目（CIP）数据

大跨度桥梁抗震设计理论与方法 / 夏修身，戴胜勇编著. —北京：科学出版社，2020.5

ISBN 978-7-03-064264-6

Ⅰ. ①大…　Ⅱ. ①夏…　②戴…　Ⅲ. ①长跨桥-桥梁-结构-防震设计　Ⅳ. ①U448.43

中国版本图书馆CIP数据核字（2020）第017641号

责任编辑：陈　婕 / 责任校对：樊雅琼
责任印制：吴兆东 / 封面设计：陈　敬

科学出版社 出版
北京东黄城根北街 16 号
邮政编码: 100717
http://www.sciencep.com
北京九州迅驰传媒文化有限公司 印刷
科学出版社发行　各地新华书店经销
*
2020 年 5 月第　一　版　开本：720 × 1000　1/16
2022 年 4 月第二次印刷　印张：13 1/4
字数：260 000

定价：88.00 元

（如有印装质量问题，我社负责调换）

前　言

随着经济的发展，一大批大跨度桥梁正在建设与规划中。然而，国内外现有的绝大多数桥梁抗震设计规范不适用于大跨度桥梁的抗震设计。此外，大跨度桥梁建设投资巨大，其修建关系到整个地区的经济发展。尤其是当大跨度桥梁遭受严重地震破坏时，不可避免地会切断震区的交通生命线，造成救灾工作的巨大困难，加重次生灾害，从而产生更大的经济损失。

随着桥梁抗震研究的深入及抗震技术的发展，大跨度桥梁在设计使用寿命期内的抗震设计目标正向不影响完全通行能力且地震损伤可恢复的方向发展。因此，有必要研究大跨度桥梁的抗震设计理论与方法。

本书共 12 章。第 1 章介绍大跨度桥梁的抗震设防标准及性能目标；第 2 章介绍大跨度桥梁的典型震害；第 3 章介绍大跨度桥梁的抗震概念设计；第 4 章介绍大跨度桥梁动力分析模型与地震反应分析方法；第 5 章探讨大跨度桥梁地震动及其输入模式；第 6 章讨论与第 1 章设防标准及性能目标相对应的抗震性能量化指标及抗震验算方法；第 7 章讨论斜拉桥桥塔顺桥向的非线性抗震性能及抗震对策；第 8 章讨论横梁屈服对斜拉桥横向地震反应的影响；第 9 章基于斜拉索及索梁锚固震害，讨论斜拉桥拉索的地震反应；第 10 章探讨大跨度钢管混凝土拱桥非线性抗震性能；第 11 章介绍一座典型大跨度钢管混凝土拱桥的抗震设计；第 12 章介绍一座超长联大跨度连续梁桥的抗震设计。本书是作者多年来从事桥梁抗震研究的成果总结，希望能为从事科研、教学与设计的人员提供一些指导与帮助。

作者衷心感谢著名抗震专家陈兴冲教授与李建中教授的指导与培养。与本书内容相关的研究工作得到了国家自然科学基金与中国铁路总公司科研开发计划课题的资助，在此也表示感谢。

由于作者学识有限，书中难免存在不妥之处，敬请读者批评指正。

作　者

2019 年 5 月于兰州

目　　录

第 1 章　大跨度桥梁的抗震设防标准及性能目标

1.1　国内外研究现状及发展趋势

我国现行的 GB 50111—2006《铁路工程抗震设计规范》(2009 年版)仅适用于跨度小于 150m 的梁式桥，JTG/T B02-1—2008《公路桥梁抗震设计细则》及 CJJ 166—2011《城市桥梁抗震设计规范》也仅适用于跨径 150m 以下的桥梁，对于大跨度桥梁仅给出了抗震设计原则，因此，大跨度桥梁的抗震设计需作专门的研究[1-3]。与上述桥梁抗震规范类似，美国加利福尼亚州的桥梁抗震设计规范(2013 年版)和美国国家公路与运输协会(AASHTO)规范(2005 年版)也仅适用于跨径 150m 以下的桥梁[4]。日本铁道抗震设计规范适用于跨径 200m 以下的桥梁[5]。欧洲桥梁抗震设计规范对跨径没有限制，适用于斜拉桥与拱桥，但不适于悬索桥[6]。综上可知，国内外现有的绝大多数桥梁抗震设计规范不适用于大跨度桥梁的抗震设计。

确定合理的设防标准是大跨度桥梁抗震设计时首先需要解决的问题。有关大跨度桥梁的抗震设防标准问题的研究，目前已取得了一定的研究成果。例如，谢礼立等论述了抗震设防标准在防震减灾工作中的重要作用和地位，指出应制定符合国情的抗震设防标准，并讨论了基于性能抗震设防标准的确定方法[7]。戚冬艳介绍了国内外桥梁结构的抗震重要性分类，研究了基于重要性系数的抗震设防标准[8]。叶爱君等介绍了国内典型大跨度桥梁的抗震设防标准，基于多级设防的抗震设计思想探讨了大型桥梁工程的设防标准、性能要求及验算指标[9]。华新等分析了国内外特大桥的抗震设防标准，提出了基于 100 年地震重现期来校核功能与基于 2450～4950 年地震重现期来校核安全的两标准设防[10]。王克海等指出大型桥梁工程所采用的抗震设防标准一般要略高于普通桥梁,但并不是越高越好，建议采用地震重现期来描述设防标准[11]。张敏政研究了汶川地震中大量民居、学校教室倒塌或破坏程度，提出应提高其抗震设防标准[12]。孙颖等研究了普通规则桥梁的抗震性能标准，探讨了其量化指标[13]。唐光武等介绍了我国公路桥梁抗震设防标准的发展，比较了国内外现行规范的抗震设防标准[14]。邹勤等引入基于性能的抗震设计思想，从使用功能、政治、经济的影响三个方面探讨了近海隔震桥梁的抗震设防标准[15]。夏修身等结合川藏铁路大跨度拱桥，讨论了高烈度地震区大跨度桥梁的抗震设防标准[16]。

大跨度桥梁建设投资巨大，其修建一般关系到整个地区的社会经济发展。当大跨度桥梁遭受到严重破坏时，不可避免地会切断震区的交通生命线，造成救灾工作的巨大困难，加重次生灾害，从而产生更大的经济损失。随着桥梁抗震研究的深入及抗震技术的发展，在设计使用寿命期内，大跨度桥梁的抗震设计目标正向不影响完全通行能力且地震损伤可恢复的方向发展。

美国塔科马(Tacoma)新桥为(366+854+427)m 悬索桥(图 1.1)，采用两个设防水平：功能性评价地震水平(100 年一遇)和安全性评价地震水平(2000 年一遇)。

图 1.1 塔科马新桥

塔科马新桥的抗震性能目标[17]如表 1.1 所示。

表 1.1 塔科马新桥的抗震性能目标

抗震设防标准	结构构件	性能目标	具体准则
100 年重现期 100 年超越概率 63%	结构各构件	无损伤	钢筋混凝土最大应力均不大于名义屈服应力；塔顶不出现残余位移
2000 年重现期 100 年超越概率 5%	桥塔沉井	轻微损伤	混凝土应变不大于 0.004，钢筋应变不大于 0.015
	沉井以上桥塔	可修复损伤	约束混凝土应变达到极限应变的 75%，纵向钢筋达到极限应变的 55%，约束钢筋达到其极限应变的 40%；同时，塔顶横桥向残余位移相对沉井顶应小于 610mm，相对于沉井底小于 914mm。塔顶顺桥向残余位移相对沉井顶应小于 305mm，相对于沉井底小于 610mm
	锚碇块	无损伤	—
	加劲桁架	无损伤	—
	次要加劲桁架	可修复损伤	—
	支座	可修复损伤	—
	伸缩缝	严重损伤	—
	缆索体系等	无损伤	—

我国已修部分大跨度桥梁的抗震性能目标[17]，见表 1.2。

表 1.2　我国典型大跨度桥梁的抗震性能目标

工程名称	抗震设防标准	总体性能目标
润扬长江大桥	E1：475 年重现期 50 年超越概率 10%	结构处于弹性工作状态，震后不需要修复即可正常通车
	E2：2450 年重现期 50 年超越概率 2%	变形在容许范围
虎门大桥	E1：475 年重现期 50 年超越概率 10%	结构处于弹性工作状态，震后不需要修复即可正常通车
	E2：2450 年重现期 50 年超越概率 2%	变形在容许范围
江阴大桥	E1：475 年重现期 50 年超越概率 10%	结构处于弹性工作状态，震后不需要修复即可正常通车
	E2：2450 年重现期 50 年超越概率 2%	变形在容许范围
舟山西堠门大桥	E1：1000 年重现期 100 年超越概率 10%	结构处于弹性工作状态，震后不需要修复即可正常通车
	E2：2450 年重现期 100 年超越概率 4%	主塔、辅助墩、过渡墩、桥梁基础允许出现不需要修复的轻微损伤
泰州长江大桥	E1：1000 年重现期 100 年超越概率 10%	结构处于弹性工作状态，震后不需要修复即可正常通车
	E2：2450 年重现期 100 年超越概率 4%	主塔、辅助墩、过渡墩、桥梁基础允许出现不需要修复的轻微损伤
苏通大桥	E1：950 年重现期 100 年超越概率 10%	结构处于弹性工作状态，震后不需要修理即可正常通车
	E2：2450 年重现期 100 年超越概率 4%	主塔允许出现不需修复的微小裂缝，边墩允许局部损坏， 支座等连接构件正常工作，其他构件无损坏
上海南浦大桥	E1：475 年重现期 50 年超越概率 10%	结构处于弹性工作状态，震后不需修复即可正常通车
	E2：950 年重现期 100 年超越概率 10%	变形在容许范围
上海徐浦大桥	E1：475 年重现期 50 年超越概率 10%	结构处于弹性工作状态，震后不需修复即可正常通车
	E2：1642 年重现期 50 年超越概率 3%	变形在容许范围

比较国内外大跨度桥梁的抗震设计可以看出，国内外对大跨度桥梁的抗震性能已达成以下共识：

(1) 在大跨度桥梁的设计使用寿命期内，桥梁震后必须具有不经修复也能保证完全通行能力。

(2) 震后大跨度桥梁的主要构件无损伤或损伤可修复。

需要说明的是，以上国内外工程实践对象为大跨度公路桥梁，且大多数的桥址地震烈度相对较低。

我国在高烈度地震区修建的铁路大跨度桥梁较少，国内外可供借鉴的相关工程实践很少。《铁路工程抗震设计规范》(2009 年版)明确指出，对 A 类工程的抗震设计应进行专题研究，且设防标准不得低于 B 类工程。大跨度桥梁建设投资巨大，其具有重要的政治及经济地位，其设计时通常采用较高的抗震设防标准，按多级设防。国外典型大跨度桥梁的抗震设防标准较高且各构件的抗震性能明确，而我国公路大跨度桥梁的功能评价标准为地震动(相当于E1 地震作用)不小于 475 年。结合我国的经济发展水平及国内外最新研究成果确定高烈度地震区大跨度桥梁的地震设防水平，可为铁路大跨度桥梁的抗震设防标准的确定提供支撑。

1.2　重现期与设计地震加速度

《铁路工程抗震设计规范》(2009 年版)根据铁路等级及其在路网中的重要性和修复(抢修)的难易程度把桥梁分为 A、B、C、D 类四个抗震设防类别。各类工程分别对应相应的地震作用重要性系数。对于 A 类工程，其抗震设计需做专项研究，规范指出：其设防标准不得低于 B 类工程。铁路桥梁采用多遇地震(50 年超越概率 63.2%)、设计地震(50 年超越概率 10%)与罕遇地震(50 年超越概率 2%～3%)三水准进行抗震设防。D类工程的多遇地震、设计地震与罕遇地震的重要性系数均为 1.0，表明 D 类工程多遇地震的地震动水准为 50 年一遇(重现期为 50 年)，设计地震的地震动水准为 475 年一遇，罕遇地震的地震动水准则为 2475 年一遇。B 类工程的多遇地震的重要性系数为 1.5，设计地震与罕遇地震的重要性系数均为 1.0。B 类工程的设计地震与罕遇地震的地震动设防标准与 D 类一致，而 B 类工程的多遇地震的重要性系数较高，其设防标准如何(重现期是多少)在规范中没有介绍。

1.2.1　重现期与超越概率

多遇地震、设计地震及罕遇地震都是相对工程结构的使用寿命而言的。研究表明，地震强度及其出现的频次是服从对数规律的，强度大的地震出现频次较低，是罕遇的；强度较小的地震出现的频次相对较高，是多遇的[18]。我国《铁路工程抗震设计规范》(2009 年版)采用 50 年基准期的超越概率来表述多遇地震、设计地震及罕遇地震。超越概率是指一定场地在未来一定时间内遭遇到大于或等于给定地震烈度值或地震动参数值的概率，常以年超越概率或设计基准期超越概率表示。地震重现期是指一定场地重复出现大于或等于给定地震的平均时间间隔[19]。桥梁结构抗震设防标准可以用年超越概率或地震重现期来描述。

超越概率与地震重现期存在以下关系[8]：

$$T_{\mathrm{R}}=\frac{1}{1-(1-P)^{\frac{1}{T_{\mathrm{L}}}}}\tag{1.1}$$

式中，T_{R} 为地震重现期；P 为 T_{L} 年内地震发生的超越概率；T_{L} 为超越概率 P 对

应的基准期年数。

通过改变地震作用重要性系数来改变桥梁结构的设防等级会盲目地增强或减弱其抗震能力[19]。对大跨度桥梁比较合理的做法是，通过调整地震重现期来体现不同工程的设防等级[19,20]。

1.2.2 超越概率与设计地震加速度

设计基本地震动加速度 A_{max} 与烈度的数量 I 的关系为[18]

$$\lg A_{max} = 0.3I - 2.75 \tag{1.2}$$

设计基本地震动加速度 A_{max} 的危险性曲线公式为[7,18]

$$\lg[-\ln(1-P)] + 0.9773 = k\lg\left(\frac{1.5-\lg A_{max}}{1.5-\lg A_{max}^{10}}\right) \tag{1.3}$$

式中，k 为形状系数[8]，见表 1.3；A_{max}^{10} 为相应于 50 年超越概率 10%的地震地面最大加速度；P 为 50 年基准期内地震发生的超越概率。

表 1.3　地震设防烈度与相应的形状系数 k

地震设防烈度	9	8		7		6
设计基本地震动峰值加速度	0.4g	0.3g	0.2g	0.15g	0.1g	0.05g
形状系数 k	5.4028	6.1381	6.8713	7.6031	8.3339	9.7932

注：g 为重力加速度。

1.3　B 类工程的多遇地震重现期

B 类工程的多遇地震抗震重要性系数为 1.5。由式(1.3)及表 1.3 可计算出考虑重要性系数 1.5 后各烈度的多遇地震所对应的超越概率 P，再由式(1.1)可得到相应的地震重现期，见表 1.4。

表 1.4　B 类工程的多遇地震重现期

地震烈度	6	7		8		9
A_{max}^{10}	0.05g	0.1g	0.15g	0.2g	0.3g	0.4g
A_{max}	0.02g	0.04g	0.05g	0.07g	0.1g	0.14g
1.5A_{max}	0.03g	0.06g	0.075g	0.105g	0.15g	0.21g
k	9.7932	8.3339	7.6031	6.8713	6.1381	5.4028
T_R/年	153	151	100	113	98	110
P	28.0%	28.3%	39.4%	35.9%	40.1%	36.6%

由表 1.4 可知，在相同的重要性系数 1.5 下，地震烈度 6 度的多遇地震重现期最

大，为 153 年；地震烈度 8 度、地震动峰值加速度 0.3g 对应的多遇地震重现期最小，为 98 年；各烈度所对应的多遇地震重现期的差别较大，这是因为确定重要性系数时只考虑桥梁的重要性类别，而没有考虑桥址地区的地震危险性差异，从而使同样的桥梁处在不同地区时具有不同的抗震设防标准。因此，通过重要性系数体现桥梁结构的设防等级相对不够合理。对于大跨度桥梁，通过地震重现期来描述设防标准相对更合理。

1.4　A 类工程的地震设防标准

鉴于大跨度桥梁(A 类工程)在路网中的重要性及震后难以修复，其抗震设计通常要专门研究。表 1.5 为我国已修建大跨度桥梁的地震设防标准。表 1.6 为部分 A 类工程的地震设防标准。

表 1.5　我国典型大跨度桥梁的地震设防标准

工程名称	地震烈度	抗震设防标准	桥梁概况
芜湖长江大桥	6	多遇地震：100 年重现期，100 年超越概率 63.2%	公铁两用斜拉桥 (180+312+180) m
		罕遇地震：4950 年重现期，100 年超越概率 2%	
韩家沱长江大桥	6	多遇地震：153 年重现期，50 年超越概率 63.2%，考虑 1.5 重要性系数	铁路斜拉桥 (81+135+432+135+81) m
		罕遇地震：2475 年重现期，50 年超越概率 2%	
黄冈长江大桥	6	多遇地震：950 年重现期，100 年超越概率 10%	公铁两用斜拉桥 (81+243+567+243+81) m
		罕遇地震：3280 年重现期，100 年超越概率 3%	
上海杨浦大桥	7	E1：475 年重现期，50 年超越概率 10%	公路斜拉桥 (40+99+144+602+144+99+44) m
		E2：950 年重现期，100 年超越概率 10%	
上海南浦大桥	7	E1：475 年重现期，50 年超越概率 10%	公路斜拉桥 (40.5+76.5+94.5+423+94.5+76.5+40.5) m
		E2：950 年重现期，100 年超越概率 10%	
上海徐浦大桥	7	E1：475 年重现期，50 年超越概率 10%	公路斜拉桥 (40+40+39+39+39+45+590+45+39+39+39+40+40) m
		E2：1642 年重现期，50 年超越概率 3%	
虎门大桥	7	E1：475 年重现期，50 年超越概率 10%	公路悬索桥 (302+888+348.5) m
		E2：1642 年重现期，50 年超越概率 3%	
江阴大桥	7	E1：475 年重现期，50 年超越概率 10%	公路悬索桥 (369+1385+309) m
		E2：1642 年重现期，50 年超越概率 3%	
润扬大桥	7	E1：475 年重现期，50 年超越概率 10%	公路悬索桥 (470+1490+470) m
		E2：2475 年重现期，50 年超越概率 2%	
泰州长江大桥	7	E1：1000 年重现期，100 年超越概率 10%	公路悬索桥 (390+1080+1080+390) m
		E2：2450 年重现期，100 年超越概率 4%	

表 1.6　部分典型大跨度桥梁的地震设防标准

工程名称	抗震设防标准	桥梁概况
美国塔科马新桥	E1：100 年重现期，100 年超越概率 63%	公路悬索桥 (366+854+427) m
	E2：2000 年重现期，100 年超越概率 5%	
美国旧金山-奥克兰海湾(San Francisco-Oakland Bay)大桥	E1：92 年重现期，100 年超越概率 65%	公路悬索桥 (180+385) m
	E2：2000 年重现期，100 年超越概率 5%	
希腊里奥-安托里恩(Rion-Antirion)大桥	E1：350 年重现期，100 年超越概率 25%	公路斜拉桥 (286+560+560+560+286) m
	E2：2000 年重现期，100 年超越概率 5%	
中国香港青马大桥	E1：120 年重现期，120 年超越概率 63%	公路悬索桥 (355+1377+300) m
	E2：2340 年重现期，120 年超越概率 5%	
中国香港汀九桥	E1：120 年重现期，120 年超越概率 63%	公路斜拉桥 (127+448+475+127) m
	E2：2340 年重现期，120 年超越概率 5%	
中国香港汲水门桥	E1：120 年重现期，120 年超越概率 63%	公路斜拉桥 (80+80+430+80+80) m
	E2：2340 年重现期，120 年超越概率 5%	
中国香港昂船洲大桥	E1：120 年重现期，120 年超越概率 63%	公路斜拉桥 (79.75+2×70+69.25+1018+79.75+2×70+69.25) m
	E2：2340 年重现期，120 年超越概率 5%	
日本明石海峡大桥	E1：150 年重现期	公路悬索桥 (960+1991+960) m
	E2：1000 年重现期	
日本多多罗大桥	E1：150 年重现期	公路斜拉桥 (70+890+320) m
	E2：1000 年重现期	

由表 1.5 可知，国内铁路大跨度桥梁(A 类工程)中，芜湖长江大桥的多遇地震重现期为 100 年，韩家沱长江大桥的多遇地震重现期为 153 年，黄冈长江大桥的多遇地震重现期为 950 年，三座桥的多遇地震重现期相差较大，这表明我国铁路大跨度桥梁多遇地震所采用的设防标准相对较随意。公路大跨度桥梁在 E1 地震作用下的重现期多为 475 年，一般通过与业主商量而定。

由表 1.6 可知，对于大跨度桥梁的多遇地震(E1)重现期，美国约为 100 年，中国香港为 120 年，日本为 150 年，与桥梁的设计使用寿命基本相近。

对比表 1.5、表 1.6 可知，我国公路大跨度桥梁 E1 地震作用下的抗震设防标准明显高于国外；对于罕遇(E2)地震，铁路桥梁的抗震设防标准高于公路。

通过对国内外大跨度桥梁的调研、分析，基于“A 类工程的设防标准不得低于 B 类工程”原则，建议铁路大跨度桥梁(A 类工程)地震设防标准如下。

多遇地震：重现期 150 年(与桥梁的设计使用寿命相当)，50 年超越概率 28.5%；

设计地震：重现期 475 年，50 年超越概率 10%(规范中未作调整)；

罕遇地震：重现期 2475 年，50 年超越概率 2%(规范中未作调整)。

为了使大跨度桥梁的抗震设防标准在实际应用中具有可操作性，也为了便于工程人员在设计过程中与规范对接，基于 150 年重现期，将铁路大跨度桥梁对应各地震烈度区多遇地震作用的重要性系数 C_i 列于表 1.7。表中 C_i 计算方法为：

(1)将地震重现期 T_R=150 年代入式(1.1)，可求出地震烈度下基准期 T_L=50 年的超越概率 P。

(2)将 P 代入式(1.3)，可求出 A_{max}。

(3)$C_i=A_{max}/\alpha$，其中α为多遇地震基本峰值加速度。

表 1.7　A 类工程的多遇地震重现期与重要性系数

地震烈度	6	7		8		9
多遇地震基本峰值加速度α	0.02g	0.04g	0.05g	0.07g	0.1g	0.14g
A_{max}^{10}	0.05g	0.1g	0.15g	0.2g	0.3g	0.4g
k	9.7932	8.3339	7.6031	6.8713	6.1381	5.4028
T_R/年	150	150	150	150	150	150
T_L/年	50	50	50	50	50	50
P	28.5%	28.5%	28.5%	28.5%	28.5%	28.5%
设计基本地震动加速度 A_{max}	0.0297g	0.0597g	0.0908g	0.1205g	0.1840g	0.2440g
多遇地震重要性系数 C_i	1.49	1.49	1.82	1.72	1.84	1.74

1.5　抗震性能目标

我国《铁路工程抗震设计规范》(2009 年版)中指出，普通铁路桥梁总体抗震性能目标如下。

性能要求Ⅰ：地震后不损坏或轻微损坏，能够保持其正常使用功能；结构处于弹性工作阶段。

性能要求Ⅱ：地震后可能损坏，经修补，短期内能恢复其正常使用功能；结构整体处于非弹性工作阶段。

性能要求Ⅲ：地震后可能产生较大破坏，但不出现整体倒塌，经抢修后可限速通车；结构处于弹塑性工作阶段。

多遇地震时达到性能要求Ⅰ，设计地震对应性能要求Ⅱ，罕遇地震对应性能要求Ⅲ。规范中尚没有涉及大跨度桥梁各构件的具体性能目标。我国典型大跨度桥梁采取的性能目标见表 1.2。国内外部分典型大跨度桥梁的抗震性能目标见表 1.8 和表 1.9。

表 1.8　国外典型大跨度桥梁的抗震性能目标[17]

工程名称	设防水平	功能性评价	总体性能目标	各重要构件性能目标
美国奥克兰海湾新桥	E1	震后不经修复保持完全通行能力	整体只发生轻微损伤	大部分结构构件保持弹性性能；少部分构件允许进入塑性；伸缩缝允许破坏；混凝土允许发生微小裂缝；没有显著的残余位移
	E2	震后不经修复保持完全通行能力	整体发生可修复损伤	上部结构和塔身允许发生轻微损伤；辅助墩柱和塔身的剪力连接键允许发生可修复损伤(墩柱钢筋屈服，最外层混凝土剥落)；承台桩基允许发生轻微损伤；允许发生不影响桥梁正常通行的残余位移；伸缩缝的破坏可以通过搭接钢板完成交通通行
			结构体系设计成整体有限延性，同时确保安全性评价地震动下稳定的地震反应	对桥塔等有限延性构件有进一步要求：在侧向荷载作用下，构件应该有明确的塑性耗能机制；塑性只发生在墩、主塔连接构件；对于设计成完全延性构件的构造，细节和比例要符合 ATC-32 的要求
希腊里奥-安托里恩大桥	E1	震后不经修复保持完全通行能力	整体只发生轻微损伤	采用漂浮体系，主梁与主塔纵向相对位移小于 2.5m
	E2	震后不经修复保持完全通行能力	结构损伤只发生在预先安排的塑性耗能构件，且只发生可维修的损伤	主塔塔身允许出现塑性区域；主梁与主塔纵向相对位移应小于 5m；基础沿各方向与填土之间允许发生 2m 的相对位移；主塔和主梁在横桥向采用金属连接杆和阻尼器相连，金属连接杆(10000kN 承载力)允许断裂，液压非弹性阻尼器(3500kN 承载力)允许发生 3.5m 的塔梁位移

表 1.9　部分国内外典型大跨度桥梁的抗震性能目标[10]

工程名称	设防标准及验算目标	性能目标
中国香港青马大桥	E1：检算容许应力	结构处于弹性工作状态，震后不需修复即可正常通车
	E2：检算结构整体稳定	在强震作用下，结构的变形和损伤不至于引起结构整体破坏
中国香港汀九桥	E1：检算容许应力	结构处于弹性工作状态，震后不需修复即可正常通车
	E2：检算结构整体稳定	在强震作用下，结构的变形和损伤不至于引起结构整体破坏
中国香港昂船洲大桥	E1：检算容许应力	正常使用结构处于弹性受力状态，震后不需修复即可正常通车，次要构件和非关键构件无实质性损伤，关键构件无损伤
	E2：检算结构整体稳定	桥梁可经受超过弹性范围内的大变形，在大地震中强度无实质性减弱，所受的损伤从经济和技术角度是可修复的，结构中的关键构件只轻微损伤
日本明石海峡大桥	E1	所有构件都处于允许应力下
	E2	所有构件都处于允许应力下(注：支座允许进入非弹性)
日本多多罗大桥	E1	所有构件都处于允许应力下
	E2	所有构件都处于允许应力下(注：支座允许进入非弹性)

对比表 1.2、表 1.9 及我国铁路大跨度桥梁的抗震性能目标可以看出，铁路大跨度桥梁的抗震性能目标与我国早期修建的上海徐浦大桥、上海南浦大桥、江苏润扬长江大桥、广东虎门大桥、香港青马大桥及香港汀九桥相近，对桥梁的总体抗震性能提出了要求，但对各构件的性能缺少具体要求。

由表 1.2、表 1.8 可以看出，对于我国近年来修建的舟山西堠门大桥、上海苏通大桥及泰州长江大桥，国外最新设计及修建的美国奥克兰海湾新桥、希腊里奥-安托里恩大桥，除了在设防地震动水准下总体目标明确外，既定地震下各构件所处状态及可发生损伤水平有更详细的规定。

通过对国内外大跨度桥梁抗震性能目标的调研分析可知，铁路大跨度桥梁除了要有各地震水准下的总体性能目标外，尚需建立在既定地震下各构件所处的状态及可发生的损伤水平，还要进一步明确各构件在预期水平下的相关验算指标。

鉴于大跨度桥梁特殊性，国内外多采用两水准设防、两阶段设计。本书建议铁路大跨度桥梁也采用两水准设防、两阶段设计，大跨度桥梁的抗震性能目标如表 1.10 和表 1.11 所示。

表 1.10　大跨度拱桥的抗震性能目标

抗震设防标准	功能性评价	总体性能目标	各构件性能目标
多遇地震：重现期 150 年 50 年超越概率 28.5%	震后不经修复保持完全通行能力	整体只发生轻微损伤	主拱：无损伤 横撑及横梁：无损伤 拱上立柱：可发生轻微损伤 吊杆与桥面连接处：无损伤 支座：无损伤 拱座及基础：无变位、无损伤 伸缩缝：允许破坏
罕遇地震：重现期 2475 年 50 年超越概率 2%	震后不经修复保持完全通行能力	整体只发生可修(恢)复损伤	主拱：无损伤 拱座及基础：无变位、无损伤 横撑及横梁：允许发生可修复损伤或震后可更换 拱上立柱：允许发生可修复损伤 吊杆与桥面连接处：允许发生可修复损伤 支座：允许进入非弹性 伸缩缝：允许破坏

表 1.11　大跨度斜拉(悬索)桥的抗震性能目标

抗震设防标准	功能性评价	总体性能目标	各构件性能目标
多遇地震：重现期 150 年 50 年超越概率 28.5%	震后不经修复保持完全通行能力	整体只发生轻微损伤	桥塔：无损伤 主梁：无损伤 拉索：无损伤 吊杆与桥面连接处：处于允许应力下 辅助墩：无损伤 基础：无变位、无损伤 伸缩缝：允许破坏

续表

抗震设防标准	功能性评价	总体性能目标	各构件性能目标
罕遇地震：重现期 2475 年 50 年超越概率 2%	震后不经修复保持完全通行能力	整体只发生可修(恢)复损伤	主梁：无损伤 拉索：无损伤 桥塔：允许发生可修复损伤或震后可更换 辅助墩：允许发生可修复损伤 吊杆与桥面连接处：可发生可修复损伤 支座：允许进入非弹性 基础：无变位、无损伤 伸缩缝：允许破坏

1.6 本章小结

本章主要内容包含如下方面：

(1)基于大跨度桥梁的设计使用寿命，以地震重现期为指标，提出了大跨度桥梁的抗震设防标准。

(2)在相同的抗震设防标准下，位于不同烈度的大跨度桥梁具有不同的重要性系数，为了使所提出的抗震设防标准具有可操作性，给出了对应不同烈度的多遇地震重要性系数。

(3)国外大跨度桥梁的多遇地震设防水平与桥梁的设计使用寿命相近，国内绝大多数大跨度桥梁的多遇地震设防水平与桥梁的设计使用寿命不相关。

参考文献

[1] 中华人民共和国铁道部. GB 50111—2006. 铁路工程抗震设计规范[S]. 2009 年版. 北京：中国计划出版社, 2009.

[2] 重庆交通科研设计研究院. JTG/T B02-01—2008. 公路桥梁抗震设计细则[S]. 北京：人民交通出版社, 2008.

[3] 中华人民共和国住房和城乡建设部. CJJ 166—2011. 城市桥梁抗震设计规范[S]. 北京：中国建筑工业出版社, 2011.

[4] CALTRANS seismic design criteria version 1.7[S]. California: CALTRANS, 2013.

[5] 铁道构造物等设计标准及解说-抗震设计[S]. 东京：日本铁道技术综合研究所, 1999.

[6] CEN. BS EN 1998-2: 2005. Eurocode 8 Design of Structures for Earthquake Resistance—Part 2: Bridges[S]. London: British Standards Institutions, 2005.

[7] 谢礼立, 马玉宏. 基于抗震性态的设防标准研究[J]. 地震学报, 2002, 24(2): 200-209.

[8] 戚冬艳. 桥梁结构抗震设计重要性修正系数的研究[D]. 西安：长安大学, 2005.

[9] 叶爱君, 范立础. 大型桥梁工程的抗震设防标准探讨[J]. 地震工程与工程振动, 2006, 26(2): 8-11.

[10] 华新, 阮静. 对特大跨桥梁抗震设防标准的分析和建议[C]//江苏省公路学会优秀论文集. 2006.

[11] 王克海, 李茜, 朱晞, 等. 桥梁工程抗震设防标准问题[J]. 桥梁建设, 2008, (2): 60-62.

[12] 张敏政. 从汶川地震看抗震设防和抗震设计[J]. 土木工程学报, 2009, 42(5): 21-24.

[13] 孙颖, 卓卫东, 房贞政. 规则桥梁抗震性能水准的定义及其量化描述[J]. 地震工程与工程振动, 2011, 31(5): 104-112.

[14] 唐光武, 兰海燕. 中国公路桥梁抗震设防标准的发展和评价[J]. 公路交通技术, 2011, (6): 39-43.

[15] 邹勤, 马玉宏, 崔杰. 近海隔震桥梁基于性态的抗震设防标准[J]. 自然灾害学报, 2014, 23(1), 57-63.

[16] 夏修身, 戴胜勇, 陈兴冲, 等. 川藏铁路大跨度桥梁抗震设防标准研究[J]. 铁道学报, 2016, 38(10), 85-89.

[17] 李建中, 彭天波. 多塔连跨悬索桥抗震与减震设计[M]. 北京: 人民交通出版社, 2014.

[18] 谢礼立, 马玉宏, 翟长海. 基于性态的抗震设防与设计地震动[M]. 北京: 科学出版社, 2009.

[19] 叶爱君. 桥梁抗震[M]. 2 版. 北京: 人民交通出版社, 2011.

[20] 王克海, 李茜, 朱晞, 等. 桥梁工程抗震设防标准问题[J]. 桥梁建设, 2008, (2): 60-62.

第 2 章　大跨度桥梁的典型震害及其分析

调查与分析桥梁震害及其产生的原因是建立正确的抗震设计方法、采取有效抗震措施的科学依据。国内外地震工作者历来都很重视震害的调查研究。可以说，桥梁抗震设计的历史，也是人类对桥梁震害认识的历史[1]。近年来，地震中多次出现大跨度桥梁发生损坏事件，研究者从中获得了关于结构地震反应的极其宝贵的资料，例如，1989 年美国洛马·普里埃塔地震中，旧金山-奥克兰海湾大桥一跨发生落梁；1995 年日本阪神地震中，大跨度钢拱桥、钢斜拉桥与悬索桥出现典型震害；1999 年中国台湾集集地震中，混凝土桥塔的斜拉桥出现震害；2008 年中国汶川地震中，大量钢筋混凝土拱桥及悬索桥出现不同程度的震害。

2.1　大跨度拱桥的震害

1995 年日本阪神地震中，两座大跨度钢拱桥(Nishinomiya Port 大桥与 Rokko Island 大桥)受到严重破坏[2]。Nishinomiya Port 大桥是一座主跨 252m 的钢系杆拱桥，向东为两跨简支钢箱梁引桥，P97#至 P99#为钢框架墩、3 箱的混凝土桥面主梁(图 2.1)。P99#墩设置 3 个固定支座，P98#为活动支座，其他的引桥为连续梁。大桥主桥照片见图 2.2。主跨西侧两个较大的固定支座在地震中遭到破坏，见图 2.3。东侧引桥发生落梁，如图 2.4 所示。事故发生原因为：主拱跨向西受拉的同时，P99#墩由于码头岸壁相邻回填软土沿港口的入口通道侧向扩散及液化而产生转动，此区域的土有高达 2m 的移动，P99#墩有 17cm 的永久残余位移。主拱与引桥间设置了 6 个 30mm×230mm 的限位钢板，地震中限位钢板被拉断，如图 2.5 所示。

Rokko Island 大桥是一座双层桥面的钢拱桥(图 2.6)，在地震中，其主拱在 P214 号桥墩处从钢支座脱落，向东发生 3.1m 的较大移位，主拱发生严重破坏，但没有完全脱落，这可能是因为端横梁的作用。拱顶附近两拱肋之间的横撑在地震中发生了屈曲，如图 2.7 所示。

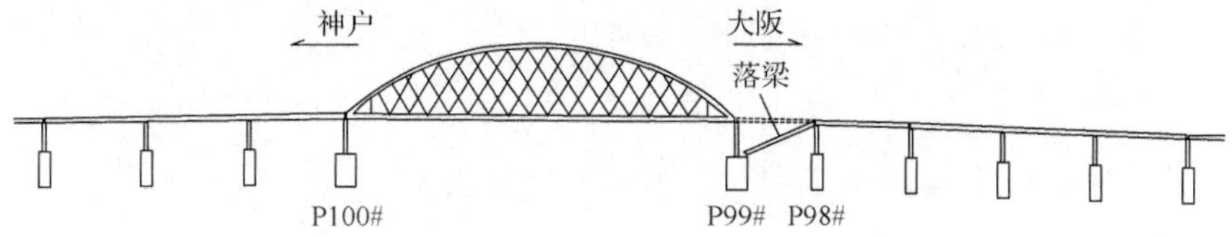

图 2.1　Nishinomiya Port 大桥立面布置

图 2.2　Nishinomiya Port 大桥主桥

图 2.3　固定支座被破坏

图 2.4　Nishinomiya Port 大桥引桥发生落梁

图 2.5　限位钢板被破坏

图 2.6　Rokko Island 大桥立面

图 2.7　Rokko Island 大桥横撑的屈曲破坏

2008 年中国汶川地震中，多座公路大跨度拱桥产生了典型震害[3]。例如，金花大桥(图 2.8)为主跨 150m 的钢筋混凝土肋拱桥，全长 228m，桥面总宽 10m；其主拱为双肋、单箱双室截面，肋间距 6.4m，拱轴系数 m=2.111，矢跨比为 1/6；拱上建筑为梁式结构，纵梁支承在立柱上；重力式桥台，桩柱式桥墩；场地类别为Ⅱ类，按 7 度设防，实际地震烈度为 11 度。金花大桥的震害比较严重，其震害主要表现为桥台侧墙出现严重开裂，伸缩缝挤压变形，纵梁出现不同程度的纵、横向移位，主拱开裂，拱肋系梁破损，桥墩及桥台挡块开裂，见图 2.9 和图 2.10。箱

图 2.8　震后的金花大桥

图 2.9　拱肋的拱脚腹板开裂

形主梁均发生了比较明显的横桥向位移，最大横桥向位移达到了 5～6cm，见图 2.11。两侧桥台台帽及侧墙均遭到破坏，见图 2.12。

图 2.10　拱肋与横系梁连接位置处开裂

图 2.11　主梁横桥向移位及桥面错位

图 2.12　桥台开裂破坏

金花大桥震害的具体情况见表 2.1。

安州大桥位于省道 105 线安县至北川段 K131+623 处，为 2-80m 的中承式钢筋混凝土拱桥。安州大桥场地类别为Ⅰ类，按 7 度抗震设防，桥址实际烈度为 9 度；拱肋、K 形横撑、拱肋横撑发生了开裂。安州大桥的具体震害情况见表 2.2。

安州大桥的开裂位置位于构件的结点处，K 形横撑破坏最为严重，横撑次之。该桥在桥面以上无横撑，在桥面以下布置了强大的 K 形横撑与拱肋横梁。拱肋、K 形横撑及横梁节点处受力复杂、集中是其开裂的主要原因之一。

黄江大桥为净跨 85m 的中承式钢筋混凝土肋拱桥，其桥面以上拱肋无横撑，桥面以下设 2 道 X 形横撑和 3 道横系梁；其场地类别为Ⅰ类，按 7 度设防，实际地震烈度为 10 度。黄江大桥的具体震害情况见表 2.3。

表 2.1　金花大桥震害一览

位置	震害现象
拱肋	主拱实腹段混凝土开裂
	主拱圈第 2 道系梁附近混凝土破坏
拱肋系梁	破损
纵梁	梁体开裂、纵横向错位
桥墩	下横系梁的墩梁节点处开裂，裂缝长 1.1m、宽 1～2mm
桥墩系梁	上中下横系梁的墩梁节点处开裂、裂缝贯穿
桥台	桥台侧墙严重开裂，前墙有水平裂缝
桥台挡块	剪裂
伸缩缝	伸缩缝破坏，桥面隆起

表 2.2　安州大桥震害一览

位置	震害现象
拱肋	第 2 跨拱肋开裂，裂缝 0.8mm
拱肋横向连接系	节点处开裂，竖向裂缝，最大宽 30mm
吊杆	无
拱上立柱	矮柱顶混凝土剥落
拱上立柱盖梁	无
桥道梁	桥面破损
支座	无
伸缩缝	无
桥台	桥台台帽中心出现 1 条竖向通长裂缝，宽 0.25mm
桥墩	无
拱座	无

表 2.3 黄江大桥震害一览

位置	震害现象
拱肋	无
拱肋横向连接系	节点处开裂，竖向裂缝，最大宽 1.0mm
吊杆	无
拱上立柱	节点处开裂，最大宽 0.4mm
拱上立柱盖梁	无
桥道梁	桥面破损
支座	无
伸缩缝	无
桥台	无
桥墩	无
拱座	无

笼子口大桥为 1-60m 上承式钢筋混凝土肋拱桥，其场地类别为 I 类，按 7 度设防，实际地震烈度为 10 度。笼子口大桥的具体震害情况见表 2.4。

表 2.4 笼子口大桥震害一览

位置	震害现象
拱肋	无
吊杆	无
拱上立柱	开裂，最大宽 1.0mm
拱上立柱盖梁	无
支座	无
伸缩缝	无
桥台	侧墙横向开裂
桥墩	无
拱座	无

2.2 大跨度斜拉桥的震害

1995 年日本阪神地震中，Higashi-Kobe 大桥遭到破坏，它是一座三跨连续全钢的双层桥面斜拉桥[2]，见图 2.13。该桥的塔梁间不设任何约束或支撑，为全漂浮体系，主梁与辅助墩之间顺桥向设置了减隔震支座，顺桥向的第 1 周期约为 4.4s。中间墩设置了摆式的抗拉支撑。P182#桥墩与 P187#桥墩的墩顶各设置了两个油阻尼器，用于控制地震位移(图 2.14)。墩顶及桥塔的横向设置了“风鞋”，用于将主梁的风荷传递于桥墩及桥塔中。地震中，P187#桥墩(图 2.15)的西侧墩遭受严重破坏，如主梁横桥向的强烈地震反应使得摆支撑的摆鞋板发生了弯曲，四个风鞋板的螺栓和两个 1.8m 长的油阻尼器在极端大位移下的拉剪组合作用下失效等，见图 2.16～图 2.20。

图 2.13　Higashi-Kobe 大桥

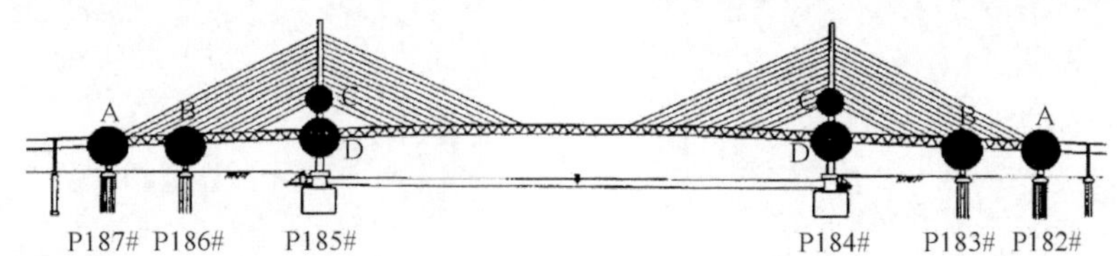

图 2.14　Higashi-Kobe 大桥立面

图 2.15　P187#桥墩

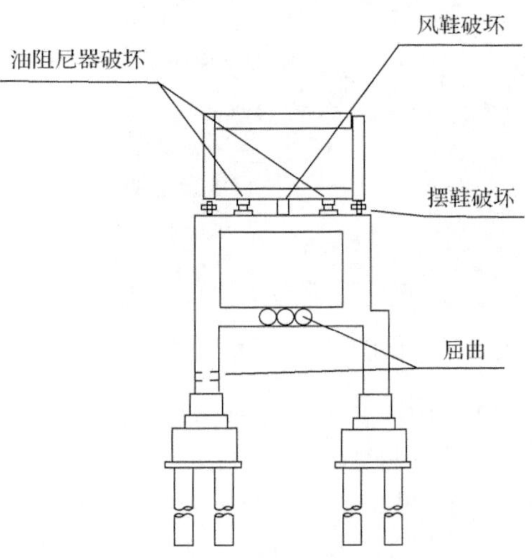

图 2.16　P187#桥墩地震损伤汇总

图 2.17　弯曲摆鞋板及其摆支撑的脱落

图 2.18　“风鞋”连接螺栓断裂

图 2.19　油阻尼器从主梁下方分离

图 2.20　P187#桥墩的矮肢及横梁屈曲

1999 年中国台湾集集地震中，处于施工最后阶段的集鹿大桥(主跨 240m 斜拉桥)索塔发生了地震损伤[4,5](图 2.21)。塔底混凝土发生剥落，且其损伤在桥塔两侧不对称。L14 号拉索完全脱落，许多索帽装置松脱(图 2.22)，许多索梁锚固垫片发生严重翘曲变形。震害分析表明，地震时该桥尚未完工，主梁还有最后一个阶段没有安装，地震中桥梁产生了扭转，故桥塔损伤不对称(图 2.23)。

图 2.21　集鹿大桥索塔震害

图 2.22　集鹿大桥拉索索帽装置松脱

图 2.23　集鹿大桥的主梁损伤状态

2.3　大跨度悬索桥的震害

1995 年日本阪神地震中，断层从两个桥塔之间通过，当时正在修建的主跨 1990m 明石海峡大桥(图 2.24)的桥塔与锚台发生了达 1m 的位移，幸运的是原结构基本完好[6]。

图 2.24　明石海峡大桥

关头坝大桥位于甘肃境内的国道 212 线上，主跨为 1-180m 钢桁架加劲梁双链式悬索桥(图 2.25)，桥梁宽为 7.5m，属门式桥塔，有扩大式基础，于 1988 年竣工，其场地类别为Ⅱ类，按地震烈度 7 度设防。该桥曾在 9 度地震中损坏。据桥管所人员和桥上车辆汽车驾驶员回忆描述，地震时桥梁上部结构振动、摆动厉害，由于主要承重结构为柔性体系，桥梁振幅较大，部分吊杆出现歪斜、偏移等病害。该桥震害主要表现为：吊杆外斜，桥面开裂，兰州岸右侧索塔外侧距桥面以上 20cm 处、重庆岸右侧索塔距桥面 30cm 处各有一条水平表面裂缝[3]。

图 2.25　关头坝大桥

1989 年美国洛马·普里埃塔地震中，旧金山-奥克兰海湾大桥一跨发生落梁[1]（图 2.26）。梁体塌落的主要原因是设计低估了相邻桥墩间的相对位移，致使连接螺栓断裂，而设计预留的支承面又太窄。

图 2.26　旧金山-奥克兰海湾大桥一跨落梁

2.4　本 章 小 结

通过对国内外典型大跨度桥梁的震害调查，可以发现：

(1) 当大跨度桥梁的引桥为简支梁桥时，易造成简支梁落梁。

(2) 与普通的简支及连续梁桥相比，大跨度桥梁(拱桥、斜拉桥与悬索桥)的周期相对较长，震害相对较轻。

(3) 基础震害较轻时，大跨度拱桥的抗震性能较好，拱桥的横撑及拱上立柱是抗震薄弱部位，地震中易发生损害。

(4) 大跨度斜拉桥的支座、桥塔及辅助墩是抗震薄弱部位，易发生地震损伤。

(5) 斜拉桥边墩设置的液体阻尼器需进行详细设计，否则地震时会造成阻尼器与主梁或桥墩分离，不能达到预期耗能的效果。

(6) 悬索桥的跨度较长，跨越不同的场地类型时会使得相邻桥塔产生较大的地震位移，抗震设计时需考虑这一影响。

(7) 国内外关于悬索桥震害报道相对较少，已有震害表明：悬索桥为长周期结构，强震中结构振幅较大，但地震对结构造成的损伤不严重，桥塔的裂缝发生在距桥面以上 20～30cm 高度附近。

参 考 文 献

[1] 叶爱君. 桥梁抗震[M]. 2 版. 北京: 人民交通出版社, 2011.

[2] Wilson J C. Repair of new long-span bridges damaged by the 1995 Kobe earthquake[J]. Journal of Performance of Constructed Facilities, 2003, 17(4): 196-205.

[3] 陈乐生. 汶川地震公路震害调查(桥梁)[M]. 北京: 人民交通出版社, 2012.

[4] Chang K C, Mo Y L, Chen C C, et al. Lessons learned from the damaged Chi-Lu cable-stayed bridge[J]. Journal of Bridge Engineering, 2004, 17(4): 196-205.

[5] 张国镇, 周智杰. 集鹿大桥震害评估与修复之研究[R]. NCREE-04-014.

[6] 王克海. 桥梁抗震研究[M]. 2 版. 北京: 中国铁道出版社, 2012.

第 3 章　大跨度桥梁的抗震概念设计

3.1　抗震概念设计的意义

概念设计是工程设计的核心，也是整个工程设计阶段最重要和最困难的部分。概念设计体现了设计者对总体目标的洞察力，对设计任务的驾驭能力，以及在技术创新、工程思维和综合处理等方面的能力[1]。抗震概念设计是指工程师根据结构地震破坏的形态和长期积累的实际工程经验等总结形成的符合工程师专业知识的基本设计原则和设计思想[2]。

结构抗震设计是一项非常复杂的工作，涉及地震活动、结构及其在地震作用下的反应等问题[3]。结构地震反应分析中存在以下不确定性[4]：

1) 输入地震动的不确定性

工程师在进行建筑结构设计时，尚不能准确预计何时何地会发生地震，也不可能估计发生地震时的地震烈度和地震动特性。桥梁地震反应分析时，输入的地震波有很大的不确定性。弹性地震反应分析中，采用规范反应谱(多条地震波拟合而成的反应谱)可在一定程度上减小不确定性的不利影响。弹塑性地震反应分析时，通常输入多条地震波来考虑不确定性的影响。

2) 可测量物理量值的不确定性

桥梁地震反应分析一些可测量的物理量具有一定的不确定性，如混凝土的弹性模量、土的刚度及钢筋的屈服强度。这些物理量的测量值具有一定的不确定性。

3) 可测量的物理量与其本构模型关系相关性的不确定性

基于材料试验数据，可拟合出混凝土本构模型及钢筋本构模型。在材料本构模型中，材料应变与其本构模型的相关性也有一定的不确定性。

4) 本构模型的不确定性

目前有多种混凝土及钢筋的本构模型，每种本构模型建立时均有相应的假定及其适用条件。如果对此不了解，选择本构模型进行地震反应分析会带来一定的不确定性。

5) 结构地震反应分析模型的不确定性

结构地震反应分析模型是实际结构在特定情况下的简化，与实际结构相比具有一定的不确定性。

此外，在结构总体设计方案的初步阶段，如总体布局、结构选型、地基处理、基础形式、材料选用、构造处理等方面，很难借助计算机来实现。这就需要结构工程师综合运用在具体工程实践中总结出来的抗震理念，选择最能满足美观、经济、安全、适用的结构方案[5]。再加上，各种设计软件层出不穷，使得结构设计人员越来越依赖计算机和软件的应用，过度的精密运算结果往往并不能正确反映建筑结构的实际状态，因为理论设计有习惯性、机械性，有时极容易进入误区，从而不能及时发现计算结果的不合理性，甚至是出现严重的错误，给许多的建筑结构留下安全隐患。计算软件可以很好地去计算一个结构，但很难去构建一个各方面都很完美的结构。

由于所涉及因素的复杂性与不确定性以及限于对地震工程科学的认知水平，单纯依靠精细的计算理论和计算方法无法得到经济合理的抗震设计方案[6]。地震灾害告诉我们：对结构抗震设计来说，“概念设计”比“计算设计”更为重要。结构抗震性能良好的决定因素是有良好的“概念设计”。

3.2　国内外规范中的一般规定

3.2.1　欧洲抗震设计规范

欧洲抗震设计规范[7]中明确给出了概念设计的基本原则及其相应的解释。

1. 抗震概念设计的基本原则

欧洲抗震设计规范中针对结构构件、构件间的连接及其基础自身给出的抗震概念设计基本原则如下：

(1)结构构件传递地震力的合理性和简洁性；

(2)结构质量和刚度分布的均匀性、对称性和冗余度；

(3)结构具有双向抗力和刚度；

(4)结构具有扭转抗力和刚度；

(5)结构的整体性和整体稳定性；

(6)选择合理适当的基础。

2. 基本原则的解释

对结构构件、构件间的连接及其基础而言，为何要采用上述基本原则，规范中给出了如下的解释：

1)结构构件传递地震力的合理性和简洁性

结构构件传递地震力的合理性和简洁性表现为结构体系宜具有清楚、直接的地震作用传递途径，以避免出现复杂的受力状态。对于简单结构的模型，其计算分析、细节设计以及建造的不确定性较小，其抗震性能的预测将会更加可靠。

2) 结构的质量和刚度分布的均匀性、对称性和冗余度

结构抗震概念设计要确保一致性、对称性和冗余度。平面内的一致性表现为结构各子单元均匀分布，使得结构分散质量惯性力的传递途径短而直接，防止产生复杂的扭转振动。沿结构高度的一致性也是非常重要的，结构刚度与承载力沿结构高度方向应均匀、连续分布，以避免或减少出现复杂的摇晃及应力集中或产生塑性变形集中的薄弱区。质量与刚度分配的密切关系可以减小质量与刚度之间大的偏心。结构构造对称或准对称、结构构件对称布置，有利于实现均匀性。使用均匀分布的结构构件会增加冗余度，能在整个结构中产生更有利的作用效应重分布，从而使更多构件参与能量耗散。

3) 结构具有双向抗力和刚度

由于水平的地震作用有两个方向的分力，结构应具有抵抗任一个方向水平力的能力。为满足这一要求，结构单元可在平面内正交布设，以确保在两个主方向均具有相近的抗力和刚度。在结构刚度选择时，在尽量减小地震作用影响时，还应限制产生过大位移，过大的位移会导致二阶效应，从而引起失稳或产生过大的损伤。

4) 结构具有扭转抗力和刚度

除了侧向抗力和刚度外，结构还应具有足够的扭转抗力和刚度，以控制扭转运动的产生，扭转会使不同的构件承受不均匀的压力。主要结构构件应在布置结构外围或近外围来抵抗扭转作用。

5) 结构的整体性和整体稳定性

结构构件应正确连接，并具有足够的平面内刚度。在建筑结构中，楼板面(包括屋顶)在结构的抗震性能中起着举足轻重的作用。它们就像水平隔板收集并传递惯性力到结构体系中，确保整个体系抵抗水平地震作用。楼层体系和屋顶为结构提供平面内刚度和抗力，应确保其与竖向结构体系有效地连接在一起，保证结构的整体稳定性。

6) 选择合理适当的基础

对于地震作用，设计和修建的基础及其与上部结构的连接应该使得整个结构承受一致激励的作用。对于各个单独的基础构件，建议在主方向上采用承台或系梁进行联系。基础的设计和建造应确保整个结构可以抵抗地震作用。

3. 主要及次要构件

一定数量的结构构件可以设计成抗震次要构件，次要构件不纳入结构地震作用的抵抗系统。次要构件抵抗地震作用的强度与刚度应当忽略。尽管如此，这些次要构件及其联结应当详细设计，使之承受在极端设计情况下的位移时能维持支撑自重作用。次要构件的设计应考虑二阶效应。所有次要构件的刚度之和不超过主要构件的15%。

3.2.2 我国铁路工程抗震设计规范

我国现行的《铁路工程抗震设计规范》(2009 年版)中将抗震概念设计分散在各条文中[8]，主要体现在以下方面：

(1)线路应选择在设防烈度较低和对抗震有利的地段通过。

(2)构筑物体形简单、受力明确、自重轻、刚度和质量匀称、重心低。

(3)采用有利于提高结构整体性的连接方式。

(4)条件允许时，可采用隔震、耗能装置，减小构筑物的地震反应。

(5)采用技术先进、经济合理、便于修复加固的抗震措施。

(6)采用对抗震有利的延性结构或材料。

(7)对非岩石地基，尤其是砂土液化地区，应对基础采取加强措施。

(8)桥梁位置应选择在良好的地基和稳定的河岸地段。当难以避开可液化土层和软土地基时，桥梁中线宜与河流正交。

(9)线路应选择在工程地质条件良好、地形开阔平坦或缓坡地段。宜避开近期活动的断层破碎带、易液化砂土和粉土及软土等地基、较厚的松散坡积层、严重的泥石流发育地区、不稳定的悬崖深谷、严重的山坡变形和易塌陷的地下空洞等对抗震不利的地段。

(10)桥孔宜按等跨布置，桥墩应避免承受斜向土压力，桥台宜采用 T 形或 U 形桥台。

(11)位于常年有水河流的可液化土层或软土地基上的桥梁墩台，应采用桩和沉井等深基础，且桩尖及沉井底埋入稳定土层内不应小于 2m。当水平力较大时，桩基桥台宜设置斜桩或采取其他加固措施。

(12)特大桥、大中桥桥头路堤的地基为可液化土层或软土，并同时具备下列条件时，应对台后 15m 范围内路堤基底以下的可液化土层或软土采取振密、砂桩、砂井、碎石桩、换填等加固措施。

①桥头路堤高度大于 3m；

②设防烈度为 8 度或 9 度的Ⅰ、Ⅱ级铁路。

(13)位于可液化土层或软土地基上的特大桥、大中桥应将桥台设置在稳定的河岸上。不宜在主河槽与河滩分界的地形突变处设置桥墩。

(14)当桥梁跨越断层带时，墩台基础不应设置在严重破碎带上。

(15)位于地震区的桥梁，其上部结构应采取防止落梁、设置挡块等抗震措施；有条件时可采用铅芯橡胶支座或其他减震、耗能装置，以减小梁部的地震作用。

(16)采用明挖基础的桥台，当基础底面摩擦系数小于或等于 0.25 时，宜采用砂卵石换填，其厚度不应小于 1.0m。桥台后沿线路方向的地面坡度大于 1∶5时，路堤基底应挖成台阶，其宽度不应小于 2.5m。

(17) 桥头路堤的填筑和墩台明挖基坑回填，应分层夯填密实，其压实系数不应小于 0.90。

(18) 桥梁设防烈度大于等于 7 度及 6 度地区Ⅲ、Ⅳ类场地的重要桥梁，应采用下列防止落梁措施。

①简支梁应采取纵向梁端连接或梁端纵向支挡。连续梁应在墩台上横隔墙位置设置纵、横向支挡，并应对横隔墙作局部加强。钢筋混凝土 T 形梁还应加强梁与梁之间的横向连接。

②深水、高墩、大跨等修复困难的桥梁，其墩台顶帽应适当加宽，或设置消能设施。

③采用铅芯橡胶支座时，顺桥向可不设连接或支挡，横桥向梁端处应设支挡结构，支挡与梁体间应填塞缓冲材料。

3.2.3 我国公路桥梁抗震设计细则

我国现行的 JTG/T B02-01—2008《公路桥梁抗震设计细则》中将抗震概念设计主要体现在以下几个方面[9]：

(1) 桥位的选择，应在工程地质勘查和专门工程地质、水文地质调查的基础上，按构造的活动性、边坡稳定性和场地的地质条件等进行综合评价。查明对公路桥梁抗震有利、不利和危险的地段。宜充分利用对抗震有利地段。

(2) 当在抗震不利地段布设桥位时，宜适当对地基采取抗震加固措施。在软弱黏性土层、液化土层和严重不均匀地层上，不宜修建大跨度超静定桥梁。

(3) 各级公路桥位宜绕避抗震危险地段，对于高速公路、一级公路必须通过抗震危险地段时，宜做地震安全性评价分析。

(4) 对河谷两岸在地震时可能因发生滑坡、崩塌而造成堰塞湖的地段，应估计其淹没和溃决的影响范围，合理确定路线的标高和选定桥位。当可能因发生滑坡、崩塌而改变河流流向、影响岸坡和桥梁墩台以及路基的安全时，应采取适当措施。

(5) 应尽量采用对称的结构形式。

(6) 上、下部结构之间的连接构造应尽量均匀对称。

(7) 建在强震区的斜拉桥宜优先考虑漂浮体系方案；如果漂浮体系导致梁端位移过大，宜采用塔、梁弹性约束或阻尼约束体系。

(8) 建在 8、9 度地区的大跨径拱桥，其主拱圈宜采用抗扭刚度较大、整体性较好的断面形式，如箱形拱、板拱等。当采用钢筋混凝土肋拱时，必须加强横向联系。

(9) 建在 8、9 度地区的下承式拱桥和中承式拱桥应设置风撑，应加强端横梁刚度；上承式拱桥应加强拱脚部位的横向联结系。

(10) 主要承重结构(塔、墩及拱桥主拱)宜选择有利于提高延性变形能力的结构形式及材料，避免发生脆性破坏。

(11) 对于上部结构连续的桥梁，各桥墩高度宜尽可能相近。相邻桥墩高度相差较大导致刚度相差较大的情况，宜在刚度较大的桥墩处设置活动支座或板式橡胶支座。

(12) 不宜在梁桥的低矮墩设置固定支座，低矮墩宜设置活动支座或板式橡胶支座。

(13) 框架墩柱在横向地震作用下，应注意在横梁(盖梁)节点处可能会出现正负弯矩。对于钢筋混凝土墩柱桥梁，抗震设计时，墩柱宜作为延性构件设计，桥梁基础、盖梁、梁体、节点以及墩柱的抗剪宜作为能力保护构件设计。

(14) 沿顺桥方向，连续梁桥、简支梁桥墩柱的底部区域，连续刚构桥墩柱的端部区域为塑性铰区域；沿横桥方向，单柱墩的底部区域、双柱墩或多柱墩的端部区域为塑性铰区域。

(15) 满足下列条件之一的桥梁，可采用减隔震技术进行设计。

①桥墩为刚性墩，桥梁的基本振动周期比较短；

②桥墩高度相差较大，存在对某个墩的延性要求很大时；

③桥址区的预期地面运动特性比较明确，具有较高的卓越频率，而在长周期范围内所含能量较低。

(16) 存在以下情况之一时，不宜采用减隔震技术进行设计。

①地震作用下，场地可能产生失效；

②下部结构刚度小，桥梁的基本周期比较长；

③位于软弱场地，延长周期可能引起地基和桥梁共振；

④支座中可能出现负反力。

(17) 减隔震设计的桥梁，应满足正常使用条件的要求。相邻上部结构之间必须在桥台、桥墩等处设置足够的间隙，以满足位移需求。

(18) 减隔震设计的桥梁，其基本周期原则上应为不采用减隔震装置时固有周期的两倍以上。

(19) 减隔震装置的构造宜尽可能简单、性能可靠，应在其性能明确的范围内使用，并进行定期的维护和检查；应考虑减隔震系统的可更换性要求。

3.2.4 我国城市桥梁抗震设计规范

我国现行的 CJJ 166—2011《城市桥梁抗震设计规范》中将抗震概念设计主要体现在以下方面[10]：

(1) 桥梁结构抗震体系应满足以下要求。

①有可靠和稳定传递地震作用到地基的途径；

②有效的位移约束，能可靠地控制结构地震位移，避免发生落梁破坏；

③有明确、可靠、合理的地震能量耗散部位；

④应避免因部分结构构件的破坏而导致整个结构丧失抗震能力或对重力荷载的承载能力。

(2) 采用 A 类抗震设计方法的桥梁，可采用的抗震体系有以下两种类型。

类型Ⅰ：地震作用下，桥梁的弹塑性变形、耗能部位位于桥墩，其中连续梁、简支梁单柱墩和双柱墩的耗能部位。

类型Ⅱ：地震作用下，桥梁的耗能部位位于桥梁上、下部连接构件(支座、耗能装置)。

(3) 采用抗震体系为类型Ⅰ的桥梁，其盖梁、基础、支座和墩柱抗剪的设计内力值应按能力保护设计方法计算，根据墩柱塑性铰区域截面的超强弯矩确定。

(4) 采用板式橡胶支座的桥梁结构，如在地震作用下，支座抗滑性能不能满足要求，应采用墩梁限位装置，或进行桥梁减隔震设计。

(5) 地震作用下，如桥梁固定支座水平抗震能力不满足要求，应通过计算设置连接梁体和墩柱间的剪力键，由剪力键承受支座所受到的地震水平力或进行桥梁减隔震设计。

(6) 桥台不宜作为抵抗梁体地震惯性力的构件，桥台处宜采用活动支座，桥台上的横向抗震挡块宜设计为在 E2 地震作用下可以损伤。

(7) 对于梁式桥，一联内桥墩的刚度比宜满足以下要求。

①任意两桥墩刚度比：

桥面等宽时

$$\frac{k_i^{\mathrm{e}}}{k_j^{\mathrm{e}}} \geqslant 0.5 \tag{3.1}$$

桥面变宽时

$$\frac{k_i^{\mathrm{e}} m_j}{k_j^{\mathrm{e}} m_i} \geqslant 0.5 \tag{3.2}$$

②相邻桥墩刚度比：

桥面等宽时

$$\frac{k_i^{\mathrm{e}}}{k_j^{\mathrm{e}}} \geqslant 0.75 \tag{3.3}$$

桥面变宽时

$$\frac{k_i^{\mathrm{e}} m_j}{k_j^{\mathrm{e}} m_i} \geqslant 0.75 \tag{3.4}$$

式中，k_i^{e}、k_j^{e} 分别为第 i 和第 j 桥墩考虑支座、挡块或剪力键后计算出的组合刚度(含顺桥向和横桥向)，$k_j^e \geqslant k_i^e$；m_i和m_j分别为第i和第j桥墩墩顶等效的梁体质量。

(8)梁式桥(多联桥)相邻联的基本周期比宜满足

$$\frac{T_i}{T_j} \geqslant 0.7 \tag{3.5}$$

式中，T_i和T_j分别为第i和第j联的基本周期(含顺桥向和横桥向)，$T_j \geqslant T_i$。

(9)对于梁式桥，一联内各桥墩刚度相差较大和相邻联基本周期相差较大的情况，宜采用以下方法调整一联内各墩刚度比和相邻联周期比。

①顺桥向，各桥墩刚度相差较大时，宜在各墩顶设置合理剪切刚度的橡胶支座，来调整各墩的等效刚度；

②改变墩柱尺寸或纵向配筋率。

(10)对于双柱或多柱墩，在横桥向地震作用下，应考虑在横梁节点处可能会出现的正负弯矩。

(11)桥位选择应在工程地质勘查和专项的工程地质、水文地质调查的基础上，按地质构造的活动性、边坡稳定性和场地的地质条件等进行综合评价，应查明对城市桥梁抗震有利、不利和危险的地段，宜充分利用对抗震有利地段。

(12)下列条件下，不宜采用减隔震设计。

①基础土层不稳定；

②结构的固有周期比较长；

③位于软弱场地，延长周期可能引起共振；

④支座中出现负反力。

(13)采用减隔震设计的桥梁可只进行E2地震作用下的抗震设计和校核。

(14)桥梁减隔震设计，应满足以下要求。

①桥梁减隔震支座应具有足够的刚度和屈服强度，以避免在正常使用条件下出现因风荷载、制动力等引起的有害振动。

②相邻上部结构之间应设置足够的间隙，以适应梁体的位移。

(15)桥梁的其他抗震措施不得妨碍桥梁的正常使用及减隔震装置作用的发挥。

3.3 抗震概念设计的经典案例

在高烈度地震区，地震作用是大跨度桥梁设计的控制因素。抗震概念设计合理时能获得较好的结构抗震性能，容易满足既定的抗震设防标准；反之，为了达到既定抗震设防标准的要求需要花费巨额代价。以下介绍国内外大跨度桥梁抗震概念设计的经典案例。

3.3.1　希腊里奥-安托里恩大桥

希腊里奥-安托里恩大桥跨越科林斯(Corinth)海湾，主桥为(286+3×560+286)m 斜拉桥[1](图 3.1)。抗震设计时考虑了 2000 年重现期的地震动，其地震地面峰值加速度为 0.5g，地震作用控制该桥的设计。

图 3.1　里奥-安托里恩大桥

其抗震概念设计体现在：顺桥向、横桥向采用全漂浮体系，加筋土隔震基础。

为了避免较大的地震力和塔基位移，选用 5 跨全漂浮体系，上部结构为结合梁桥面。如果横桥向塔梁之间采用抗风支座连接，地震时塔基础受力检算不能通过。如果释放这个连接，则主梁和塔顶横向位移过大。最终，在塔梁之间横向设置五个附加机械装置，当发生地震时，容许中间限位装置在一定地震荷载下破坏，其余四个阻尼器起阻尼耗能作用，以保护桥塔和约束主梁横向地震位移。正常使用状态时，限位装置确保主梁与桥塔连接在一起(类似于侧向抗风支座)，保证主梁横桥向不晃动。在梁端安装了适应主梁纵向位移、横向阻尼限位的特殊装置，见图 3.2。

图 3.2　里奥-安托里恩大桥的附加阻尼器及熔断装置

为了减小地震作用的影响和适应基础位移，里奥-安托里恩大桥将高 65m、墩底直径 90m 的圆形桥墩放在加筋土隔震基础上，桥墩可以相对基础发生滑动。加筋土隔震基础由直径 2m、深度 25～30m 的钢管桩加固，上面铺以砂、卵石和碎石组成的垫层，垫层厚 3m，见图 3.3。

图 3.3　里奥-安托里恩大桥的隔震基础

3.3.2　苏通大桥主航道桥

苏通大桥工程的桥梁长度约 8000m，包括主航道桥、港区专用航道桥和引桥三部分。其中，主航道桥为主跨 1088m 的双塔斜拉桥；港区专用航道桥为主跨 268m 的预应力混凝土连续刚构；引桥为多联跨度分别为 30m、50m 和 75m 的多跨连续梁(图 3.4)。

图 3.4　苏通大桥

该桥的抗震概念设计[1]体现在：综合静力、强风和地震作用影响时，采用了阻尼约束体系；改善了承重结构的抗震性能，将桥塔、桥墩设计成具有延性变形能力的结构，避免了脆性破坏，在地震作用下通过构件耗能。

将苏通大桥主桥对阻尼限位约束体系、液压缓冲(动力锁定)限位约束体系和弹性约束体系的地震、静力分析结果与漂浮体系的反应作比较，结果表明：阻尼约束体系的纵向地震位移反应略大于锁定约束体系，远小于漂浮体系，是漂浮体系的 40%；四种约束体系中阻尼约束体系的顺桥向塔底剪力和弯矩最小，锁定约束体系最大；阻尼约束体系的塔底剪力是漂浮体系的 86%、锁定约束体系的 68%；阻尼约束体系的塔底弯矩是漂浮体系的 76%、锁定约束体系的 66%(南北索塔的平均值)。

3.3.3　美国奥克兰海湾新桥

旧金山-奥克兰海湾大桥在 1989 年的 Loma Prieta 地震中发生了部分垮塌。美国决定修建一座预期寿命 150 年的奥克兰海湾新桥代替坍塌的东桥。奥克兰海湾新桥为主跨 385m 的自锚式悬索桥(图 3.5)，桥址周边有两个活动断层。

图 3.5　奥克兰海湾新桥

该桥的抗震概念设计体现在采用新型桥塔延性抗震设计。

通常的抗震设计思想是，在高烈度地震区，桥塔选择用门式的，强震下桥塔的横梁可以形成塑性铰以耗散地震能量，塔柱仍然保持弹性。初步设计期间，对不同类型的门式桥塔的独塔进行了研究。虽然单柱式桥塔可以满足抗震设计要求，但单柱桥塔是静定结构，一旦发生塑性就将导致破坏，所以普通的独柱桥塔方案不合理。经过研究提出的创新桥塔[11]，如图 3.6 所示。

索塔由 4 个塔柱组成，塔柱间采用剪力连接键与十字撑连接，地震中通过连接键与十字撑的损伤延长结构周期，耗散地震能量，保护塔柱，见图 3.6。剪力连接键与十字撑在震后可更换。

上述大跨度桥梁的抗震概念设计，结合了桥址地质、地震情况，充分研究了地震不利影响，选取了对抗震最有利的结构体系，利用抗震及减隔震新技术解决了所选择结构体系中的部分难题，制订出的方案“因地制宜，别出心裁”。

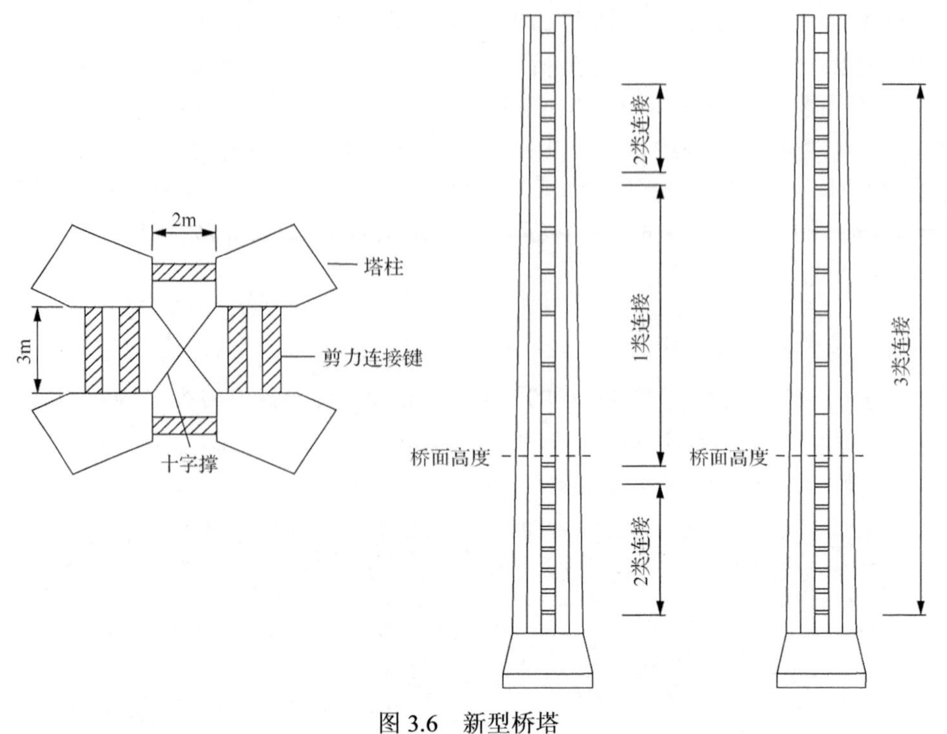

图 3.6　新型桥塔

3.4　大跨度桥梁抗震概念设计应考虑的基本因素

桥梁抗震概念设计必须掌握地震运动的基本特性(震级和烈度)、桥梁震害和抗震设计基本方法，熟悉各种桥型(拱桥、斜拉桥和悬索桥)动力特性、地震反应特点和抗震设计原则，了解国内外桥梁抗震的成功案例，以便在概念设计中加以借鉴、应用和拓展，还要了解国内外的最新抗震及减隔震新技术[3]。

3.4.1　地震与桥梁抗震

地震特别是强震对桥梁结构的破坏是巨大的，破坏主要包括：上部结构震害、支座及下部结构震害。梁桥及拱桥上部结构本身遭受震害而被毁坏的情况比较少见，通常是桥梁结构其他部位的破坏而导致梁体及拱肋的破坏，如邻梁碰撞引起的梁端破坏，支座破坏、梁体移位过大引起的落梁等。

桥梁支座震害极为普遍，支座是桥梁整体抗震性能的薄弱环节之一。支座破坏形式有：支座锚固螺栓被拔出、剪断或支座自身的破坏，见图 3.7～图 3.9。支座易于更换，利用支座的局部损伤延长结构自振周期和耗散地震能量，从而减轻地震对结构的作用，是支座减隔震技术得以快速发展和大量应用的最基本原因。

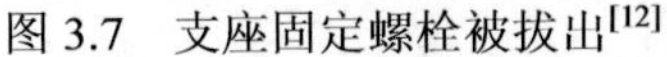

图 3.7　支座固定螺栓被拔出[12]

图 3.8　支座锚栓剪断[13]

图 3.9　汶川地震庙子坪大桥挡块与支座破坏

下部结构的震害可分为两大类：一类为砂土液化、地基下沉、岸坡滑移引起的墩柱开裂、桥台开裂、节点开裂，严重时导致墩台垮塌；另一类为因墩柱等结构的抗震性能不足引起的墩柱弯曲或剪切破坏。

3.4.2　不同桥型的抗震原则

1. 拱桥

拱桥是一种以受压为主的构件。拱肋作为主要受力构件，决定了其跨度不可能太大、结构刚度不会很小。最重要的设计原则是：高烈度地震区大跨度拱桥的主拱圈宜采用抗扭刚度较大、整体性较好的截面形式；当采用钢筋混凝土肋拱时，必须加强横向联系；下承式和中承式拱桥应设置风撑，并加强横梁刚度[1]。

抗震设计中需要注意的是：拱肋截面特别是拱脚截面的轴压比较高，高轴压比构件的延性可能不可靠，设计时不能完全利用构件的延性。

2. 斜拉桥

斜拉桥的频率和振型特性与其刚度和质量有关，如闭口箱梁的竖向振动频率较开口截面高。竖琴式拉索相应的竖向振动频率低于扇形及辐射形。大跨度斜拉桥通常是长周期结构，其第一阶振型(纵向漂浮振型)对主塔顺桥向地震反应的贡献占绝对优势。在漂浮体系斜拉桥中，对塔的横向地震反应贡献最大的是以塔为主的振型(塔的横向对称和反对称振动)。

从抗震角度来看，希望结构刚度柔一些。因为柔性结构的振动周期长、地震内力反应小，但位移反应大，应引起注意。高烈度地震区的斜拉桥宜优先考虑漂浮体系方案；如果漂浮体系的梁端位移过大，塔与梁之间宜采用弹性约束或阻尼约束体系[1]。

3. 悬索桥

悬索桥是柔性结构，与漂浮体系斜拉桥一样属长周期结构，其受地震作用控制的可能性较小。但是，竖向地震分量对加劲梁、主塔横梁弯矩、塔柱及桩基轴力的影响应予以重视。加劲梁与边梁间的相对位移较大也是柔性结构的另一突出特点。设置挡块、减隔震支座是减小相对位移、防止落梁的较好措施。主要承重结构的桥塔宜选择有利于提高延性变形能力的结构形式、材料，避免发生脆性破坏[1]。

3.4.3 常用减隔震装置

目前桥梁结构上常用的减震装置分为两类：整体式减震支座，包括各种橡胶减震支座、滑动减震支座和黏性体减震支座；分离式减震支座，它是由各种减震支座与各种阻尼器或限位器组合而成的。橡胶类减隔震支座由于竖向承载力的有限一般适用于中小跨桥梁，金属类减隔震装置则适用于承载力要求较高的大跨度桥梁中。

1. 板式橡胶支座

板式橡胶支座是由橡胶板和钢板交错叠合粘接起来，在一定的温度和压力下硫化而成的(图 3.10)。橡胶层和薄钢板交替叠加，可以使得支座在水平方向有较强的变形能力，而层间的相对变形很小，所以当承受水平荷载时，支座可以保持较小的水平刚度和较好的变形能力而不失稳。此外，由于橡胶层和钢板层的紧密黏结，钢板可以有效地限制橡胶的横向变形，增加支座竖向刚度，使得支座可承受较大的竖向荷载，且不影响橡胶的剪切变形，保持固有的柔韧性，而具有比竖向刚度小很多的水平刚度。板式橡胶支座通过增加桥梁结构的柔性(隔震)来减小桥梁结构的地震反应。天然橡胶的阻尼比较小，用于隔震时不能很好地控制梁体位移。板式橡胶支座的竖向承载能力有限，多用于公路中、小跨桥梁。

图 3.10　板式橡胶支座

板式橡胶支座整体上表现为增加结构的柔性实现隔震，具体为将梁体引起的地震惯性力分散到每个桥墩中。为了提高支座中阻尼、控制结构位移反应，在板式橡胶支座基础上开发出了铅芯橡胶支座与高阻尼橡胶支座。

2. 铅芯橡胶支座

铅芯橡胶支座是在板式橡胶支座的中部或中心周围竖直地压入纯度为 99.9%铅芯而成的一种减隔震支座。它通过铅芯的剪切变形来吸收、耗散地震能量，增加了板式橡胶支座中的阻尼。铅芯橡胶支座中的铅芯可以是一根或多根。可通过调节铅芯的直径或截面积来改变支座的阻尼，设计有较大灵活性。使用金属铅的原因是因为铅在经过冷变形后，具有在常温下的再“结晶”性能，即铅芯棒在支座发生剪切变形时会被挤压变形、剪断，而后又会慢慢结晶起来，这个过程中会吸收能量、消耗能量，增大支座的阻尼。在荷载反复作用下铅芯具有良好的耐久性，同时铅芯也增加了支座的初始刚度。随着铅芯直径的增大，支座的屈服前的刚度增大，屈服后的刚度则减小。铅芯橡胶支座的构造如图 3.11 所示。

图 3.11　铅芯橡胶支座的构造

普通板式橡胶支座力学性质表现接近线弹性，在较小水平力作用下(如制动力)支座变位也可能很大，主要缺点是阻尼小。普通橡胶支座中加入铅芯之后，铅芯不仅提供了静力荷载作用下所需的刚度，而且提供了地震荷载作用下所需的屈服强度。在较小水平力作用下，铅芯橡胶支座因具有较大的刚度而变形很小；在强震作用下，铅芯橡胶支座因铅芯屈服而消耗地震能量，并通过橡胶提供的恢复力复位。

铅芯橡胶支座的基本受力特点为：

(1) 竖向刚度很大，可以支承上部结构重量。

(2) 具有较大的初始刚度，从而保证了在风力、制动力等水平荷载作用下的良好工作性能。

(3) 大变位时的水平等效刚度小、滞回阻尼很大，能有效地延长桥梁的固有周期、耗散能量。

研究表明，橡胶在低温下存在着迅速硬化的现象，在温度和交通荷载(低周疲劳)作用下支座中的铅芯会产生疲劳剪切破坏，使支座的阻尼性能大幅度的降低。在铅芯橡胶隔震支座的生产和使用过程中，铅对环境会造成无法弥补的污染。

3. 高阻尼橡胶支座

高阻尼橡胶支座采用具有高阻尼的橡胶材料制成，不仅具有很好的弹性恢复性能，而且具有水平耗能的功能。材料中混合了天然橡胶和合成橡胶的橡胶聚合体，并加入了填充剂、补强剂、可缩剂、硫化剂等外加剂，提高了橡胶材料的阻尼比，使阻尼比达到 10%～16%。高阻尼橡胶支座的形状及构造与天然橡胶支座相同。橡胶材料的黏性大，自身可以吸收能量，因此将功能集成在一起，可以节省使用空间，施工也比较方便。与铅芯橡胶支座相比，高阻尼橡胶支座不附带有毒材料铅芯，对环保非常友好，特别适合对环保有特殊要求的地方，如国家保护动物生活的海洋、湖泊等。图 3.12 为高阻尼橡胶支座的构造图。

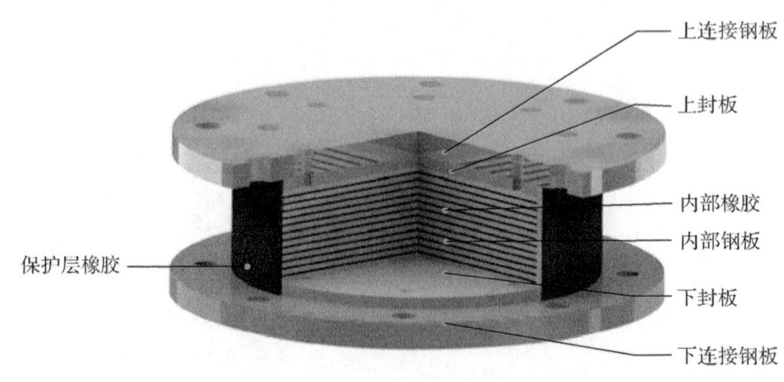

图 3.12　高阻尼橡胶支座的构造

高阻尼橡胶支座的特点为：

(1)具有很高的阻尼特性，可以吸收地震时产生的地震能量，降低上部结构的加速度响应，减小桥墩的地震反应。

(2)具有很好的变形能力。

高阻尼橡胶支座的压力稳定性不如铅芯隔震橡胶支座，其水平剪切刚度及阻尼比受竖向压力的影响较大。此外，高阻尼橡胶支座对环境温度比较敏感，有学者研究指出支座 0℃时的水平剪切刚度与 23℃时的水平剪切刚度相差近一倍。

4. 摩擦摆支座

减隔震设计通过设置阻尼装置或支座减隔震装置增加结构阻尼或者延长结构的基本周期，以降低结构的地震作用。减震是通过增加阻尼来降低结构中的地震反应，而隔震是通过延长结构周期来减小地震反应。减震与隔震降低地震反应的机理有所不同。通常，柔性结构利用阻尼减震能取得较好的效果。但阻尼装置的造价相对较高，多用于结构相对较柔、阻尼相对较小的斜拉桥与悬索桥中。隔震技术适用于刚性(短周期)的桥梁结构。橡胶类减隔震支座竖向承载能力有限，不能满足大跨度桥梁竖向承载力的要求。摩擦摆减隔震支座基于曲面滑动隔震原理，承载能力高，造价低，除有一般平面滑动隔震系统的特点外，还具有良好的稳定性、较好的震后自复位功能和抗平扭能力，可作为桥梁的支座隔震和建筑结构的底部隔震[13]。

摩擦摆支座已有 20 多种结构。国内基于球型支座结构自主研发的摩擦摆支座有两种结构：双曲面球型支座和摩擦摆支座，分别如图 3.13 和图 3.14 所示。在球型支座基础上研发的一种摩擦摆支座，主要由滑动曲面、滑动块、抗滑螺栓与抗滑块(剪力件)等组成。剪力件失效前，剪力件与静摩擦力共同抵抗水平力，支座在下曲面处不发生滑动，此时使用球型支座的功能。剪力件失效后，由单摆的工作原理可知，结构按固定的周期沿滑动曲面滑动，进而减小梁部传到下部结构中的地震作用。该摩擦摆支座采用正常使用功能与减隔震功能分离，同时具备普通球型支座与摩擦摆支座的两种功能，能满足高速列车正常使用条件下的各项要求，可用于高速铁路桥梁。

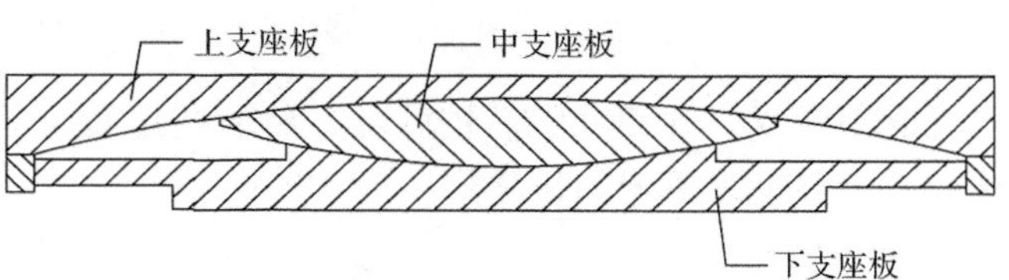

图 3.13　双曲面球型支座的构造

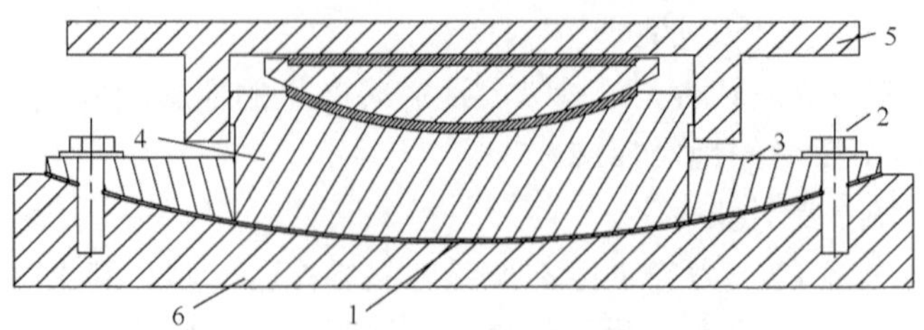

1-滑动曲面；2-抗滑螺栓；3-限滑块；4-滑动块；5-上座板；6-下座板

图 3.14　摩擦摆支座的构造

摩擦摆支座的稳定性、耐久性优于铅芯橡胶支座与高阻尼橡胶支座，不足之处是沿曲面滑动会引起梁体抬高，当各支座处的抬高量不同时，会引起梁体产生次内力。对于铁路桥梁，梁体抬高还会引起桥面轨道抬高，设计时需要注意。

5. 弹塑性钢阻尼支座

弹塑性钢阻尼支座是弹塑性钢阻尼器与普通支座组合而成的阻尼耗能连接结构，兼有竖向支撑和水平耗能的作用。常见的弹塑性钢阻尼器有 X 形、U 形、三角形、C 形与 E 形等。X 形、U 形与三角形钢阻尼器主要应用于建筑结构。钢阻尼器中的软钢屈服点较低，地震时率先进入塑性，利用钢的滞回来耗散地震能量，保护主体结构。软钢阻尼器利用钢的弹塑性变形吸收能量，结构简单，性能稳定。弹塑性钢阻尼支座将球型(盆式)钢支座与阻尼器结合，平常与普通支座作用类似，地震时发挥阻尼器作用。图 3.15(a)为 E 形钢阻尼支座。由于阻尼器由钢材制成，故 E 形钢阻尼支座具有良好的耐久性。图 3.15(b)为 C 形钢阻尼支座。

(a) E形

(b) C形

图 3.15　钢阻尼支座

弹塑性钢阻尼支座的耐久性和稳定性较好，不足之处是增加了弹塑性钢阻尼器之后的支座体积较大且钢阻尼器的位移能力有限。

6. 速度相关型阻尼装置

黏滞阻尼器与速度锁定器为桥梁常用的速度相关型阻尼装置。速度相关型阻尼器如图 3.16 所示。黏滞阻尼器基本由活塞、油缸及节流孔组成。节流孔是指具有比油缸截面积小的流通通路。这类装置是利用活塞前后压力差使黏滞液体通过节流孔时产生阻尼力。黏滞阻尼器同其他减震、隔震装置相比，其特点为：在温度及混凝土收缩徐变(低速荷载)作用下，发生蠕变，产生的抗力很小，不会影响到桥梁结构的正常使用，在地震作用(高速荷载)下可激发阻尼器的减震功能。当阻尼指数为 1 时，阻尼力与速度成比例。当桥墩变形最大时，阻尼力处于最小，接近于零；当桥墩速度最大时，阻尼力最大，但此时桥墩对应的变形最小，相应的地震内力也最小。因此，桥梁中设置黏滞阻尼器不会显著地额外增加桥墩的地震作用。

图 3.16　速度相关型阻尼器

由于速度相关型阻尼耗能装置造价相对较高，故其多用于结构阻尼相对较小的斜拉桥与悬索桥。

3.4.4　桥梁减隔震技术的现状及发展趋势

桥梁结构可以依赖自身的强度来抵抗地震。然而，考虑到大地震发生的间歇性及不确定性，钢筋混凝土桥梁的弹性设计是不经济的，也是不可行的。20 世纪 60 年代，以 Newmark 为首的学者提出了“延性”的概念。在延性设计理论中，强震下允许结构利用局部非弹性完成能量耗散，而结构在整体上保持适当的强度，桥梁结构遵循强梁弱柱的原则来设计，利用墩底塑性铰区的延性来耗散地震能量。目前，延性抗震理论已被地震多发国家的桥梁抗震设计规范所采纳。然而，地震过后墩柱的塑性铰区也将发生永久残余变形(图 3.17)。此残余变形所造成的损坏，轻微者或许可以修复，但修复后的承载力很难预测，而严重者则需要重建，既费时又会中断交通。

图 3.17　墩柱典型的塑性铰区[12]

与延性抗震设计方法相比，新的抗震设计理念是采用减隔震技术。减隔震设计的基本原理是延长结构的振动周期以隔离地震能量，并通过减震装置增加阻尼吸收输入的部分地震能量以降低结构的地震反应，减轻地震损伤。减隔震技术的研究与应用始于建筑结构，后来才应用于桥梁结构。

日本第一座隔震桥梁为静冈县横跨 Keta 河的宫川大桥(图 3.18)，它完成于 1990 年，同年也有了专门的桥梁减隔震规范。目前，新西兰、美国、日本和意大利等有数百座桥梁应用了减隔震技术，其中一些桥梁还经受了大地震的考验。新西兰的 Te Teko 桥(图 3.19)，在 1987 年 3 月发生的里氏 6.3 级、烈度为 9 度的地震中，只是个别支座产生了较大的位移，震后很快得以修复。在 1992 年 4 月美国加利福尼亚州地震中，经震前减隔震技术加固的 Eel River 桥(简支钢桁架桥)表现良好，震后完全复位。在 1995 年 1 月日本的阪神大地震中，采用隔震支座的 6 座桥梁均表现良好[5]。

图 3.18　宫川桥及其铅芯橡胶支座

图 3.19　Te Teko 桥

桥梁常用的减隔震装置有铅芯橡胶支座、高阻尼橡胶支座和摩擦摆支座。这些减隔震装置大都安置于墩顶上，其变形能力有限，不能适应软土场地基础的较大变形，因为软土场地上的桥梁隔震后有与场地共振的可能。由于隔震桥梁的地震反应受输入地震动的频谱特性影响较大，故支座减隔震的适用频率范围较窄，且有严格的使用条件。桥梁是生命线工程中的关键部分，在地震发生后的紧急救援、抗震救灾及灾后重建中有着极其重要的地位。因此，地震后桥梁结构需维持应有的使用功能。若桥梁在地震中受损而丧失使用功能，除了会造成生命伤亡与财产损失外，还会影响救灾及重建工作。因此有必要提出新的桥梁抗震设计理念，即桥梁既方便施工又经济安全，而且在强烈地震后基本无损伤。

在强震下使基础与结构分离，从根本上减小地震输入到结构的能量，使得结构在震后得到保护，这一基础隔震理念最早源于建筑结构，后应用于桥梁结构。1921 年完工的日本东京“帝国饭店”，其建筑支承在浅层的硬土层上，下部是软泥层，采用了基础隔震思想，它在 1923 年关东大地震中表现出良好的抗震性能。这是一个非常好的基础隔震例子，同时反映出可以通过一种简单的方式来实现抗震目标。在 1976 年的唐山大地震中，一些砖结构房屋在基础附近发生了滑动，使结构幸存。扩大基础作为一种常见的基础形式，被广泛用于土质较好的桥梁结构中。扩大基础抗震性能的要求为，地震与自重共同作用下确保其具有抗滑动和抗倾覆稳定性。震后调查发现，地震中抗倾覆稳定能力不足的扩大基础在提离后有明显的减震效果，大量扩大基础上的桥梁避免了损伤。第一个采用摇摆机理进行抗震设计的桥梁是 1981 年建成的新西兰 South Rangitikei 铁路高架桥(图 3.20)。地震中，该桥通过 H 形桥墩两个柱底的交替升降进行横向地震控制。主桥超过 2200m、位于场地较差的海湾地区的希腊 Rion-Antirion 斜拉桥，也采用了基础隔震技术进行抗震设计。

图 3.20 新西兰 South Rangitikei 铁路桥

随着抗震技术的不断进步和对抗震性能要求的不断提高，确保震后桥梁结构的完整性已是世界潮流所趋，因此能避免地震损伤的基础隔震技术已成为美国、日本、欧洲等国家及地区的研究热点，基于新材料及智能材料的新型减隔震装置研发也受到了较多的关注。

3.4.5 减隔震技术的适用条件及特殊要求

有下列情况之一，不宜采用减隔震设计：

(1) 基础土层不稳定；

(2) 结构的固有周期比较长；

(3) 位于软弱场地，延长结构周期可能引起共振；

(4) 支座中出现负反力。

满足有下列情况之一，可采用减隔震设计：

(1) 桥墩为刚性墩，桥梁的基本周期比较短；

(2) 桥墩高墩相差比较大；

(3) 桥址区的预期地面运动特性比较明确，主要集中在高频段。

桥梁减隔震设计时，应满足下列要求：

(1) 桥梁减隔震支座应具有足够的刚度和屈服强度；

(2) 相邻上部结构之间应设置足够的间隙。

当支座位移介于 50～400mm 时，对普通桥梁来说都在可接受的范围之内，隔震时地震作用下的支座位移及梁体位移对该桥伸缩缝选取影响很小。

3.4.6 常用减隔震装置在国内外桥梁中的应用

铅芯橡胶支座在美国、日本、新西兰和意大利等发达国家的中小桥梁中得到了广泛的应用。摩擦摆支座在大跨度桥梁中得到了较多的应用。美国旧金山海湾地区的 Benicia-Martinez 桥在 1989 年 Loma Prieta 地震中遭受了严重破坏，震后该桥采用摩擦摆支座和阻尼器进行加固，曾是目前世界上采用隔震技术进行改造的最大桥梁[14](图 3.21)。美国加利福尼亚州福尔松的美洲河桥也是隔震桥梁之一，该桥共安装了 48 个摩擦摆支座(图 3.22)。密西西比河上的 I-40 大桥，位于新马德里地震区(19 世纪美国中部有三次最强的地震发生在这个区域)的东南边界，该桥采用了摩擦摆支座抗震加固[15](图 3.23)。美国阿拉斯加的 Million Dollar 桥修建于 1910 年，在 1964 年的 Prince William Sound 地震中被严重毁坏，其后也采用摩擦摆支座进行抗震加固[16](图 3.24)。美国桥梁上的摩擦摆隔震系统已经在频繁的地震中经受了考验，起到了良好的隔震效果。我国玉蒙铁路曲江大桥主跨为 3-96m 下承式简支钢桁梁，其最大墩高为 96m，该桥也采用了双曲面减隔震支座进行减隔震设计(图 3.25)。

图 3.21　Benicia-Martinez 桥及其使用的摩擦摆支座

图 3.22　美洲河桥及其使用的摩擦摆支座

图 3.23　密西西比河的 I-40 大桥及其使用的摩擦摆支座

图 3.24　震后落梁的 Million Dollar 桥

图 3.25　玉蒙铁路曲江大桥

跨欧洲的土耳其 Bolu Viaduct 高架桥梁采用 C 形钢阻尼支座(图 3.26)，在 1999 年 7.2 级 Duzce 地震中，原设计使用的钢屈服耗能装置和盆式橡胶支座发生严重破坏。美国土木工程学会专门派代表团进行考察鉴定，并协助重新设计，最终采用 536 个摩擦摆支座对震后桥梁进行加固[17]。黏滞液体阻尼器及速度锁定器应用在国内外已有非常多的工程案例。我国的苏通大桥与武汉天兴洲公铁两用桥均采用了液体黏滞阻尼器(图 3.27)，孟加拉国 Paksey 连续梁桥(图 3.28)及美国的 Maysville 斜拉桥采用了速度锁定器[18-20]。软钢阻尼器在桥梁工程中的应用研究也在逐渐开展。国内南京过江通道右汊夹江独塔自锚式悬索桥的支座系统应用了 2000kN 阻尼力的弹塑性钢阻尼器。

铅芯橡胶支座横向刚度较小，用于铁路桥梁时必须设置可靠的横向位移限位构造。高阻尼橡胶支座由于竖向压缩变形较大，且恒定压缩永久变形较大，容易造成桥上线路在桥头处的纵向折角过大，在铁路桥梁上应用时受到一定的限制。铅芯橡胶支座、摩擦摆隔震支座、异形钢阻尼器及速度相关阻尼装置均适用于铁路大跨度桥梁。

(a) 全桥总布置

(b) 原设计的钢屈服耗能装置

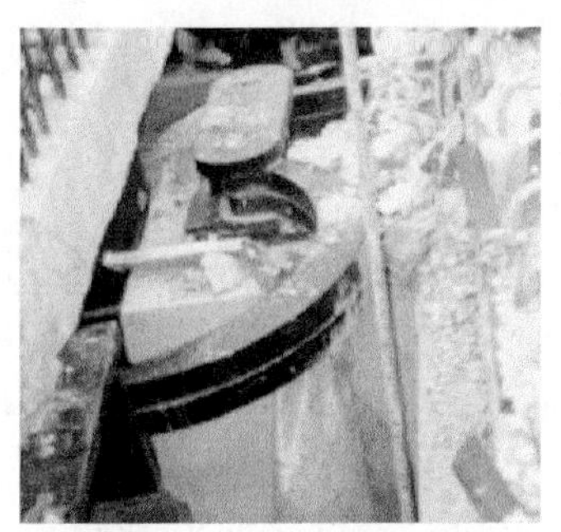

(c) 地震中损坏的钢屈服装置和支座

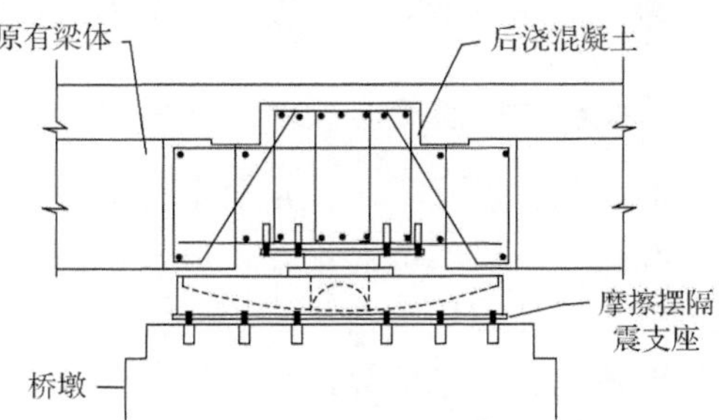

(d) 摩擦摆支座震后加固

图 3.26　土耳其 Bolu Viaduct 高架桥

图 3.27　武汉天兴洲公铁两用桥上的液体黏滞阻尼器

图 3.28　孟加拉国 Paksey 连续梁桥

3.5　高烈度地震区大跨度桥梁的抗震概念设计

3.5.1　大跨度桥梁抗震概念设计总体要求

桥梁抗震概念设计时，特别要重视上下部结构连接部位的设计、桥墩形式的选取、过渡孔处连接部位的设计，以及塑性铰预期部位的选择。为了保证所选定的结构体系在桥址的场地条件下确实是良好的抗震体系，首先必须进行简单的动力特性分析和地震反应估算，然后结合结构设计分析结构的抗震薄弱部位，并进一步分析是否能通过配筋或构造设计保证这些部位的抗震安全性，最后根据分析结果综合评判抗震结构体系的优劣，决定是否需要修改设计方案。

概念设计内容十分丰富，涉及的范围也十分庞杂。大跨度桥梁抗震概念设计的总体目标概括说来应该有以下几点[3]。

1) 选择有利的工程场地

地表错动、地裂、软土震陷、边坡失稳、滑坡及液化等都是造成建筑结构破坏的主要原因。抗震设计时，选址应遵循“选择有利场地、避开不利场地、远离危险场地”的概念设计思想。避免地震时可能发生地震失效的松软场地，而坚硬场地基岩、坚实的碎石类地基、硬黏土地基且地形平坦的场地是理想场地；饱和松散粉细砂、人工填土与极软的黏土地基或不稳定的坡地是危险地区。软弱地基上，应注意基础的整体性，以防止地震引起永久的不均匀变形。

2) 选择合理适当的基础形式

基础的设计和建造应确保整个结构可以抵抗地震作用。

3) 选择合理的桥梁结构体系和布置方案

若结构简单、形体对称、传力路径明确、计算模型简单，则地震反应分析结果与实际较接近，且抗震构造措施和细部处理时较为容易，遭遇地震的震害往往较轻。因此，合理确定结构体系和布置是抗震概念设计的重要环节。选择合理的桥梁结构体系和布置方案时应遵循以下原则：

(1) 尽量确保结构构件传递地震力的合理性和简洁性。

(2) 尽量保持结构的质量和刚度分布的均匀性、对称性和冗余度。

(3) 结构具有双向抗力和刚度、扭转抗力和刚度。

(4) 尽量保持结构整体性以及整体的稳定性。

(5) 尽量使整个结构体系及其子体系能发挥耗散地震能量的作用，避免结构出现复杂的受力状态，特别是应力集中的状态。

(6) 结构的主要构件及次要构件分工明确、抗震能力层次分明。

(7) 结构构件的损伤易发现、可修复或损伤构件震后可更换。

3.5.2　大跨度桥梁抗震概念设计原则

结构的破坏模式有整体型和局部型两种[21]。整体型破坏是指结构发生有层次的延性破坏，也就是常说的“坏而不倒”。局部型破坏是指结构因局部破坏引发结构整体倒塌的脆性破坏。桥梁结构在任意地震下都完好无损是不可能的，罕遇地震作用下结构不仅被破坏，甚至会处于倒塌的临界线上，也就是说当地震烈度达到一定的级别时，结构是一定会被破坏的。

1) 大跨度桥梁结构中设置赘余构件

增加关键构件相关联的冗余度。结构中赘余构件是结构中“多余”的构件，它的破坏甚至完全退出工作，对结构的继续工作并没有什么影响。正常使用状况下，赘余构件可以不起作用；遭遇罕遇地震时，它们参与抵抗地震荷载，通过消耗地震能量甚至不惜率先被损坏来保护其他重要的结构构件。赘余构件应先于主体结构构件被破坏，它应具有足够的刚度、延性，这样才能利用其塑性变形和滞回性能消耗地震的能量。因此，赘余构件的安全度应适当降低，与主体结构的抗震能力层次感分明。赘余结构就相当于结构骨架外的一个“保护网”，可以用自身的损坏来避免结构被严重破坏。

大跨度桥梁中增加赘余构件的办法有：

(1) 斜拉桥或悬索桥的辅助墩与梁之间设置耗能的黏滞阻尼器或金属阻尼器。

(2) 斜拉桥或悬索桥的墩梁间设置连梁或限位装置。

(3) 大跨度拱桥中最不利位置处的风撑设计成耗能横撑(次要构件)，强震中横撑发生地震损伤以耗散地震能量。

2) 大跨度桥梁结构的主要构件采用高强度材料

构件安全度和结构安全度是完全不能对等的，两者之间也不存在必然的联系。结构中关键构件的承载力安全储备应适当提高并予以重视和强调。长期以来，承载力安全储备和变形安全储备简单地割裂，没有两方面同时予以考虑，即通常在讨论安全储备时往往只考虑承载力储备，而在讨论延性时又指在承载力基本保持不变情况下的变形能力。合理的结构安全储备的定义应该是，结构破坏时的承载力和变形之积与结构满足正常使用条件下的承载力和变形之积的比值，即承载力储备与变形储备之积。它也可以采用结构破坏时的变形能与结构满足正常使用条件下的变形能之比，即所谓能量储来定义。

将结构划分为主要构件与次要构件，提高主要构件的承载力安全储备和结构材料强度，使其对结构体系的破坏起到控制作用，可使得结构具有整体型破坏模式。应明确主要构件与次要构件抗震能力的强弱关系，让相对较弱的次要构件先于主要承重构件被破坏，使结构的破坏具有层次性。

大跨度桥梁中的以下构件需采用高强度材料：

(1) 斜拉桥或悬索桥的塔柱。

(2) 大跨度拱桥中的主拱肋。

3) 增强结构构件之间的连接，提高结构的整体抗震性能(延性)

结构的整体延性和构件的局部延性不同，单独的提高构件延性未必能有效提高结构的整体延性。结构构件之间的连接性直接影响结构延性的发挥，对结构的整体延性具有较大的影响。

大跨度桥梁中以下构件之间的连接需要加强：

(1) 斜拉桥或悬索桥塔的塔柱与横梁之间的连接。

(2) 拱桥的拱肋之间的连接。

(3) 大跨度桥梁加劲梁(桥面)与吊杆的连接。

(4) 大跨度桥梁加劲梁杆件之间的连接。

4) 具有多道抗震防线、多条备用传力路径

由于结构具有多道支撑和抗水平力体系，所以在持续时间较长的强震中，一道防线破坏后尚有第二道防线可以支承结构，主要构件依旧可以保证整个结构具备一定的抗震能力[22,23]。大跨度斜拉桥或悬索桥中支座可设计成第一道防线，连梁或限位装置可作为第二道防线，桥塔可作为第三道防线。

3.5.3 大跨度桥梁抗震概念设计方法

1. 大跨度拱桥的抗震概念设计方法

对于大跨度拱桥，拱肋、主梁、吊杆及其基础为主要受力构件，其余构件为次要构件。大跨度拱桥抗震设计时需注意以下方面：

(1) 总体设计时，尽量将桥布置于直线上，采用对称、简洁的孔跨及结构形式，上下部结构之间的连接构造应尽量均匀对称。

(2) 拱肋等主要构件采用高强材料，主拱肋及拱桥基础按基本弹性设计。大跨

度拱桥横桥向拱脚为抗震薄弱部位之一。拱脚截面的轴压比较高，欧洲规范指出，高轴比（$\eta_k > 0.3$）塑性铰区的延性不可靠，故抗震设计时不能利用其完全的延性。拱肋抗震设计时，其截面的地震弯矩应小于等效屈服弯矩，处于基本弹性状态。拱肋可采用钢材或钢管混凝土等高强材料。

(3) 加劲主梁全跨采用连续梁，尽可能地延伸至相邻引桥。相邻引桥为简支梁，地震中易发生落梁。例如，1989 年美国洛马·普里埃塔地震中，旧金山-奥克兰海湾大桥相邻跨简支梁桥发生了落梁。1995 年日本阪神地震中，大跨度钢拱桥(Nishinomiya Port 大桥)的相邻跨简支梁桥也发生了落梁。

(4) 加劲梁采用钢梁或结合梁，可提高加劲梁的材料强度，减小自重。索支撑加劲梁横桥向的跨中弯矩较大，采用钢梁或结合梁可减小梁体自重，从而减小桥梁中的地震作用，这相对于预应力混凝土加劲梁、钢梁及结合梁的抗震能力更好。

(5) 拱肋间的横向风撑(次要构件)、辅助墩、拱上立柱等，按延性设计。横撑也是大跨度拱桥的抗震薄弱部位之一，如 1995 年日本阪神地震中，Rokko Island 大桥(双层桥面的钢拱桥)的两拱肋之间的横撑发生了屈曲。拱上立柱也是抗震薄弱部位。将横撑、拱上立柱及辅助墩(次要构件)与拱肋(主要构件)的抗震能力设计成层次分明，主要构件的抗震能力远高于次要构件。地震中，次要构件先于主要构件被破坏，以此来延长结构周期、耗散地震能量，从而保护主要构件。

(6) 拱桥的墩梁之间、拱肋与梁之间设置减隔震装置。加劲梁与墩(台)之间、拱肋与加劲梁之间采用减隔震支座，可以减小拱肋与辅助墩及其基础中的地震作用，还可以减小索支撑加劲梁横桥向的跨中地震弯矩。设置黏滞阻尼器可以减小墩梁位移。需要注意，阻尼器与墩梁的连接，应避免地震中阻尼器与墩梁可能发生的分离。

2. 大跨度斜拉桥的抗震概念设计方法

大跨度斜拉桥的结构杆件较多，受力及传力复杂。大跨度斜拉桥抗震设计时需注意以下方面：

(1) 总体设计时，尽量将桥布置于直线上，采用对称、简洁的孔跨及结构形式，上下部结构之间的连接构造应尽量均匀对称。

(2) 优先选择漂浮体系，高烈度地震区时尽量考虑弹性约束体系或阻尼约束体系。斜拉桥各体系之间的抗震性能差异较大，漂浮体系斜拉桥的抗震性能较好。

(3) 加劲梁采用钢梁或结合梁，可提高加劲梁的材料强度，减小自重。

(4) 桥塔采用高强度材料，索塔的塔柱及其基础按基本弹性设计。斜拉桥的桥塔轴压比相对较高且高阶振型影响显著，故欧洲规范指出，其塑性铰区的位置不确定且延性也不可靠，不能按完全延性设计。

(5) 桥塔横梁按延性抗震设计。桥塔的中、上横梁为次要构件，可以设计时延性构件，利用横梁的延性来延长结构周期、耗散地震能量。

(6)辅助墩及边墩采用减隔震技术或按延性抗震设计。当满足支座减隔震技术的使用条件时，辅助墩及边墩顶设置减隔震支座，通过减隔震降低桥墩及其基础中的地震反应，提高桥墩及其基础的抗震能力，同时设置防落梁装置作为第二道抗震防线。当不满足支座减隔震技术的使用条件时，辅助墩及边墩按延性抗震设计。

3. 大跨度悬索桥的抗震概念设计方法

悬索桥的自振周期较长，地震内力通常不控制，地震位移较大。大跨度悬索桥抗震设计时需注意以下方面：

(1)总体设计时，尽量将桥布置于直线上，采用对称、简洁的孔跨及结构形式，上、下部结构之间的连接构造应尽量均匀对称。

(2)加劲梁采用钢梁或结合梁，可提高加劲梁的材料强度，减小自重。

(3)索塔采用高强材料，索塔及其基础按基本弹性设计。与斜拉桥的桥塔相似，悬索桥的索塔轴压比相对较高且高阶振型影响显著，其塑性铰区的位置不确定且延性也不可靠。

(4)增加结构阻尼以减小地震作用。大跨度悬索桥结构的主要构件大多为钢材，钢材弹性时阻尼较小。对于结构阻尼较小的结构，增加阻尼可以有效地减小地震作用。因此，对于大跨度钢悬索桥，在墩梁与塔梁之间设置阻尼器，可以减小地震作用。

(5)桥塔横梁按延性抗震设计。

3.6　本 章 小 结

大跨度桥梁抗震设计应“选择有利场地、避开不利场地、远离危险场地”，选择结构简单、形体对称、传力路径明确、计算模型简单的桥梁结构体系和布置方案。大跨度桥梁结构构件的地震破坏应该是分层次的，且结构构件的损伤应易于发现、可修复或损伤构件震后可更换。本章给出了可操作的大跨度桥梁抗震概念设计方法。

参 考 文 献

[1] 项海帆. 桥梁概念设计[M]. 北京: 人民交通出版社, 2011.

[2] 闫冬, 袁万城. 大跨度斜拉桥的抗震概念设计[J]. 同济大学学报(自然科学版), 2004, 32(10): 1344-1348.

[3] 夏修身, 戴胜勇, 刘尊稳. 大跨度拱桥抗震概念设计方法[J]. 地震工程与工程振动, 2017, 37(2): 90-96.

[4] Bradley B A. A critical examination of seismic response uncertainty analysis in earthquake engineering[J]. Earthquake Engineering & Structural Dynamics, 2014, (42): 1717-1729.

[5] 叶爱君. 桥梁抗震[M]. 2 版. 北京: 人民交通出版社, 2011.

[6] 叶爱君, 胡世德, 范立础. 大跨度桥梁抗震设计实用方法[J]. 土木工程学报, 2001, 34(1): 1-6.

[7] CEN. BS EN 1998-2: 2005. Eurocode 8-Design of Structures for Earthquake Resistance —Part1: General Rules, Seismic Actions and Rules for Buildings[S]. London: British Standards Institutions, 2004.

[8] 中华人民共和国铁道部. GB 50111—2006. 铁路工程抗震设计规范[S]. 北京: 中国计划出版社, 2009.

[9] 重庆交通科研设计院. JTG/T B02-01—2008. 公路桥梁抗震设计细则[S]. 北京: 人民交通出版社, 2008.

[10] 中华人民共和国住房和城乡建设部. CJJ 166—2011. 城市桥梁抗震设计规范[S]. 北京: 中国建筑工业出版社, 2011.

[11] Uang C M, Seible F, McDaniel C, et al. Performance evaluation of shear links and orthotropic bridge deck panels for the new San Francisco—Oakland bay bridge[J]. Earthquake Engineering & Structural Dynamics, 2005, 34(4-5): 393-408.

[12] 陈列, 胡京涛, 等. 桥梁减隔震技术[M]. 北京: 中国铁道出版社, 2014.

[13] 杨梦蛟. 汶川大地震既有铁路桥隧建筑物震害情况与思考[C]. 中国铁道学会2008年度优秀学术论文, 2009.

[14] 夏修身, 赵会东, 欧阳辉来. 高速铁路桥梁基于摩擦摆支座的减隔震研究[J]. 工程抗震与加固改造, 2014, 36(3): 21-26.

[15] Zayas V A, Low S, Mokha A S, et al. Seismic isolation of Benicia-Martinez bridge[C]. Proceedings of the 2001 Structures Congress and Exposition, Washington, 2001.

[16] Imbsen R A. Use of isolation for seismic retrofitting bridges[J]. Journal of Bridge Engineering, 2001, 6(6): 425-438.

[17] Ingham T J. Analysis of the million dollar bridge for seismic retrofit[J]. Computers & Structures, 2003, 81(8-11): 673-679.

[18] Roussis P C, Constantinou M C, Erdik M, et al. Assessment of performance of isolation system of Bolu viaduct[J]. Journal of Bridge Engineering, ASCE, 2003, 8(4): 182-190.

[19] Stephen Brown D. Bridge strengthening with shock transmission units[C]. The 11th World Conference on Earthquake Engineering, Acapulco, 1996.

[20] Patel D J. Value of shock transmission units for Mumbai Bridge[J]. Proceedings of the Institution of Civil Engineers-Bridge Engineering, 2004, 157(4): 203-212.

[21] 管仲国, 李建中, 朱宇. 弹塑性阻尼支座用于自锚式悬索桥减震设计[J]. 同济大学学报(自然科学版), 2009, 37(1): 6-12.

[22] 林涛. 大震下防倒塌性能好的结构体系及结构布置研究[D]. 南昌: 南昌大学, 2011.

[23] 胡聿贤. 地震工程学[M]. 2 版. 北京: 地震出版社, 2006.

第4章　大跨度桥梁动力分析模型与地震反应分析方法

4.1　动力分析模型建立基本要求

地震作用下应建立大跨度桥梁的空间动力计算模型，以便进行抗震分析。动力计算模型应能正确反映桥梁上部结构、下部结构、支座和地基的刚度、质量分布及阻尼特性，一般情况下应满足下列要求[1,2]：

(1) 墩、塔、拱肋及拱上立柱可采用空间梁单元模拟；斜拉桥拉索、悬索桥主缆和吊杆、拱桥吊杆和系杆可采用空间桁架单元模拟；梁体和墩柱可采用空间杆系单元模拟，单元质量可采用集中质量代表，单元划分应反映结构的实际动力特性。

(2) 混凝土拱桥的阻尼比取为 0.05，斜拉桥的阻尼比取为 0.03，悬索桥的阻尼比取为 0.02，时程分析可采用瑞利阻尼。

(3) 计算模型应考虑相邻引桥对主桥地震反应的影响。

(4) 采用桩基础的桥梁，分析模型应考虑桩土的共同作用。桩土的共同作用可用等代土弹簧模拟。等代土弹簧的刚度可采用表征土介质弹性值的 m 参数来计算。

(5) 应考虑恒载作用下结构的几何刚度及拉索垂度效应等几何非线性影响。

(6) 进行非线性时程分析时，支承连接条件应采用能反映支座力学特性的单元模拟；如墩柱已进入非线性工作状态，则应选用适当的弹塑性单元来模拟。

(7) 列车活载，1 线或 2 线时按 1 线加载，3 线或 4 线时按 2 线加载，5 线或 6 线时按 3 线加载。

4.2　瑞利阻尼使用方法

阻尼问题是一个古老而又复杂的问题。机械工程、航天工程及土木工程都涉及阻尼问题，但处理阻尼问题的方式与手段各不相同。机械工程通常采用润滑方式来减小阻尼的不利作用。航天工程通过控制算法不断修正航天器的轨道数据来纠正阻尼的影响。土木工程则希望结构中有一定的阻尼能耗散地震能量。对于结构阻尼相对较小的大跨度钢桥，通常附加阻尼装置来减小结构的地震反应。

与刚度不同，阻尼不能由构件的尺寸及其材料特性等进行精细理论计算，只能宏观表达[3-5]。实际结构中的阻尼是多种复杂阻尼机制的组合，一般采用统一的数学模型进行模拟[6]，故常用阻尼模型都是对特定情况下阻尼问题的近似等效处理。阻尼将机械能转化为热能，作用机理非常复杂。结构地震反应分析的目的是获取结构的反应量，而不是对阻尼作用机制的解释，因此选择阻尼模型时更侧重于使用上的方便。线弹性结构侧重于关注地震反应的最大值，模态阻尼比和瑞利阻尼模型均可较好地处理结构地震反应中的阻尼问题[6,7]。现行的动力学教材中有关瑞利阻尼中比例系数如何选取介绍得较少，可操作性不强。大跨度桥梁高阶振型贡献显著，若瑞利阻尼使用不当，会给结构地震反应带来较大偏差甚至错误。

1. 阻尼来源及其作用机制

阻尼是反映结构振动过程中能量耗散的参数。结构地震反应中阻尼的主要来源有[4,5]：结构材料内摩擦，干摩擦，空气阻尼，地基土内摩擦，地基中波的辐射耗能，人工耗能装置(减隔震支座与阻尼器)，结构构件的塑性耗能，地基土的塑性耗能。根据阻尼产生的机理又可将上述阻尼分为材料阻尼、黏滞阻尼与界面阻尼三大类。

材料阻尼反映应力作用引起的材料分子或晶粒界面之间的错动、塑性滑移或其他原因而耗散能量。材料阻尼主要由分子间复杂的相互作用提供，与材料类型及材料中的应力状态有关。界面阻尼反映结构构件连接处及支撑部位的摩擦耗能、混凝土微裂缝的开启与闭合的耗能，是弹性结构中阻尼的主要来源之一。黏滞阻尼是指流体或空气具有一定的黏滞性，与流体或空气相接触的结构在运动过程中的能量耗散。空气阻尼耗能约占总阻尼耗能的1%左右，可以忽略[4]。辐射阻尼耗能反映结构振动时，基础与地基土接触面的应力波向四周传播，带走了部分由基础传到地基土中的能量[8]。对于辐射阻尼，通常在大坝的地震反应分析中需单独考虑，而在桥梁结构地震反应分析中通常偏保守地忽略它的影响或将其纳入到结构阻尼中综合考虑。

结构阻尼主要来源于材料阻尼与界面阻尼[9]。地震反应分析时结构构件进入弹塑性后的塑性耗能、地基土产生塑性变形的耗能及其减隔震装置与附加阻尼装置的耗能，是滞回耗能(阻尼)，通常都是从结构阻尼中剥离出来并单独考虑的[10,11]。需要说明的是，后文所提到的结构阻尼均指已分离出滞回阻尼后的阻尼。通常情况下，隔震桥梁的塑性主要集中在减隔震装置中，将其结构中的阻尼分成滞回阻尼与结构阻尼来考虑比较方便。

2. 瑞利阻尼及其物理意义

基于试验的振型阻尼比与经典振型分析方法相结合，用于分析弹性地震反应时能得到与实际相近的结果。在弹塑性状态下，由于结构的振型不固定、经典的振型分析方法不适用，需要建立比例阻尼矩阵，采用逐步积分来求解结构的地震反应。由于弹性时的无阻尼振型对质量与刚度矩阵有正交性，建立比例阻尼矩阵 C 最简单的方法是使其与质量矩阵 M 或刚度矩阵 K 成比例[12]。经典比例阻尼矩阵有质量比例阻尼、刚度比例阻尼与瑞利阻尼[6,7]。

质量比阻尼的表达式如下：

$$C = a_M M \tag{4.1}$$

$$\xi = \frac{a_M}{2\omega} \tag{4.2}$$

刚度比阻尼的表达式如下：

$$C = a_K K \tag{4.3}$$

$$\xi = \frac{a_K \omega}{2} \tag{4.4}$$

质量比例阻尼的阻尼比与频率成反比；刚度比例阻尼的阻尼比与频率成正比。刚度比例或质量比例阻尼用于单自由度地震反应分析时，通过合理地选择比例系数 a_K 或 a_M ，可以较好地模拟实际结构中的阻尼，但其不适用于主要振型的频率范围很宽的多自由度结构。这是因为不合适的阻尼比会使不同振型的相对幅值发生严重的畸变。假定阻尼矩阵是上述刚度比与质量比矩阵阻尼的组合，上述问题则可以明显改进[7]。

瑞利阻尼为刚度比阻尼与质量比阻尼表达式的线性组合[6]，如下所示：

$$C = a_M M + a_K K \tag{4.5}$$

瑞利阻尼中，质量比阻尼与刚度比阻尼有简单的物理解释，刚度比部分可表示结构中各自由度之间通过线性黏滞阻尼器互联，质量比阻尼表示为结构与外部约束之间用线性黏滞阻尼器互联。由微观的黏弹介质本构关系可知，在实际结构中考虑质量比阻尼并不合理。结构动力分析中只考虑质量比阻尼，是因为它可以增强对允许模态阻尼比的控制[13]。

式(4.5)中系数 a_K 与 a_M 的确定需要指定两个频率(振型)。由瑞利阻尼的振型阻尼比与频率的关系曲线(图 4.1)可知，在两个控制频率之间的振型具有较低的阻尼比，而在最低点之后则有：阻尼比随频率的增大而增大，频率大的振型具有较高的阻尼比。如果控制振型选择不当，高阶振型的反应将因其具有高阻尼而被消除[5]。

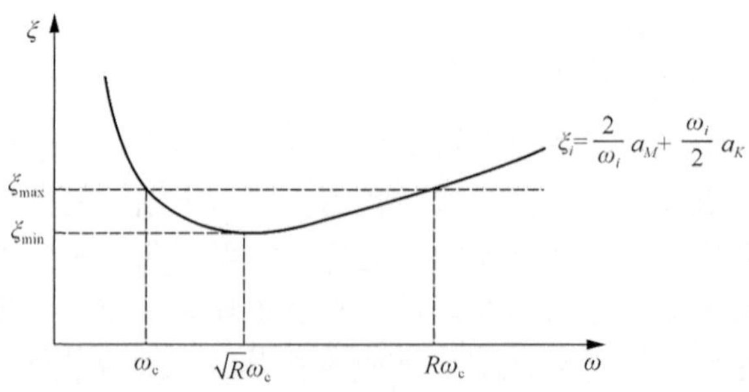

图 4.1　振型阻尼比与自振频率的关系

瑞利阻尼缺少与实际结构阻尼的一致性，当瑞利阻尼模型中的质量比例系数 a_M 与刚度比例系数 a_K 选取不合理时，会使得各振型对应的阻尼比波动较大，与实际不符，给地震反应结果带来较大的误差。瑞利阻尼在桥梁结构的地震反应分析中被广泛应用，是因为[3,10]：

(1)瑞利阻尼满足振型正交条件，使用时简单、方便。

(2)普通的结构是小阻尼体系，通过实测确定阻尼比，采用合适的比例系数可以较好地模拟结构中的阻尼。

3. 瑞利阻尼比例系数确定方法

现行的结构动力学教材中有关瑞利阻尼中比例系数如何选取介绍得较少，可操作性不强。本节给出桥梁地震反应分析时瑞利阻尼中比例系数确定时控制振型的选取方法[13,14]。

如果比例系数 a_M 、 a_K 已知，瑞利阻尼中的振型阻尼比按下式计算：

$$\xi_i = \frac{2}{\omega_i} a_M + \frac{\omega_i}{2} a_K \tag{4.6}$$

瑞利阻尼的振型阻尼比与自振频率的关系，示于图 4.1。瑞利阻尼使用正确的前提是计算分析模型中的最大与最小振型的阻尼比相差较小。假定选取基本振型与第 n 阶振型作为控制振型，基本自振频率为 ω ，第 n 阶的自振频率为 $R\omega$ ，$\varDelta$ 按式(4.7)计算：

$$\varDelta = \frac{1 + R - 2\sqrt{R}}{1 + R + 2\sqrt{R}} \xi \tag{4.7}$$

式中，ξ 为地震反应分析中需要指定的阻尼比；$\varDelta$ 为从第 1 阶振型到第 n 阶振型的阻尼比边界，$\varDelta = (\xi_{\max} - \xi_{\min})/2$ 。

如果 R 的取值较大，此时 $\varDelta$ 相对于 ξ 来说较小，则可以按下式计算比例系数：

$$a_M = 2\xi\omega \frac{2R}{1 + R + 2\sqrt{R}} \tag{4.8}$$

$$a_K = 2\xi \frac{1}{\omega} \frac{2}{1 + R + 2\sqrt{R}} \tag{4.9}$$

按式(4.6)模拟结构中的阻尼比较合理。如果 R 较大时的 $\varDelta$ 相对于 ξ 来说也较大，则需要减小 R，即取第 n–1 阶振型的自振频率与第 1 阶振型的自振频率的比值记作 R，重新计算 $\varDelta$ 与 ξ 关系，直到 $\varDelta$ 相对于 ξ 来说较小。

4. 瑞利阻尼使用示例

某 4×35m 等截面连续箱梁，梁高为 2m，单箱五室截面，双柱式矩形截面桥墩，1.2m 直径桩基础。PM01 台为桥台，PM03 墩为制动墩。采用 Midas/Civil 建立动力计算模型。主梁、桥墩、承台及桩基采用弹性空间梁单元模拟。土对桩的约束用分布弹簧模拟，弹簧的刚度用 m 法计算。动力分析模型如图 4.2 所示。

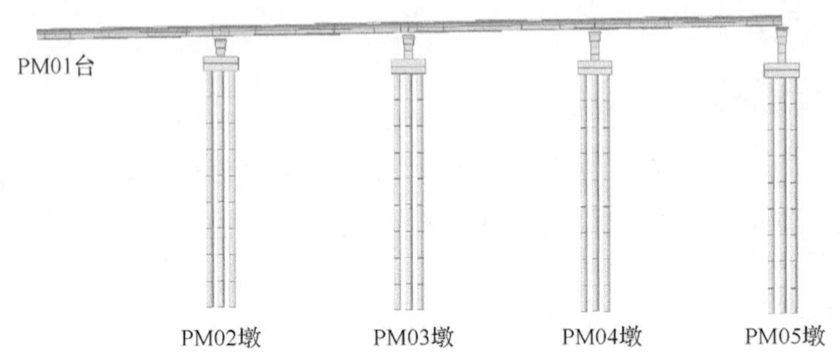

图 4.2 动力分析模型

以振型叠加法的结果作为瑞利阻尼比例系数选择的标准[15]。为了验证前述瑞利阻尼的使用方法，分析普通支座桥梁地震反应时，采用振型叠加法，各振型均为 5%阻尼比。前 800 阶振型的总参与质量超过 95%，计算结果列于表 4.1。

表 4.1 振型阻尼比的计算结果

墩号	时程反应	wave-1	wave-2	wave-3
PM02	墩底弯矩/(kN · m)	711	745	146
	墩底剪力/kN	302	329	62
PM03	墩底弯矩/(kN · m)	81020	160348	25016
	墩底剪力/kN	17448	34527	5383
PM04	墩底弯矩/(kN · m)	1954	1820	292
	墩底剪力/kN	473	449	75

自振特性分析表明，结构第 1 阶振型为制动墩的顺桥向弯曲振动，对应的自振频率 ω=7.85rad/s，第 153 阶振型自振频率约为 61ω。假定选取第 1 阶与第 153 阶为控制振型，指定 $\xi=0.05$。此时，R=61，$\Delta=0.6\xi$，Δ 相对于 ξ 偏大，其对应的逐步积分法计算结果与振型叠加法的相差较大。减小 R 值，重新计算 Δ，经试算知：第 12 阶振型对墩柱的地震反应有贡献，其自振频率约为 8ω，取 R=8。按式(4.7)求得 $\Delta=0.23\xi$，相对于 ξ 来说可以接受。此时，比例系数 $a_M=0.857\ \text{s}^{-1}$，$a_K=0.0017$ s，计算结果列于表 4.2。

表 4.2　瑞利阻尼的计算结果(R=8)

墩号	时程反应	wave-1	wave-2	wave-3
PM02	墩底弯矩/(kN·m)	728	727	125
	墩底剪力/kN	312	320	54
PM03	墩底弯矩/(kN·m)	75090	151713	23773
	墩底剪力/kN	16171	32667	5115
PM04	墩底弯矩/(kN·m)	1701	1700	287
	墩底剪力/kN	410	411	73

对比表 4.1 和表 4.2 可知，振型叠加法的计算结果大于瑞利阻尼计算结果，这是因为振型叠加法的各振型阻尼比均为 5%，且考虑了超过 95%的振型贡献。而瑞利阻尼高阶振型对应的阻尼比较大，较大的阻尼会减小相应高阶振型的贡献。总体来看，瑞利阻尼的计算结果与振型叠加法的比较接近，基本上具有工程可接受的精度。

4.3　黏滞阻尼器与冲击传递装置的分析模型

1. 装置的构造及作用机理

黏滞阻尼器由活塞、油缸及节流孔等组成。黏滞阻尼器基本构造如图 4.3 所示。

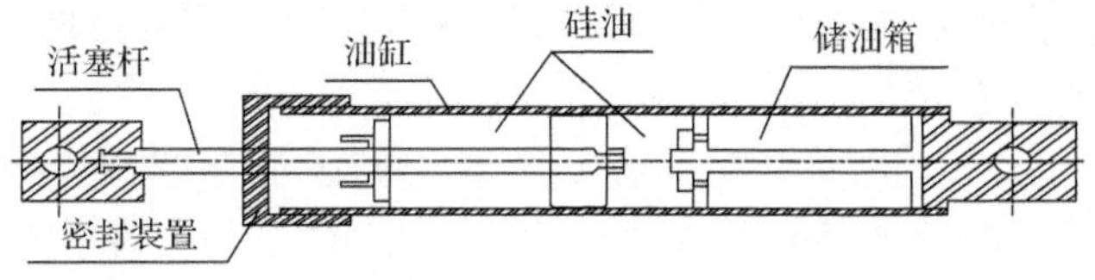

图 4.3　黏滞阻尼器基本构造

黏滞阻尼器的阻尼力与速度相关。温度变化、收缩、徐变等低速荷载时，阻尼力较小，而地震等高速荷载时，阻尼力较大，起耗能作用。当阻尼指数 α=1.0 时，其滞回曲线为椭圆形，在结构达到最大变形时，黏滞阻尼器的阻尼力最小；当速度最大时，阻尼力达到最大，而此时变形最小，其内力也最小。因此，黏滞阻尼器不会显著增加桥墩的受力。

英文文献中常用的冲击传递装置(shock transmission unit，STU)的另一个名字为 Lock-up 装置(Lock up device，LUD)[16]。由于该装置传力大小与速度有关，在国内工程中有时也称其为速度锁定器。LUD 装置通常安装在桥梁的伸缩缝或支座附近，在温度作用、收缩和徐变等低速荷载下的反应很小，不会影响桥梁结构的原有功能；而在地震作用或制动力等高速荷载作用下，装置类似为一个刚性连接，使结构各个构件共同分担荷载，可用于新建桥梁及旧桥的抗震加固。尽管我国有多座连桥梁拟采用 LUD 装置[17-19]，但现行的铁路、公路及城市桥梁抗震规范中均没有涉及 LUD 装置，这不利于该装置在我国的应用。

LUD 装置与液体黏滞阻尼器具有相同的组成部分，主要由活塞杆、活塞头、圆筒及工作介质等部分组成[20]，见图 4.4。与阻尼器不同之处是，LUD 装置的活塞孔或壁筒间隙很小，承受较大荷载时仅发生较小位移[21]，除阻尼器常用的液体工作介质外，还可以选择胶泥作为工作介质。由于 LUD 装置所需的位移能力(冲程)较小，它通常都比较紧凑。

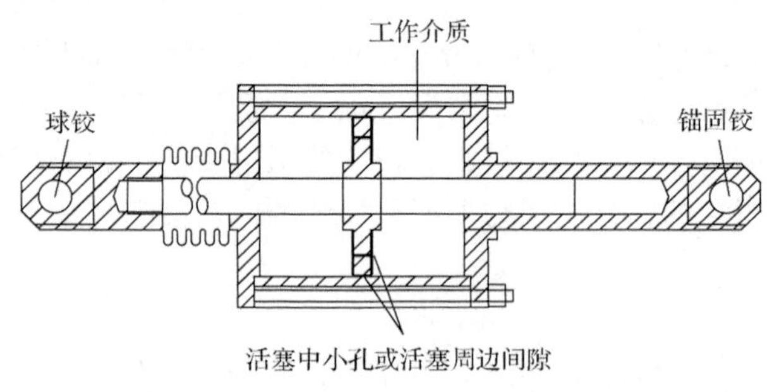

图 4.4　LUD 装置构造

胶泥具有反复触变特性，在温度、收缩和徐变作用下，受挤压可通过活塞小孔或壁筒间隙。在高速的地震作用或制动力下，胶泥受挤压不能快速通过小孔或壁筒间隙，装置瞬间会产生较大的阻尼力，仅发生较小位移，此时装置提供较大阻尼，类似于锁死[22]。

胶泥是硅胶与液体的混合物，容易密封，但胶泥在提供较大阻尼时不能很好地传递热量。当选择液体作为工作介质时，LUD 装置与阻尼器的工作原理相同[12]：利用黏滞液体通小孔产生阻尼力。与阻尼器相比，低速荷载下液体通过小孔时激发较小阻尼、产生较小的力；而高速荷载下 LUD 装置激发出较大阻尼力。在整个荷载作用过程中，LUD 装置仅产生较小位移，故其耗能与阻尼器相比较小。

2. 力学分析模型

液体黏滞阻尼器的力学模型[8]为

$$F = Cv^{\alpha} \tag{4.10}$$

黏滞阻尼器的阻尼力表达式可用 Maxwell 模型模拟，在常用的有限元软件 Sap2000、Midas 中均有相应的单元模块。黏滞阻尼器用 Maxwell 模型模拟的数学表达式为

$$F = K_d d_K = C \cdot \text{sgn}(\dot{d}_c) \cdot \left|\dot{d}_c\right|^{\alpha} \tag{4.11}$$

式中，F 为阻尼力；C 为阻尼常数；v 为速度；α为阻尼指数，取值范围在 0.1～2.0，常用值在 0.2～1.0 范围内，当α=1 时，为线性阻尼器，其滞回曲线为椭圆形；当α=2 时，为耗能能力很小的特殊阻尼器(速度锁定器)；d_K 和 d_c 分别为弹簧和阻尼器活塞运动的位移；K_d 为弹簧刚度；$\dot{d}_c$ 为阻尼器活塞运动的变形速率；弹簧的位移和刚度表示阻尼器的变形和刚度。黏滞阻尼器减震分析时，为忽略阻尼器自身弹性变形的影响，弹簧刚度 K_d 输入较大值。建议黏滞阻尼器减震分析时，取 K_d=10^8kN/m。

文献[23]的研究表明，当α取 2 时，LUD 装置按刚性连杆或主从约束模拟方法得到的结果偏大、在工程设计上采用时偏于安全。当 LUD 装置能够激发出极大的阻尼力时，与常用的刚性连杆或主从约束模拟方法结果非常接近。本书建议α取 2 来模拟 LUD 装置。

4.4 摩擦摆减隔震支座分析模型

1. 摩擦摆支座的工作原理

摩擦摆支座利用滑动面的设计来实现隔震、延长结构周期，以减少结构地震作用，它通过支座的滑动面与滑块之间的摩擦来耗散地震能量(图 4.5)。此外，其特有的圆弧滑动面具有自复位功能，可以有效地限制隔震支座的位移。摩擦摆支座造价低，施工简单，承载能力高，除有一般平面滑动隔震系统的特点外，还具有良好的稳定性、复位功能和抗平扭能力。

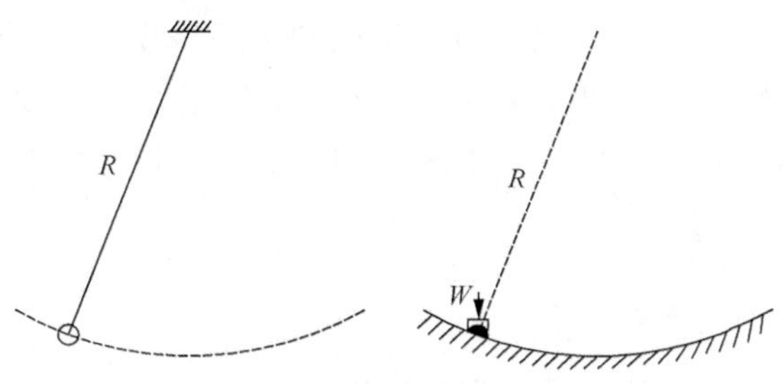

图 4.5 单摆工作原理

2. 摩擦摆支座的力学模型

地震中直线桥的摩擦摆支座恢复力模型可简化成图 4.6 所示的双线性滞回模型[24]。图中，μ为滑动摩擦系数；W 为竖向荷载；K_i 为初始刚度，$K_i=\mu W/D_y$；K_{fps}

为摩擦摆支座的摆动刚度，$K_{fps}=W/R$；R 为曲率半径；D_y 为屈服位移；D_d 为极限位移。

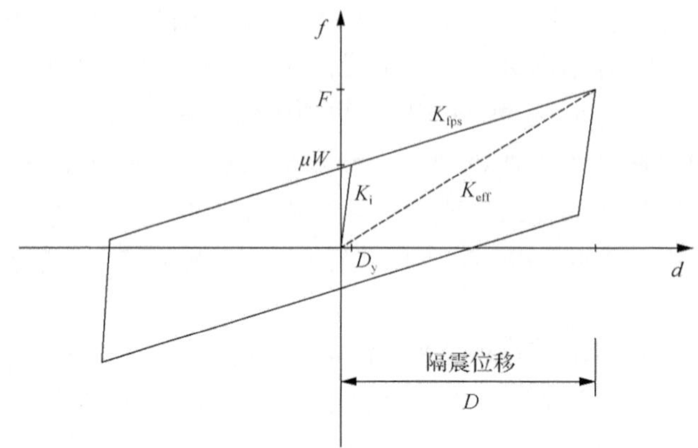

图 4.6　摩擦摆支座的滞回模型

4.5　金属阻尼器的分析模型

1. 钢阻尼器的工作原理

软钢阻尼器是金属阻尼器中一种很重要的耗能减震装置，它利用软钢的较好的屈服后性能，进入塑性后利用良好的塑性变形来耗散地震能量，从而保护主体结构，以极小的工程投入大大提高了结构的可靠性和耐久性。已有研究表明，软钢阻尼器具有稳定的滞回特性、良好的低周疲劳特性、不受环境温度的影响等优点。近年来，国内外研发了多种不同形式的软钢阻尼器，如三角形、X 形、E 形及 C 形等，在许多新建建筑、建筑抗震加固和震后修复中得到应用。

弹塑性阻尼器是一块可以发生弹塑性变形的钢板[25]。在地震作用下，钢板变形并提供较好的滞回耗能作用。由于其结构全部由钢材制作而成，故软钢阻尼器具有良好的耐久性。

2. 钢阻尼器的力学模型

一般采用理想双线性模型来模拟弹塑性钢阻尼器的滞回关系，见图 4.7。图中，F_y 为金属阻尼器屈服荷载；$\varDelta_y$ 为金属阻尼器屈服位移；δ 为金属阻尼器的安装初始间隙；K_0 为金属阻尼器的初始刚度；K_1 为金属阻尼器的屈服后刚度。金属阻尼器荷载-位移关系仅由屈服荷载参数唯一确定，参数设计中只需要选择合适的屈服荷载，并验算其位移需求即可。

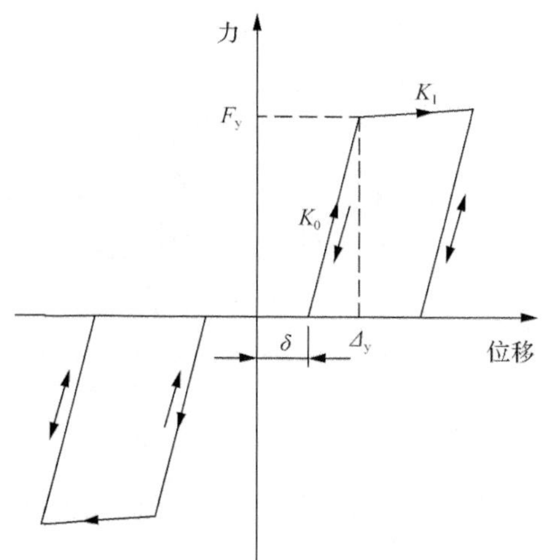

图 4.7　钢阻尼器的滞回模型

4.6　弹塑性梁柱单元

如果钢筋混凝土墩柱、桥塔及拱肋已进入非线性工作状态，则应选用弹塑性单元来模拟。当承受的轴力在地震中变化较小时，可以用 Clough 双线性模型或 Takeda 三线性模型模拟钢筋混凝土桥墩的弹塑性，承受的轴力在地震中变化较大时，应采用纤维截面梁柱单元来模拟。

纤维截面梁柱单元是将在积分点处钢筋混凝土梁柱单元的截面划分成一定数目的离散小单元，每个小单元的力学特性用钢筋、混凝土的应力-应变关系表示。用纤维截面进行构件受力和变形的全过程分析时，通常采用以下假定[26]：

(1) 平截面假定；

(2) 不考虑混凝土和钢筋之间的相对滑移；

(3) 忽略剪应力对构件截面的弯矩-曲率关系的影响；

(4) 忽略时间、温度、湿度等因素变化引起的构件应力和应变的变化。

假定截面上每根纤维应变分布均匀、处于单轴应力-应变状态，可根据相应纤维材料的单轴应力-应变模型来计算整个截面的力与变形的关系，还可以通过对单轴应力-应变关系的适当修正来更好地考虑截面的实际受力情况(如横向箍筋的约束作用)。在纤维单元模型中，单元沿其纵向被划分成若干个离散的横截面，各横截面位于单元形成中采用的数值积分方法控制点处(积分点)，每个积分点位置的截面都用纤维截面来模拟，而各截面划分成若干小钢筋纤维和混凝土纤维单元，如图 4.8 所示。

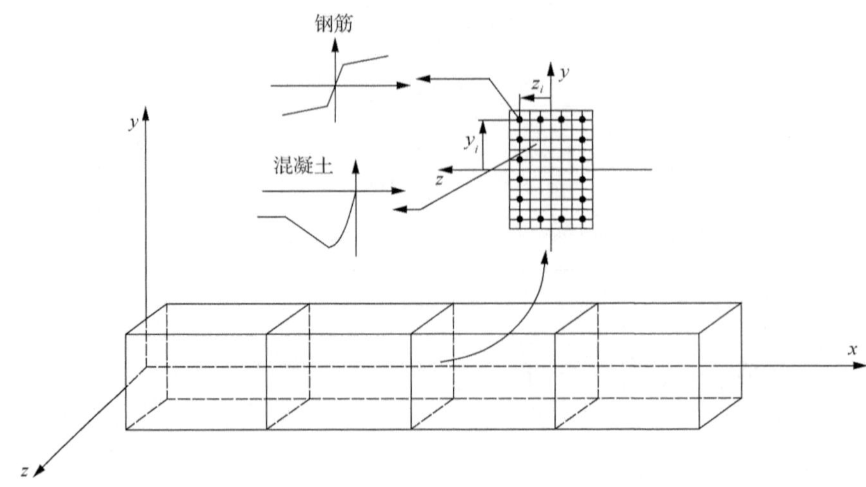

图 4.8　局部坐标系下的纤维截面梁柱单元

纤维截面模型可以反映构件截面材料特性和钢筋分布特点，能同时考虑轴力和单向弯矩或双向弯矩对截面恢复力关系的影响。纤维截面模型分析前，应对构件横截面进行合理的分区。截面钢筋和混凝土按其位置划分为不同的纤维。截面在离散时宜采用较为均匀的划分方式，划分较多的纤维有利于提高数值积分的计算精度，但同时也会带来计算量成比例的增长。

OpenSees 中的纤维截面梁柱单元主要分为两类：一类是基于力插值函数，即按有限单元柔度法建立的纤维截面梁柱单元 element forceBeamColumn；另一类是基于位移插值函数，即按有限单元刚度法建立的纤维截面梁柱单元 element dispBeamColumn。element forceBeamColumn 及 element dispBeamColumn 都是分布塑性铰区单元，它的塑性区可扩展到单元中间，在模拟桥梁墩柱时比仅集中在单元两端的集中塑性铰区单元模型单元更符合实际中地震惯性力的分布。element forceBeamColumn 及 element dispBeamColumn 具有相同的单元定义参量和定义方式。由于实际地震中墩柱单元塑性铰区的曲率为非线性分布，按有限单元刚度法建立的 element dispBeamColumn 为基于位移的三次插值函数，曲率沿单元长度呈线性分布。当采用 element dispBeamColumn 时，需要细分单元才能够提高分析精度(图 4.9)。element forceBeamColumn 为基于力插值函数，按有限单元柔度法建立的纤维截面梁柱单元，它能满足精确的动平衡方程，其曲率沿单元长度呈非线性分布，采用较少的单元数即可达到较高的分析结果(图 4.10)。当采用 element forceBeamColumn 时，增加积分点数和细分单元均可提高分析精度。需要注意的是，为了较好地得到墩柱的非线性地震反应，element forceBeamColumn 的积分点选择前应预估塑性铰区的位置及长度[27]，应使得塑性铰区位置积分权重与塑性区长度相吻合；否则，会产生单元端部的应力集中，产生如下错误：“failed to get compatible element forces & deformations for element XXX”。

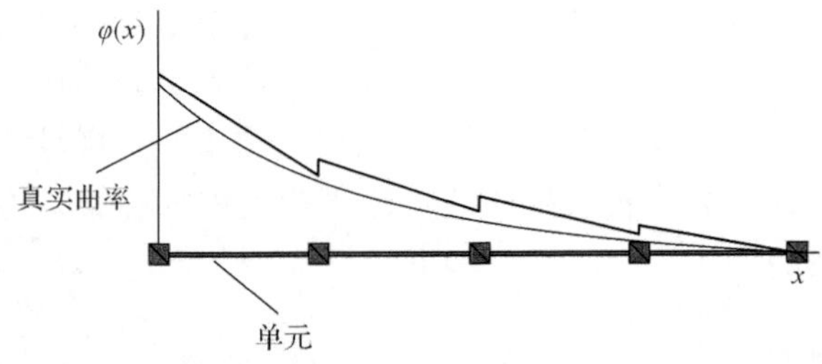

图 4.9　曲率沿单元长度呈线性分布

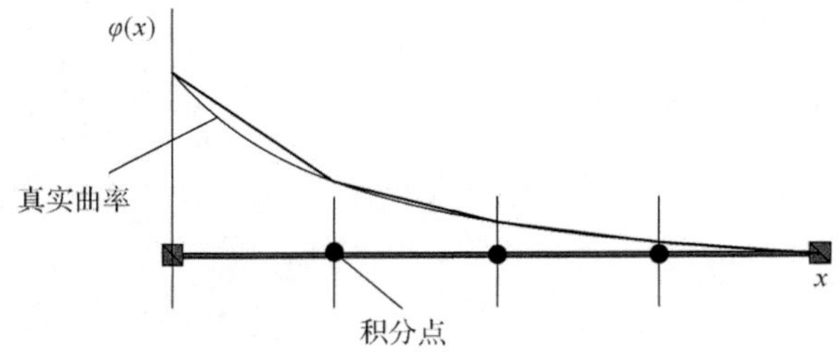

图 4.10　曲率沿单元长度呈非线性分布

4.7　大跨度桥梁地震反应分析方法

4.7.1　地震反应分析的实用性

结构地震反应分析，特别是非线性反应分析是在许多假定之下进行的。这些假定与实际发生的情况之间可能有颇大出入。首先，对地震动的估计，直接受地震预报的影响，预报可能发生的地震并不一定发生，未预报的地区又可能发生较大震级的地震，这一误差就可能导致几倍甚至几十倍的地震动大小的估计误差；其次，即使震级估计得差不多，对地震动的估计也可能有几倍甚至几十倍之差异[28]。对结构动力特性与强度的估计远比对地震动的估计要精确，但也可能有不小的误差，如 50%左右或更多，特别是对非线性特性。这些误差会反映在地震反应分析结果中。

但是，存在误差并不能否定地震反应分析的实用性，因为地震反应分析中考虑的许多因素的重要性与真实性是多次被证实了的。例如，地震动的频谱与持时、结构的延性都是必须要考虑的因素。特别注意的是，不能用一次地震的结果来否定或肯定一个规律，或评价一个理论的优劣，需要根据多次地震的大量事实做出统计意义上的分析。地震反应分析中所采用的数据，如反应谱、加速度与结构延性等，都是具有平均意义的数据。只要按照现有动力分析设计的结构在概率意义上更为合理，更符合实际情况，具有更一致的安全概率。在历次大地震中都可能发现一些现有设计方法不合理之处，那是由于现有方法并不是完善得无可改进。大量事实说明，经过抗震设计的工程要比未经过抗震设计的优越，按照新的现代抗震理论分析设计的工程要比按照传统方法设计的工程更优越。所以，采用对结构进行线性与非线性动力分析或按照这一原理提出的简化设计方法去分析和设计桥梁，是完全需要的。

4.7.2　反应谱分析方法

1. 单质点最大地震内力

单质点体系的地震运动方程为

$$\ddot{x}+2\xi\omega\dot{x}+\omega^2x=-\ddot{u}_{\mathrm{g}} \tag{4.12}$$

单质点最大地震内力为

$$\begin{aligned}F&=m\left|\ddot{x}+\ddot{u}_{\mathrm{g}}\right|_{\max}\\&=mg\frac{\left|\ddot{u}_{\mathrm{g}}\right|_{\max}}{g}\frac{\left|\ddot{x}+\ddot{u}_{\mathrm{g}}\right|_{\max}}{\left|\ddot{u}_{\mathrm{g}}\right|_{\max}}\\&=\alpha\beta m\end{aligned} \tag{4.13}$$

式中，α 为水平地震基本加速度；β 为动力放大系数；m 为结构质量；$\ddot{x}$、$\dot{x}$、x 分别为结构相对于地面的加速度、速度与位移；ξ 为结构阻尼比；ω 为结构的自振圆频率；$\ddot{u}_{\mathrm{g}}$ 为地震地面加速度。

2. 多质点最大地震内力

多质点体系的地震运动方程为

$$M\ddot{x}+C\dot{x}+Kx=-MI\ddot{u}_{\mathrm{g}} \tag{4.14}$$

采用振型分解法求解，可将式(4.14)变换成一系列相互独立正规坐标方程：

$$x=\sum_{j=1}^{n}\{\phi\}_jY_j \tag{4.15}$$

将式(4.15)代入式(4.14)，并利用振型的正交性可得

$$\ddot{Y}_j+2\xi\omega_j\dot{Y}_j+\omega_j{}^2Y_j=-\gamma_j\ddot{u}_{\mathrm{g}}\quad(j=1,2,\cdots,N) \tag{4.16}$$

$$\gamma_j = \frac{\{\phi\}_j^{\mathrm{T}} MI}{\{\phi\}_j^{\mathrm{T}} M \{\phi\}_j} \tag{4.17}$$

将第 j 阶振型的 i 质点的位移 $x_{ij} = \phi_{ij} Y_j$ 代入式(4.16)有

$$\ddot{x}_{ij} + 2\xi\omega_j \dot{x}_{ij} + \omega_j^{\ 2} x_j = -\gamma_j \phi_{ij} \ddot{u}_{\mathrm{g}} \qquad (j=1,2,\cdots,N) \tag{4.18}$$

第 i 质点、第 j 阶振型引起的最大地震力为

$$F_{ij}=\alpha\beta_j\gamma_j\phi_{ij}m_i \tag{4.19}$$

利用规范给出的反应谱曲线放大系数 β 或反应谱值 $\alpha\beta$，可以得到作用在结构第 j 阶振型第 i 质点的水平地震力 F_{ji}。

式(4.14)～式(4.19)中，M、C 和 K 分别为质量矩阵、阻尼矩阵与刚度矩阵；$\ddot{x}$、$\dot{x}$ 和 x 分别为结构相对于地面的加速度列向量、速度列向量与位移列向量；I 为单位向量；γ_j 为第 j 阶振型的振型参与系数；F_{ij} 为第 j 阶振型在 i 点引起的地震力；ϕ_{ij} 为第 j 阶振型第 i 质点的变形。

利用式(4.19)求出各振型的地震反应后，一般情况下可按 SRSS 组合方法得到地震效应，即

$$S=\sqrt{\sum S_i} \tag{4.20}$$

当结构两个振动模态的自振周期 T_i 和 T_j 接近时，即

$$\rho = \frac{T_j}{T_j} \geqslant \frac{0.1}{0.1+\xi} \tag{4.21}$$

应采用 CQC 方法进行地震效应计算[29]，如下所示：

$$S=\sqrt{\sum\sum S_i r_{ij} S_j} \qquad (i=1,2,\cdots,n;\ j=1,2,\cdots,n) \tag{4.22}$$

$$r_{ij}=\frac{8\xi^2(1+\rho)\rho^{3/2}}{(1-\rho^2)^2+4\xi^2\rho(1+\rho)^2} \tag{4.23}$$

式中，S 为结构地震效应；S_i 为第 i 阶振型引起的结构地震效应；r_{ij} 为相关系数。

4.7.3 时程分析方法

时程分析方法是随着强震记录的增多和计算机技术的广泛应用而发展起来的，是公认的“精细”分析方法。目前，大多数国家除对常用的中小跨度桥梁抗

震计算仍采用反应谱方法外，对重要、复杂、大跨度的桥梁抗震计算采用动态时程分析方法。

常用的时程分析方法有 Wilson-θ 法与 Newmark-β 法。Wilson-θ 法解决了 Newmark-β 法的稳定性问题，但 Wilson-θ 法中系数 θ 会消除高阶振型中的数值阻尼，再加上其在时间 t 处不能精确满足动力平衡方程[30]，不建议使用 Wilson-θ 法。Newmark-β 法的积分方程[12]如下所示：

$$M\Delta\ddot{x} + C\Delta\dot{x} + K\Delta x = -MI\Delta\ddot{u}_{\mathrm{g}} \tag{4.24}$$

Newmark-β 法假设在 t_i 和 t_{i+1} 之间的加速度是介于 $\ddot{x}_i$ 和 $\ddot{x}_{i+1}$ 之间的某一常量，记为 a，如图 4.11 所示。

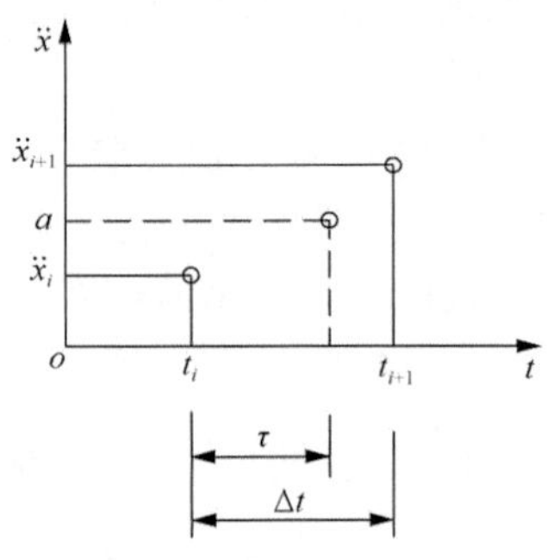

图 4.11 加速度的基本假定

根据 Newmark-β 法基本假设，有

$$a = (1-\gamma)\ddot{x}_i + \gamma\ddot{x}_{i+1} \qquad (0 \leqslant \gamma \leqslant 1) \tag{4.25}$$

为了得到稳定和高精度的算法，a 也用另一个控制参数 β 表示，即

$$a = (1-2\beta)\ddot{x}_i + 2\beta\ddot{x}_{i+1} \qquad (0 \leqslant \beta \leqslant 1/2) \tag{4.26}$$

通过在 t_i 到 t_{i+1} 时间段上对加速度 a 积分，可得到 t_{i+1} 时刻的速度和位移，如下：

$$\dot{x}_{i+1} = \dot{x}_i + a\Delta t \tag{4.27}$$

$$x_{i+1} = x_i + \dot{x}_i\Delta t + \frac{1}{2}a\Delta t^2 \tag{4.28}$$

将式(4.25)代入式(4.27)，式(4.26)代入式(4.28)有

$$\Delta\dot{x} = (1-\gamma)\ddot{x}_i \cdot \Delta t + \gamma\ddot{x}_{i+1} \cdot \Delta t \tag{4.29}$$

$$\Delta x = \dot{x} \cdot \Delta t + \left(\frac{1}{2} - \beta\right)\ddot{x}_i \cdot \Delta t^2 + \beta\ddot{x}_{i+1} \cdot \Delta t^2 \tag{4.30}$$

整理式(4.29)、式(4.30)有

$$\Delta\ddot{x}=\frac{1}{\beta\Delta t^2}\Delta x-\frac{1}{\beta\Delta t}\dot{x}_i-\frac{1}{2\beta}\ddot{x}_i \tag{4.31}$$

$$\Delta\dot{x}=\frac{\gamma}{\beta\Delta t}\Delta x_i-\frac{\gamma}{\beta}\dot{x}_i+\left(1-\frac{\gamma}{2\beta}\right)\Delta t\cdot\ddot{x}_i \tag{4.32}$$

式(4.31)、式(4.32)代入式(4.4)有

$$\hat{k}\cdot\Delta x=\Delta\hat{R} \tag{4.33}$$

$$\hat{k}=K+\frac{1}{\beta\Delta t^2}M+\frac{\gamma}{\beta\Delta t}C \tag{4.34}$$

$$\Delta\hat{R}=-MI\Delta\ddot{u}_{\mathrm{g}}+M\left(\frac{1}{\beta\Delta t}\dot{x}_i+\frac{1}{2\beta}\ddot{x}_i\right)+C\left[\frac{\gamma}{\beta}\dot{x}_i+\left(\frac{\gamma}{2\beta}-1\right)\Delta t\cdot\ddot{x}_i\right] \tag{4.35}$$

由式(4.33)求得 Δx，代入式(4.31)、式(4.32)，可求得 $\Delta\ddot{x}$、$\Delta\dot{x}$，则有

$$x_{i+1}=x_i+\Delta x \tag{4.36}$$

$$\dot{x}_{i+1}=\dot{x}_i+\Delta\dot{x} \tag{4.37}$$

式中，参数 β 控制积分区间的起始加速度和终了加速度对速度变化过程的影响，参数 γ 则控制这两个加速度对位移变化的影响，β 和 γ 的调整影响积分的精度和稳定性。

γ 不等于 1/2 时，可导致系统过阻尼，因此，取 γ=1/2。Newmark-β 法中参数 β 的建议取值范围为：$1/6\leqslant\beta\leqslant1/2$。当 β=1/6，为线性加速度法，积分是有条件稳定的，收敛条件为：$\Delta t/T_n\leqslant0.551$。当 β=1/4，积分是无条件稳定的，可以给出满意的精度。因此，建议非线性时程分析中采用无条件稳定的 Newmark-β 法，此时 γ=1/2，β=1/4。

4.7.4　弹性地震反应分析方法

大跨度桥梁的弹性地震反应分析可采用时程分析法和多振型反应谱法。

(1) 当采用多振型反应谱法计算时，所考虑的振型阶数在计算方向给出的有效振型参与质量不应低于该方向结构总质量的 90%，振型组合应采用 CQC 法。

(2) 当采用时程分析法时，应满足以下要求：

①建议优先采用振型叠加法，使用振型阻尼，有效振型参与质量不应低于该方向结构总质量的 90%；

②当采用直接积分法时，按 4.2 节合理使用瑞利阻尼；

③对于时程分析的最终结果，当采用 3 组地震加速度时程计算时，应取各组计算结果的最大值；当采用 7 组及以上地震加速度时程计算时，可取结果的平均值。

4.7.5 弹塑性地震反应分析方法

采用减隔震支座、黏滞阻尼器、软钢阻尼器且考虑墩柱、桥塔及拱肋弹塑性的大跨度桥梁，其地震反应分析必须采用直接积分的非线性时程分析法，按初始刚度确定瑞利阻尼矩阵。

4.8 本 章 小 结

本章介绍了大跨度桥梁动分析模型建立的基本要求、瑞利阻尼的合理使用方法、非线性分析时各种装置的分析模型，以及大跨度桥梁地震反应分析方法。

参 考 文 献

[1] 中华人民共和国住房和城乡建设部. CJJ 166—2011. 城市桥梁抗震设计规范[S]. 北京: 中国建筑工业出版社, 2011.

[2] 重庆交通科研设计研究院. JTG/T B02-01—2008. 公路桥梁抗震设计细则[S]. 北京: 人民交通出版社, 2008.

[3] 黄宗明, 白绍良, 赖明. 结构地震反应时程分析中的阻尼评述[J]. 地震工程与工程振动, 1996, 16(2): 95-104.

[4] 董军, 邓洪洲, 王肇民. 结构动力分析阻尼模型研究[J]. 世界地震工程, 2000, 16(4): 63-69.

[5] 彭伟. 减隔震桥梁非经典阻尼问题与简化分析方法[D]. 上海: 同济大学, 2006.

[6] Chopra A K. Dynamics of Structures: Theory and Applications to Earthquake Engineering (Second Edition) [M]. Beijing: Higher Education Press, 2007.

[7] 克拉夫 R, 彭津 J. 结构动力学[M]. 2 版. 王光远, 译. 北京: 高等教育出版社, 2006.

[8] 杨军, 宋二祥, 陈肇元. 桩在饱和土中水平振动的辐射阻尼简化算法[J]. 岩土力学, 2002, 23(2): 179-183.

[9] Kareem A, Gurley K. Damping in structures: Its evaluation and treatment of uncertainty[J]. Journal of Wind Engineering and Industrial Aerodynamics, 1996, 59(2): 131-157.

[10] Soong T T, Spencer B F. Supplemental energy dissipation: State-of-the-art and state-of-the practice[J]. Engineering Structures, 2002, 24(3): 243-259.

[11] Symans M D, Charney F A, Whittaker A S, et al. Energy dissipation systems for seismic applications: Current practice and recent developments[J]. Journal of Structural Engineering, 2008, 134(1): 3-21.

[12] 刘晶波, 杜修力. 结构动力学[M]. 北京: 机械工业出版社, 2005.

[13] Hall J F. Problems encountered from the use (or misuse) of Rayleigh damping[J]. Earthquake Engineering & Structural Dynamics, 2006, 35 (5) : 525-545.

[14] 夏修身, 陈兴冲, 李建中. 隔震桥梁合理结构阻尼模型[J]. 东南大学学报(自然科学版), 2016, 46 (1) , 140-145.

[15] 楼梦麟, 张静. 大跨度拱桥地震反应分析中阻尼模型的讨论[J]. 振动与冲击, 2009, 28 (5) : 22-26.

[16] Brown D S. Bridge strengthening with shock transmission units[C]. The 11th World Conference on Earthquake Engineering, Acapulco, 1996.

[17] CEN. BS EN 1998-2: 2005. Eurocode 8 Design of Structures for Earthquake Resistance-Part 2: Bridges[S]. London: British Standards Institutions, 2005.

[18] Patel D J. Value of shock transmission units for Mumbai Bridge[C]. Proceedings of the Institution of Civil Engineers-Bridge Engineering, 2004, 157 (4) : 203-212.

[19] 王磊, 刘寒冰, 吴斌暄, 等. 新型地震结构保护系统的大跨径桥梁抗震分析[J]. 哈尔滨工业大学学报, 2004, 36 (12) : 1665-1668.

[20] Dion C, Bouaanani N, Tremblay R, et al. Real-time dynamic substructuring testing of viscous seismic protective devices for bridge structures[J]. Engineering Structures, 2011, 33 (12) : 3351-3363.

[21] 耿瑞琦, 马良喆. 桥梁用液体黏滞阻尼器的减振设计和类型选择[J]. 土木工程学报, 2007, 40 (7) : 55-61.

[22] 王志强, 葛继平. 粘滞阻尼器和 Lock-up 装置在连续梁桥抗震中应用[J]. 石家庄铁道学院学报, 2006, 19 (1) : 5-9.

[23] 夏修身, 崔靓波, 李建中. Lock-up 装置的作用机理与分析模型[J]. 哈尔滨工程大学学报, 2014, 35 (12) : 1497-1502.

[24] 夏修身, 赵会东, 欧阳辉来. 高速铁路桥梁基于摩擦摆支座的减、隔震研究[J]. 工程抗震与加固改造, 2014, 36 (3) : 21-26.

[25] 管仲国, 李建中, 朱宇. 弹塑性阻尼支座用于自锚式悬索桥减震设计[J]. 同济大学学报(自然科学版), 2009, 37 (1) : 6-12.

[26] 聂利英, 李建中, 范立础. 弹塑性纤维梁柱单元及其单元参数分析[J]. 工程力学, 2004, 21 (3) , 15-20.

[27] 赫中营, 叶爱君. 力法非线性梁柱单元的合理单元长度划分[J]. 工程力学, 2014, 31 (7) : 172-184.

[28] 胡聿贤. 地震工程学[M]. 2 版. 北京: 地震出版社, 2006.

[29] 李建中, 彭天波. 多塔连跨悬索桥抗震与减震设计[M]. 北京: 人民交通出版社, 2014.

[30] 爱德华·L·威尔逊. 结构静力与动力分析[M]. 北京: 中国建筑工业出版社, 2006.

第 5 章　大跨度桥梁地震动及其输入模式

5.1　引　　言

5.1.1　地震动与结构抗震设计理论

地震动是地震波所引起的地表附近土层振动，又称为地面运动[1]。地震动是引起桥梁破坏的外因，其作用相当于结构分析中的荷载，但与通常的荷载又有很大差别[2]。地震动是工程地震与结构抗震之间的桥梁，是工程地震的主要研究内容。地震动是一个非常复杂的现象，现阶段对结构的了解远大于对地震动的了解。结构抗震设计面临着许多不确定性因素，而地震动输入的不确定性起了决定性作用。结构的抗震设计理念随着对地震动特性的认识而改变，可以说对地震动特性的认识促进了抗震设计理论的发展，抗震设计发展的过程也就是对地震动特性认识的过程[3]。抗震设计理论的发展和设计思想的更新提高了对地震动输入的要求，推动了对地震动特性的深入研究。

地震动的特性通常可以用地震动的振幅、频谱和持时这三个要素来描述。对地震动三要素的认识也是随着时间的积累和分析的深入逐步加深的。最初，结构抗震设计的概念是以静力学为主的，人们从静力的角度认识地震动，认为最大峰值加速度(PGA)可以作为地震动强弱的标志。随着强震加速度记录的积累，人们认识到地震动频谱的重要性，并且逐步明确地震动持时是一个重要的因素。纵观抗震设计理论的发展史，正是对地震动特性的不断认识，促成了抗震设计的改进与完善[3]。而对于每个时期的抗震设计理论而言，地震动的输入是最重要的，地震动输入的改变标志着设计理论的改变。抗震设计理论的发展大致可分为四个阶段：静力理论阶段、反应谱理论阶段、动力理论阶段和基于性能的抗震设计理论阶段。随着抗震设计理论进入到动力理论阶段，合理的地震动输入是保证设计结果正确与否的必要条件。虽然当今的抗震设计理论有了很大发展，但如何选择和输入地震动仍然没有形成统一认识。

5.1.2　静力理论阶段

20 世纪，日本学者提出了结构抗震设计的静力理论。静力理论认为作用于结构或构件上的地震荷载为结构质量与地震动加速度的乘积。静力理论没有考虑地震的动力特征和结构的动力特性(变形与阻尼)，假设结构为刚性，仅适用于固有周期极短($T<0.2$s)的结构。目前，桥台仍采用静力理论来进行抗震设计。

在静力理论中，输入的地震动以历史震害估计的地震动最大加速度为依据，采用假定沿高度分布的质量和加速度，不需要建立结构动力模型进行结构动力分析，其设计原则也只是采用静力的允许应力，因此该理论是一种极大简化的设计方法。虽然静力理论忽略了地震作用与结构动力特性的相关性，但静力理论的产生在抗震领域却具有划时代的意义。

5.1.3 反应谱理论阶段

随着对结构动力特性的了解、强震加速度记录的增多和对地震动特性的进一步了解，提出了反应谱理论。反应谱理论使复杂的多自由度地震反应求解变得十分简单。反应谱理论在地震作用计算方法上取得了重大的突破。目前，这一方法在国内外桥梁抗震规范中仍被广泛地应用。

反应谱理论，假定结构是弹性的，输入的是地震动最大加速度。虽然反应谱理论考虑了结构的动力特性所产生的共振效应，但是由于在设计中仍然把地震作用看作静力，因而只能称之为准动力理论。地震作用是一个时间过程，反应谱法不能反映结构在地震动过程中的经历。此外，当结构在强震下进入塑性阶段时，反应谱法不能得到结构的地震反应，也无法判断出抗震薄弱部位。

5.1.4 动力理论阶段

抗震设计理论的静力阶段考虑了高频震动振幅的最大值，反应谱方法考虑了频谱，但持时则始终未能在设计理论中有明确的体现。1971 年，美国圣费尔南多地震的震害使人们认识到“反应谱理论只说出了问题的一半”，从而推动了考虑地震动持时动力理论方法的研究。

随着电子计算机的普及和实验技术(特别是模拟地震动大型试验台)的发展，各国对强震台网布设力度的加大和历经多次大地震的考验，获取了大量的强震记录。动力时程分析法，被广大的学者及工程技术人员所了解与接受，并在实际工程中得到了广泛的应用。该方法使用动力法建立结构的非线性恢复力模型后，可以很方便地求解结构的非线性反应，判断结构破坏机理，更准确地找到结构的薄弱部位。

静力理论的地震动输入是历史震害估计的地震动最大加速度。反应谱理论中的输入地震动是规定的最大加速度值，而反应谱是一个平均值。动力理论输入的地震动是实际的加速度时程曲线。

5.1.5 基于性能抗震设计思想

目前，世界各国的传统抗震设计理论大多采用多级设计思想，如“小震不坏、中震易修、大震不倒”。传统的抗震设计理论在遇到破坏性地震时，允许出现一定的破坏，但主体结构不能倒塌，以确保生命安全。传统抗震设计理论没有考虑地震破坏造成的经济损失以及对社会的影响，因此可以说，这种设计理论的实质是以生命安全为单一设防目标的抗震设计理论。

基于性能的抗震设计理论是逐步形成的，最早是由美国的 Bertero 在总结 1989 年美国 Loma Prieta 地震后提出的。20 世纪 90 年代初，美国应用技术理事会(ATC)、联邦紧急事务管理局(FEMA)和加利福尼亚州结构工程师学会(SEAOC)这三家机构围绕基于性能的抗震设计理论开展了一系列研究。基于性能的抗震设计理论是 1995 年由 SEAOC 在 Vision2000 文件中正式阐明的，此后美国 ATC 和 FEMA 也给出了比较权威的解释[4]。基于性能的抗震设计理论提出了多级设计的理念，确定的抗震性能目标可以包括人身安全和财产损失两个方面。基于性能的抗震设计理论以抗震分析为基础，包括性能目标的确定及基于性能的抗震设计方法两个主要部分。性能目标的确定是整个设计的基础和关键，主要包括地震设防标准、抗震设计的性能目标与结构的性能水平及其量化指标三个方面。基于性能的抗震设计方法主要有基于位移的设计方法、综合设计方法和基于可靠度的设计方法三种[4]。美国在 1994 年 Northridge 地震后，于 1996 年正式将基于性能的抗震设计思想纳入标准 ATC-40 中，加利福尼亚州规范(CALTRANS 2006)采用的是基于性能(位移)的抗震设计方法。日本在 1995 年阪神地震后修订的铁道抗震设计规范(1999)中也收入了基于性能的抗震设计方法。

为实现既定的性能目标，需要进行相关的准确计算。对于高烈度地震区的大跨度桥梁的基于性能的抗震设计，科学合理地选择设计地震动并进行合理的地震动输入是一项困难工作。

5.1.6　地震动加速度记录的来源

地震波是一个频带较宽的非平稳随机振动，受震源特性、发震形式、震中距、波传递途径的地质条件、场地土构造及类别等多种因素影响，在相同场地的同一次地震事件下得到的强震记录也是不同的，因此想要准确预测出可能发生的地震动是不现实的。而输入不同的地震加速度记录时，结构的地震反应结果相差很大。因此，如何选择地震记录、选择多少地震记录、地震记录需不需要处理、计算结果如何调整等问题，成为高烈度地震区大跨度桥梁抗震设计待研究的课题。

目前，地震加速度记录的来源有[3]：

(1)所在场地地震中记录的加速度记录；

(2)人工地震波；

(3)与工程场地相近的实际地震记录。

选择拟建场地的真实地震加速度记录无疑是最理想的，日本多采用此种方法。我国幅员辽阔，地震是小概率的随机事件，不可能满足每个地区均能得到强震记录，因此按照此种方法是不切实际的。

现有地震动记录并不能够满足实际工程中的多方面要求，地震反应分析时多采用人工合成加速度记录和人造地震波。

记录人工地震动的一般方法有比例法和数值法。比例法是对已有强震记录的幅值和卓越周期进行改造，形成新的地震记录。比例法在一定程度上利用了强震记录。数值法是人工合成地震记录。目前常用的数值法是使用三角级数拟合目标谱的方法。三角级数法具有以下几个方面的不足[3]：

(1)采用常规方法合成的人工地震波的相位是平稳的，与实际地震记录相位非平稳的特征差别较大。故人工地震波虽然满足了峰值加速度和反应谱的要求，但在时程曲线形状方面与实际记录有较大的区别。

(2)采用常规方法合成的人工地震波仅对峰值加速度和反应谱进行拟合，而忽视对峰值速度、位移等方面的控制。对于超高层、大跨度悬索桥等重大工程项目来说，速度荷载、位移荷载是控制其破坏的主要因素，在这一方面人工地震波则难以满足工程需求。

(3)采用常规方法合成的人工地震波难以准确体现具体工程场地周围震源机制和波传播场地的相关特性，这种不准确性必然对工程的抗震设计造成一定影响。

地震动输入是大跨度桥梁抗震设计理论中的一项重要内容，现有地震动记录并不能够满足实际工程中的多方面要求，人工合成的地震动与强震记录相比具有一定的局限。高烈度地震区的大跨度桥梁应科学地选择设计地震动并进行合理的地震动输入。

5.2　地震动参数及其特性

地震波携带地震释放的能量，是一种弹性波，其成分相当复杂，通常由体波与面波组成。体波在介质内部传播，面波沿界面或自由表面或距离自由表面一定深度的范围内传播。

5.2.1　地震动特性及其影响因素

地震动特性通常可以用地震动三个要素来描述：振幅、频谱和持时。

1)振幅

振幅是表示地震动强弱的指标之一。地震动的振幅可以是地震动加速度、速度和位移三者之一的峰值、最大值或某种有意义的有效值。峰值加速度(PGA)是最早被用来表示地震动强弱的量。

PGA 作为地震动强度指标有以下不足[3]：

(1)PGA 多取决于地震动高频成分的振幅，并不能很好地反映整个震源的特性，而且当发生大震时，震中或断层附近的加速度最大值可能会饱和。

(2) PGA 会随着断层距、场地条件的变化而产生较大改变。这一点不利于实际工程的应用。

有效峰值加速度、均方根加速度及谱强度等指标也被用作表示地震动振幅。震级对地震动振幅有较大影响，但地震动加速度大小是由地震动高频分量决定的，高频地震动在传播过程中易衰减，易出现峰值加速度饱和。传播介质及距离对振幅也有较大影响。

2) 频谱

地震动的振幅与频率都时刻在变化，是随机振动或无规则振动，而不是简单的简谐振动，这是非常复杂的。频谱是一次地震中振幅与频率关系的曲线。地震工程中常用反应谱、傅里叶谱及功率谱来描述地震动的频谱。傅里叶谱与功率谱是随机振动分析中用以描述随机过程频谱特性的主要工具，能直接地反映随机过程中能量在各频率上的分布，便于随机过程模拟，在地震工程中应用较为广泛。反应谱能反映结构的地震反应与地震动频谱的直接关系，在工程抗震分析中应用广泛。局部场地土层对地震动的频谱有重要影响。

3) 持时

持时对结构的影响主要表现为：已经发生损伤的结构在地震动持时作用下发生累积损伤破坏。地震动持时有记录持时与工程持时的定义，但迄今为止，对于持时尚没有一个统一的定义。震级对地震动的持时长短有重要影响。

5.2.2 近场地震动特性

在 1994 年美国 Northridge 地震、1995 日本 Kobe 地震和 1999 年中国台湾集集地震中，近场地震动的不利影响得到显现[5]。国内外学者提出了根据震中距、震源深度及距断层距离定义近场地震动的方法。近场地震动通常指到断层距离不超过 20km 场地上的地震动。一般震中距小于 50km 的地震动可以被认为是近场地震动[6]。考虑到近场效应受震级和场地条件等因素的影响，有文献提出通过 20～60km 断层距区域界定近场地震动，得到了较多认同[7]。

近断层是工程地震学家们为了区分台站至断层之间距离而进行的粗略划分。近断层地震动强烈地受到震源破裂过程的影响，其范围与地震大小、断层尺度密切相关。近断层地震动具有区别于远场地震动的显著特征，这些特征被称为近断层效应。这些效应的存在使得对于断层破裂的模拟、近断层地震波特性的研究，以及在这些近断层地震动下工程结构的动力响应研究成为地震学家和工程学者重点关注的领域。

尽管近场定义不统一，但近场地震有较长的周期、明显高出的峰值、类似脉冲的波形，以高能量速度脉冲运动为特征[8]。高能量速度脉冲会引起结构较大的加速度、速度及位移冲击，特别是在小阻尼情况下，会使结构产生较大的位移和变形。大多数近场地震均具有明显的速度脉冲效应、较大的 PGV/PGA 值和竖向加速度。由于速度脉冲显著，近场地震动的 PGV/PGA 值远大于普通的地震记录[9]。当 PGV/PGA＞0.2 时，结构的近场效应明显。此外，近场竖向地震动还包含更多的高频成分。近场地震动具有以下几个典型特征[10]。

1) 速度脉冲与位移脉冲

与一般远场地震动比较，近断层地震动记录具有明显的大脉冲效应，表现为实测记录中具有明显的速度脉冲和位移脉冲现象[11]。研究表明，产生速度脉冲与位移脉冲的主要原因是近断层破裂前方效应和滑冲效应。速度脉冲效应使得近断层地震动具有长周期、高幅值及短持时等特点，这使得地震动瞬间输入能量显著增大，对近断层区域的工程结构，尤其是长周期工程结构的抗震需求提出了更高要求。

2) 破裂方向效应

破裂前方场点处所测得的地震动峰值大、持时短、脉冲效应明显。从整体上来看，破裂方向性效应使得近断层地震动空间分布上具有显著特征。近断层破裂方向性效应产生的主要原因是破裂前方能量的累积效应。断层从震中区域开始破裂，断层破裂前方场点处为破裂前方区域，背离断层破裂的区域为破裂后方区域，震中区域一定范围内为断层破裂区域，该划分可理解为近断层地震动整体空间分布特征。沿着破裂传播方向，地震动振幅增加；沿着逆破裂传播方向，地震动振幅减小。

虽然近断层破裂方向性效应很早被发现，但是其对工程结构影响的研究相对较晚。破裂方向性效应脉冲主要增大高阶振型响应，对工程结构地震响应的影响随结构周期的变化而变化，且近断层长周期脉冲运动主要是由破裂方向性引起的。

3) 滑冲效应

滑冲效应，直观理解为断层两侧的上盘和下盘发生相对错动或滑冲造成地面产生永久位移，在实测的位移地震波中有明显的阶跃。滑冲效应主要引起单向速度脉冲，在走滑断层中，该类速度脉冲主要沿断层平行向出现，而破裂方向性效应主要出现在垂直于断层法向；在倾滑断层中，速度脉冲与破裂前方效应脉冲波一同出现在垂直于断层方向上。

研究表明，与远场地震动相比，近断层含滑冲效应地震动对桥梁结构破坏作用更加显著，滑冲效应引起的脉冲波比向前方向性效应引起的脉冲波对长周期结构的破坏更具危害性。

4) 上、下盘效应及竖向效应

上盘效应是近断层地震动的一个重要特征，特别是逆冲断层的上盘效应十分明显。1994 年的 Northridge 地震和 1999 年台湾集集地震表现出了明显的上盘效应。上盘强地震的衰减相对于下盘要缓，强地震的分布区域要大，这就是所谓的上盘效应。产生上盘效应主要是上盘到发震断层面的距离(震源距)要小于下盘，近断层区域地震动的几何衰减很快。所以，上盘地震动要大于下盘地震动。另外，对于上盘，从断层面上辐射出去的地震波到达地表后会反射回断层面，再从断层面反射到地表，因此，在断层面地表之间多次反射的地震波也放大了上盘的地震动。上盘效应说明，在近断层抗震设计时，要对上下盘分别对待。

近断层区域竖向地震动峰值加速度与水平峰值加速度比值一般大于规范中规定的 2/3，甚至达到或超过 1，强烈的竖向地面运动对工程结构造成了严重的破坏。1999 年台湾集集地震和 2008 年汶川地震中的一些竖向地震动强度远远超过了水平地震动。

由于过去近断层竖向地震动实测资料缺乏，现有抗震设计规范在考虑近断层地震动竖向效应时，不得不以远场地震动为基础来推测强震区的竖向地震动输入。对近断层区域竖向地震动特性的研究可为抗震设计提供更完善的地震动输入。

5.2.3 地震动的空间变化特性

同一次地震中，位于场地不同位置处的地震动会出现振幅和相位的差异，这种差异称为地震动空间变化[12]。导致地震动空间变化的主要原因有：场地与发震断层的位置关系，地震动传播过程中的行波效应、频散效应、衰减效应及场地土液化等。其中，场地与发震断层的位置关系主要影响近场地震动，目前尚无一致的结论来衡量该种因素对地震动空间变化的影响。行波效应是指由于地震动传播的波速有限，在地表不同位置处地震动出现相位差的现象。频散效应是指由局部场地变化、地震动传播介质不均匀、地震波相互干涉等复杂因素引起的地震动频率、振幅等出现差异的现象。衰减效应是指地震波在传播过程中，因能量损失导致地震动振幅的衰减，该种效应在工程尺度内基本可以忽略；场地土液化会导致地震动的频率突变，该种影响仅限于特定的液化场地，对于一般工程场地无须考虑。

中小跨度桥梁的地震反应分析中，通常忽略地震动的空间变化。大跨度桥梁的各支点地震动是不同的，这一点已被许多强震观测记录所证实。地震动的空间变化对大跨度桥梁结构的影响体现在以下几个方面[13]：

(1)行波效应。实际地震波速是一有限值，通常在几百米秒至几千米秒的范围。当桥梁支撑间距很大时，必须考虑地震波到达各支承的时间不同。

(2)部分相干效应。由于在不均匀土介质中地震波的反射和折射，以及从同一震源的不同位置传到不同支撑波的叠加方式不同，各支承所受到的激励之间并不完全相干。

(3)局部场地效应。不同支撑处土质条件不同，它们对基岩振幅和频率的影响方式亦有差别。这些都给大跨度桥梁的地震响应分析带来了不同程度的困难。作为重要生命线工程的大跨度桥梁，如何在桥梁设计阶段就使它们既具有足够的抗震能力和安全度，又不过于保守，一直是工程界和学术界十分关心的问题。

5.3　国内外规范中地震动输入的一般规定

5.3.1　公路桥梁抗震设计细则

JTG/T B02-01—2008《公路桥梁抗震设计细则》中有关地震动输入[14]的规定如下：

1) 一般原则

(1) 一般情况下，公路桥梁可只考虑水平向地震作用，直线桥可分别考虑顺桥向 X 和横桥向 Y 的地震作用。

(2) 设防烈度为 8 度和 9 度时的拱式结构、长悬臂桥梁结构和大跨度结构，应同时考虑水平向顺桥向 X、横桥向 Y 和竖向 Z 的地震作用。

(3) 采用反应谱法或功率谱法，同时考虑顺桥向 X、横桥向 Y 与竖向 Z 的地震作用。

(4) 采用时程分析方法时，应按上述规定同时输入两个水平方向或三个方向的地震动。

(5) 地震作用可以用设计加速度反应谱、设计地震动时程和设计地震动功率谱表达。

2) 重要及特殊情况

A 类桥梁、桥址地震基本烈度 9 度及 9 度以上的 B 类桥梁，应根据专门的工程场地地震安全性评价确定地震作用。桥址地震基本烈度 8 度的 B 类桥梁，宜根据专门的工程场地地震安全性评价确定地震作用。工程场地地震安全性评价应满足以下要求：

(1) 桥址存在的地质不连续或地形特征可能造成各桥墩的地震动参数显著不同，当桥梁总长超过 600m 时，宜考虑地震动的空间变化，包括波传播效应、失相干效应和不同塔墩基础的场地差异。对反应谱法或功率谱法应取场地包络反应谱或包络功率。

(2) 桥址距有发生 6.5 级以上地震潜在危险的地震活断层 30km 以内时，A 类桥梁工程场地地震安全性评价应符合以下规定：考虑近断裂效应要包括上盘效应、破裂的方向性效应；注意设计谱长周期段的可靠性；给出顺断层方向和垂直断层方向的地震动两个分量。B 类桥梁在工程场地地震安全性评价中，要选定适当的设定地震，考虑近断裂效应。

3) 设计地震动时程

(1) 已进行地震安全性评价的桥址，设计地震动时程应根据地震安全性评价的结果确定。

(2)未进行地震安全性评价的桥址，可以以本规范设计加速度反应谱为目标拟合设计加速度时程，也可选用与设定地震震级、距离、场地特性大体相近的实际地震动加速度记录，通过时域方法调整，使其加速度反应谱与本规范设计加速度反应谱匹配。

为考虑地震动的随机性，设计加速度时程至少要有三组，且要保证任意两组间同方向时程由式(5.1)定义的相关系数 ρ 的绝对值小于 0.1。

$$\rho = \left| \frac{\sum_j a_{1j} \cdot a_{2j}}{\sqrt{\sum_j a_{1j}^2} \cdot \sqrt{\sum_j a_{2j}^2}} \right| \tag{5.1}$$

5.3.2 城市桥梁抗震设计规范

CJJ 166—2011《城市桥梁抗震设计规范》中有关地震动输入[15]的规定如下：

1)一般原则

(1)一般情况下，城市桥梁可只考虑水平向地震作用，直线桥可分别考虑顺桥向 X 和横桥向 Y 的地震作用。

(2)地震基本烈度为8度和9度时的拱式结构、长悬臂桥梁结构和大跨度结构，以及竖向作用引起的地震效应很重要时，应考虑竖向地震的作用。

(3)采用反应谱法，考虑三个正交方向(顺桥向 X、横桥向 Y 和竖向 Z)的地震作用时，可分别单独计算 X 向地震作用在计算方向产生的最大效应 E_X、Y 向地震作用在计算方向产生的最大效应 E_Y 与 Z 向地震作用在计算方向产生的最大效应 E_Z，计算方向总的设计最大地震作用效应 E 按下式求取：

$$E = \sqrt{E_X^2 + E_Y^2 + E_Z^2} \tag{5.2}$$

(4)地震作用采用设计加速度反应谱和设计地震动加速度时程表征。

(5)对于甲类桥梁，应根据专门的工程场地地震安全性评价确定地震作用。

2)设计地震动时程

(1)已进行地震安全性评价的桥址，设计地震动时程应根据地震安全性评价的结果确定。

(2)未进行地震安全性评价的桥址，可以以本规范设计加速度反应谱为目标拟合设计加速度时程，也可选用与设定地震震级、距离、场地特性大体相近的实际地震动加速度记录，通过时域方法调整，使其加速度反应谱与本规范设计加速度反应谱匹配。

3) 时程分析方法

对于时程分析的最终结果，当采用 3 组地震加速度时程计算时，应取各组计算结果的最大值；当采用 7 组及以上地震加速度时程计算时，可取结果的平均值。

5.3.3　铁路工程抗震设计规范

GB50111—2006《铁路工程抗震设计规范》中有关地震动输入[16]方面的规定相对简单，具体如下：桥梁抗震验算时，应分别计算顺桥向和横桥向的水平地震作用。对于抗震设防烈度为 9 度的悬臂结构和预应力混凝土刚构桥等，还应计入竖向地震作用的影响。

我国台湾铁路桥梁抗震设计规范中[17]，桥梁的抗震分析方法分为静力分析法与动力分析法两种。时程分析方法必须分别使用至少三组地震波，输入地震波应由地震记录按规范中的方法调整而得，选取的输入地震记录应能反映工程场址的实际地震特性。输入地震应包括一个主方向及两个其他方向的地震波，主方向应考虑 100%的地震波时，两个其他方向采用 30%地震波。

5.3.4　日本铁道抗震设计规范

日本的铁道抗震设计规范中地震动水平分为 L1 与 L2 两个水准[18]。L1 地震动是在结构使用期内会发生数次的地震动。L2 地震动是基于断层调查结果设定的地震动。确定 L1 与 L2 两个水准的地震动时，需要考虑工程场地的地震活动情况、断层情况及之前的地震观测结果等。规范中有关地震动及其输入也有如下规定：

(1) 设计地震动在水平方向及竖向有规定。

(2) 竖向地震动取水平向地震动弹性加速度反应谱或加速度波形的 0.5 倍。

5.3.5　欧洲桥梁抗震设计规范

欧洲桥梁抗震设计规范中对地震动及其输入有详细的规定[19]。

(1) 桥梁的抗震设计通常只考虑地震动的水平分量。当采用反应谱法计算时，先单独计算各分量的作用，再按一定的方法进行地震反应组合。

(2) 采用非线性时程分析方法时，应同时考虑各地震动分量的作用。

(3) 地震动施加于结构与地面的节点处，当基底有支撑弹簧时，地震动施加于土端的弹簧一侧。

(4) 非线性时程分析时，至少要有三组水平地震波。每组地震波应考虑震级、震源距离及与设计地震作用一致的机理等，从地震记录中选取。当没有足够的地震记录供选取时，可采用修改地震记录或人工合成地震记录。

(5) 人工合成地震动应基于规范中 5%阻尼的反应谱生成，加速度地震动的持时应与幅值等其他特性一致。

(6) 人工合成地震动还应满足以下准则：

①至少使用 3 组。

②周期为零时对应的地震动加速度反应谱值不应小于设计地震加速度与场地土类别系数的乘积。

③在 0.2 倍至 2 倍的结构周期范围内，输入地震动加速度波得到的结果不能小于其反应谱结果的 90%。

(7) 距离可能发生 6.5 级地震以上的活动断层 10km 以内，应考虑近场效应。

(8) 当满足下列条件之一时，应考虑地震动的空间效应：

①桥梁跨越不同土层时。

②桥梁跨越的土层基本一致，但桥梁的跨度超过限值 $L_{\lim}$，$L_{\lim}=L_g/1.5$。

L_g 与场地土类别的关系如表 5.1 所示。表中 A、B、C、D、E 为场地土类别，其中 A 类为剪切波速大于 800m/s 的基岩，B 类为剪切波速在 360～800m/s 的密实砂、卵石及硬质黏土；C 类为剪切波速在 180～360m/s 的中等密实砂、砾及土层较厚的硬质黏土；D 类为剪切波速小于 180m/s 的松散或中等的非黏性土、软土为主导的黏性土；E 类土表层为 5～20m 厚 C 类或 D 类的冲积层，下层为剪切波速大于 800m/s 的岩石。

表 5.1　L_g 与场地土类别的关系

场地土类别	A	B	C	D	E
L_g/m	600	500	400	300	500

(9) 地震动空间效应的模型，应考虑地震波的行波效应与失相干效应。

当采用时程分析方法时，施加于每个支撑处的地震动应足够可靠地反映地震动的空间变异性。当采用反应谱法考虑地震动的空间效应计算地震反应时，欧洲规范中还给出了简化分析方法如下：

(1) 不考虑空间效应，用反应谱法计算地震反应。

(2) 在桥梁的支撑处施加合适的位移 d_{ri}，按静力法来计算结构的反应。

(3) 按 (1) 计算的结果与按 (2) 计算的结果采用 SRSS 方法组合，即考虑空间效应的简化分析结果。

欧洲规范中给出了两种计算支撑位移的方法，其中一种方法为相对位移法，如下：

$$d_{ri}=\varepsilon_r L_i \leqslant d_g\sqrt{2} \tag{5.3}$$

$$\varepsilon_r=\frac{d_g\sqrt{2}}{L_g} \tag{5.4}$$

$$d_g=0.025a_g S T_C T_D \tag{5.5}$$

式中，L_g 为与地震动完全不相关的长度限值；d_g 为相应于支撑点 i 处的设计地面位移，根据 EN1998-1:2001,3.2.2.4 取值；L_i 为支撑点 i 相对于支撑点 $i=0$ 的距离；a_g 为设计地面加速度；S 为场地土系数；T_C 为等谱加速度分支的周期上限；T_D 为谱等位移反应范围的开始值。

S、T_C 和 T_D 与场地土类别的关系见表 5.2。

表 5.2　场地土类别与关键参数的关系

场地土类别	S	T_C/s	T_D/s
A	1.0	0.4	2.0
B	1.2	0.5	2.0
C	1.15	0.6	2.0
D	1.35	0.8	2.0
E	1.4	0.5	2.0

5.3.6　建筑结构抗震设计规范

建筑结构抗震设计规范(2010)中有关地震动输入的规定[20]如下：

(1)采用时程分析方法，应根据建筑场地类别及设计地震分组选用实际强震记录和人工模拟的加速度时程曲线，其中实际强震记录数量不应小于总数的 2/3。

(2)正确地选择输入的地震加速度时程曲线，要满足地震动三要素的要求，即频谱特性、有效峰值及持续时间。

频谱特性可用地震影响系数曲线表征，依据场地类别与设计地震分组确定加速度的有效峰值按规范中所列的地震加速度最大值采用。输入的地震动加速度有效持续时间，一般为首次到达该时间曲线最大峰值的 10%那一点算起，到最后一点到达最大峰值的 10%为止，无论是强震记录还是人工模拟波，有效持续时间一般为结构基本周期的 5～10 倍，即结构顶点位移可按基本周期往复 5～10 次。

(3)对于多向同时输入时，规范中给出的地震动参数比例为：水平主向∶水平次向∶竖向=1∶0.85∶0.65。

5.4　算 例 分 析

5.4.1　基本参数

藏木雅鲁藏布江大桥为一座(39+32+430+28+32)m 中承式钢管混凝土拱桥，其拱肋、主梁及桥墩均采用空间梁单元模拟，吊杆采用桁架单元模拟。钢管混凝土拱肋的两种组合材料采用换算截面法(等代刚度法)换算成一种材料。将钢材按照截面特性等效的原则换算为混凝土的截面，同时进行了容重修正。二期恒载取

168kN/m，拱脚和桥墩在承台底处固结，桥台处按理想约束处理，计算模型见图5.1。安评报告给出的设计地震反应谱特征周期为0.45s。为提高该桥的抗震性能，设计中采用了摩擦摆减隔震支座与黏滞阻尼器。

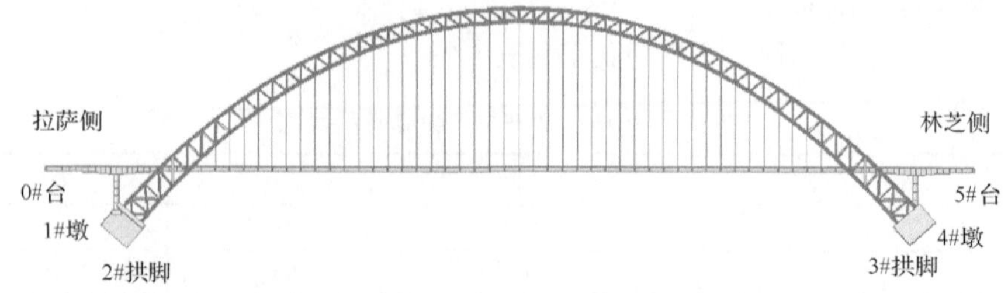

图 5.1　藏木雅鲁藏布江大桥计算模型

1. 摩擦摆支座布置及其力学模型

摩擦摆支座的曲率半径 R=6.0m 时，摩擦摆支座的摆动刚度为 $K_{fps}=W/R$。取滑动摩擦系数 μ=0.03，则摩擦力 $F_y=\mu W$。全桥支座数量及其布置见表5.3。

表 5.3　支座设置汇总

位置	数量	恒载重 W/kN	F_y/kN	K_{fps}/(kN/m)
0#台	2	3160	95	527
1#墩	2	8111	243	1352
拉萨侧横梁	2	6124	184	1021
林芝侧横梁	2	6583	197	1097
4#墩	2	6041	181	1007
5#台	2	2806	84	468

摩擦摆支座隔震时，在罕遇地震作用下顺桥向支座也会产生较大的位移。顺桥向采用黏滞阻尼器限位。

2. 黏滞阻尼器布置及其力学模型

全桥黏滞阻尼器数量及其布置见表5.4。

表 5.4　全桥黏滞阻尼器设置汇总

最大承载力/kN	阻尼常数 C(kN · s/m)	阻尼指数 α	有效作用方向	位置	数量
2500	2500	0.3	顺桥向	0#台	2
2500	2500	0.3	顺桥向	1#墩	2
2500	2500	0.3	顺桥向	4#墩	2
2500	2500	0.3	顺桥向	5#台	2

5.4.2 行波效应影响分析

1. 分析方法

大质量法(LMM)可以方便施加多点激励模拟行波效应[21]。该方法是指，在结构的支座节点上建立一个单元点质量单元，给这一节点单元设定很大的质量(通常为结构总质量的 100 万倍以上)，进行动力分析时，释放支座节点相应激励方向的自由度约束，然后在支座节点激励方向施加很大的力，这个力为质量单元的质量与地面加速度的乘积。通过这种方法可间接地把地面加速度施加到支座节点上。

通过有限元离散化，可得到结构的动力平衡方程：

$$M\ddot{U} + C\dot{U} + KU = P \tag{5.6}$$

式中，M、C 和 K 分别为结构的质量矩阵、阻尼矩阵和刚度矩阵；$\ddot{U}$ 、$\dot{U}$ 和 U 分别为结构各质点的加速度、速度及位移列向量；p 为地面激励列向量。

LMM 的基本原理是将一个很大的集中质量 M_0(大于整个结构质量的 10^6 以上)附着于基础激励处，然后释放基础激励方向的自由度，并在集中质量上施加与激励方向相同的一个力 F。F 的计算公式如下：

$$F = M_0\ddot{U}_0 \tag{5.7}$$

式中，M_0 为集中大质量；$\ddot{U}_0$ 为基础激励加速度。

将 M_0 和 F 代入结构的动力平衡方程，得到如下的矩阵表达式：

$$\begin{aligned}&\begin{bmatrix} m_{11} & \cdots & m_{1j} & \cdots & m_{1n} \\ \vdots & \vdots & \vdots & \vdots & \vdots \\ m_{j1} & \cdots & M_0 & \vdots & m_{jn} \\ \vdots & \vdots & \vdots & \vdots & \vdots \\ m_{n1} & \cdots & m_{nj} & \cdots & m_{nn} \end{bmatrix} \begin{Bmatrix} \ddot{U}_1 \\ \vdots \\ \ddot{U}_j \\ \vdots \\ \ddot{U}_n \end{Bmatrix} + \begin{bmatrix} c_{11} & \cdots & c_{1j} & \cdots & c_{1n} \\ \vdots & \vdots & \vdots & \vdots & \vdots \\ c_{j1} & \cdots & c_{jj} & \vdots & c_{jn} \\ \vdots & \vdots & \vdots & \vdots & \vdots \\ c_{n1} & \cdots & c_{nj} & \cdots & c_{nn} \end{bmatrix} \begin{Bmatrix} \dot{U}_1 \\ \vdots \\ \dot{U}_j \\ \vdots \\ \dot{U}_n \end{Bmatrix} \\ &+ \begin{bmatrix} k_{11} & \cdots & k_{1j} & \cdots & k_{1n} \\ \vdots & \vdots & \vdots & \vdots & \vdots \\ k_{j1} & \cdots & k_{jj} & \vdots & k_{jn} \\ \vdots & \vdots & \vdots & \vdots & \vdots \\ k_{n1} & \cdots & k_{nj} & \cdots & k_{nn} \end{bmatrix} \begin{Bmatrix} U_1 \\ \vdots \\ U_j \\ \vdots \\ U_n \end{Bmatrix} = \begin{Bmatrix} P_1 \\ \vdots \\ M_0\ddot{U}_0 \\ \vdots \\ P_n \end{Bmatrix}\end{aligned} \tag{5.8}$$

式(5.8)的第 j 个方程为

$$
\begin{aligned}
&m_{j1}\ddot{U}_1+\cdots+M_0\ddot{U}_j+\cdots+m_{nn}\ddot{U}_n+c_{j1}\dot{U}_1+\cdots+c_{jj}\dot{U}_j+\cdots+c_{jn}\dot{U}_n \\
&\quad +k_{j1}U_1+\cdots+k_{jj}U_j+\cdots+k_{jn}U_n=M_0\ddot{U}_0
\end{aligned} \tag{5.9}
$$

式(5.9)两边同除以 M_0，由于 M_0 远大于 m 及上式中的其他项，可以认为 $\ddot{U}_j=\ddot{U}_0$，因而保证了在基础激励处的加速度等于确定的数值。在进行多支撑地震激励时，在每个支撑点上附加一个大质量，支撑点在激励方向放松约束，并施加产生该支撑处的地震动地面加速度，如果考虑行波激励，则地面运动加速度按具有一定相位差的同一条地震波加速度记录进行输入，当所有支撑点的地震波加速度记录完全相同时(也即无相位差)，即为一致地震激励。

2. 分析结果

行波效应分析时输入 3 条安评水平地震动，见图 5.2～图 5.4。拱脚为基岩，其视波速取 2000m/s，拱主跨为 430m，两拱脚的地震波到达时间差为 0.215s。考虑行波效应的地震反应分析结果见表 5.5、图 5.5～图 5.10。图中及表中的支座位置位于 2#拱脚侧拱肋与主梁之间，黏滞阻尼器的位置在 0#桥台。

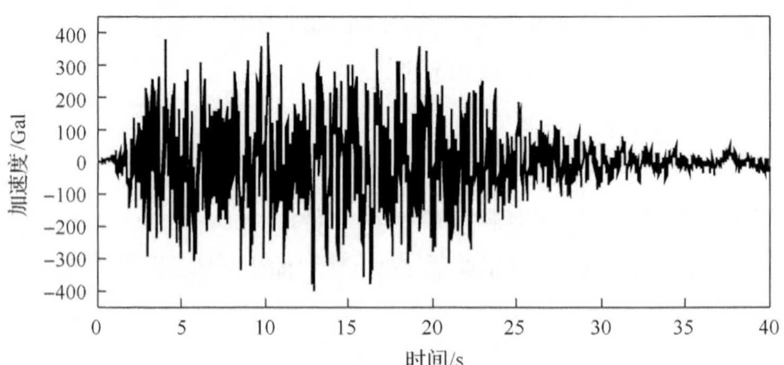

图 5.2　第 1 条安评地震动(w-1)

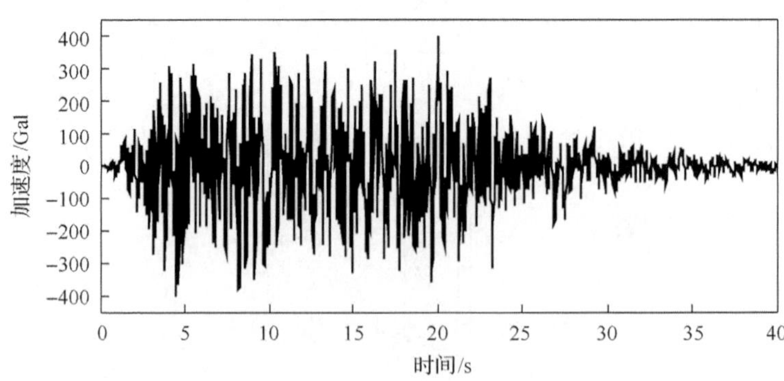

图 5.3　第 2 条安评地震动(w-2)

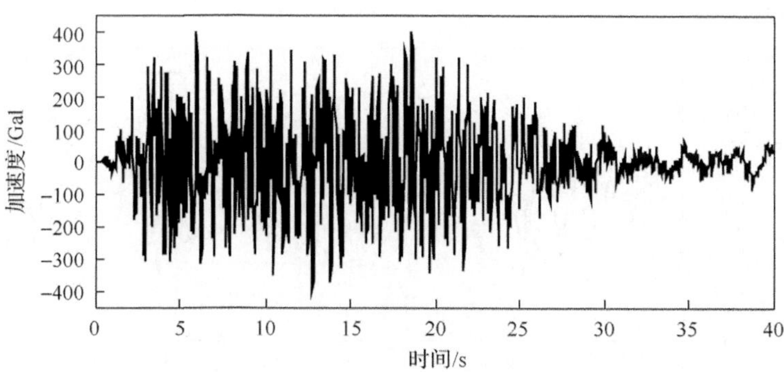

图 5.4　第 3 条安评地震动(w-3)

表 5.5　行波效应内力结果

截面	内力	第 1 条波		第 2 条波		第 3 条波	
		一致激励	行波效应	一致激励	行波效应	一致激励	行波效应
2# 拱脚下弦杆	轴力/kN	64224	90332	69432	90356	70727	90707
	顺桥向弯矩/(kN · m)	18678	23708	18958	23131	19329	22043
	顺桥向剪力/kN	2580	3060	2587	3095	2547	2945
1/4 拱下弦杆(拉萨侧)	轴力/kN	13709	21668	15094	31627	12936	20065
	顺桥向弯矩/(kN · m)	898	1745	976	1793	972	1551
	顺桥向剪力/kN	58	67	63	66	56	64
拱顶下弦杆	轴力/kN	4167	29652	4275	30458	3473	24911
	顺桥向弯矩/(kN · m)	332	1336	371	1364	271	1335
	顺桥向剪力/kN	149	178	164	168	122	155

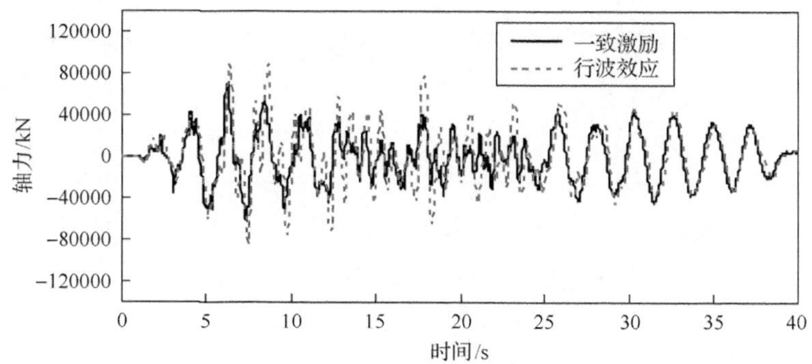

图 5.5　2#拱脚的轴力时程曲线(w-3)

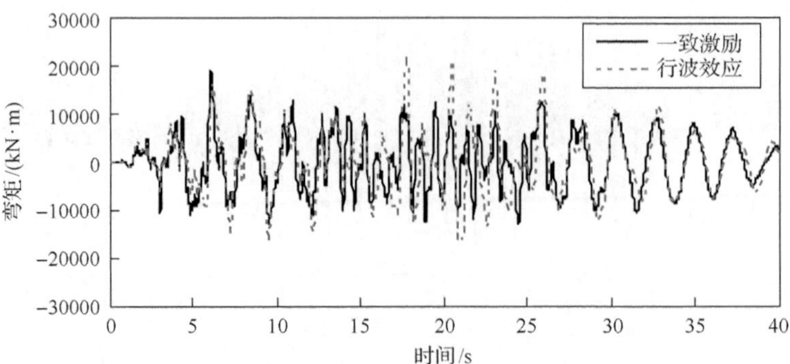

图 5.6 2#拱脚的弯矩时程曲线(w-3)

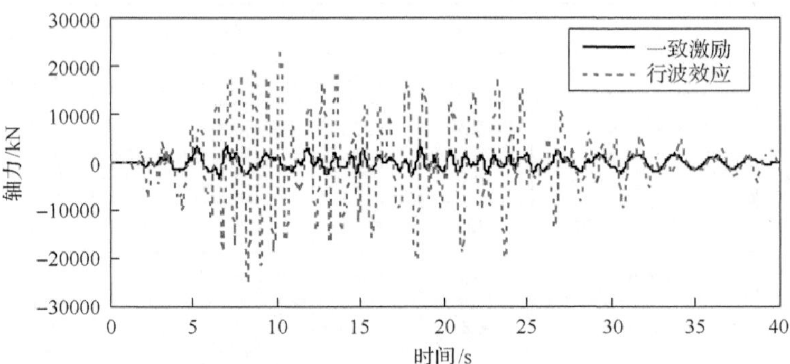

图 5.7 拱顶的轴力时程曲线(w-3)

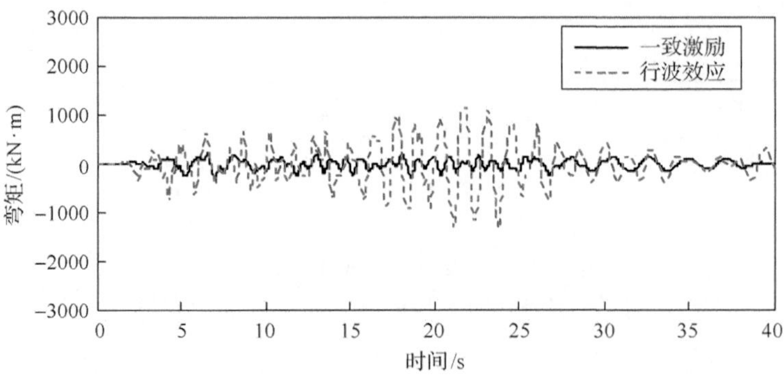

图 5.8 拱顶的弯矩时程曲线(w-3)

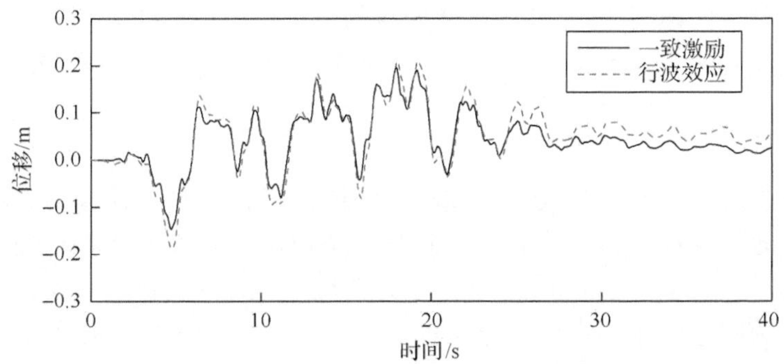

图 5.9　支座位移时程曲线(w-1)

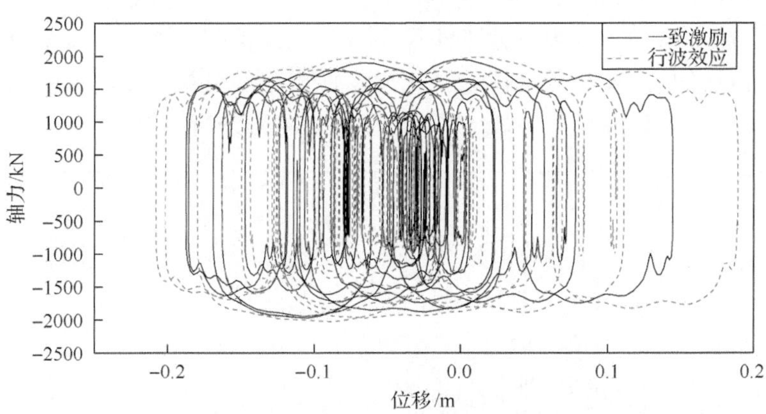

图 5.10　阻尼器滞回曲线(w-1)

由表 5.5、图 5.5～图 5.8 可知，行波效应明显增大了拱脚、1/4 拱及拱顶的地震反应，其中第 1 条输入地震波下拱脚轴力增大了 80%，第 2、第 3 条下分别增大了 30%与 28%。此外，一致激励下三条安评地震波下拱脚地震反应比较接近，而考虑行波效应时，三条波的地震反应离散性较大。这表明，对于本算例所示的桁架式拱桥，需考虑行波效应的影响。

由表 5.6 和图 5.9 可知，行波效应会增大减隔震支座的滑动位移，其中第 1 条输入地震波下增大了 7%，第 2、第 3 条下分别增大了 35%与 21%。由图 5.10 还可以看出，行波效应也增大了阻尼器的冲程。

表 5.6　行波效应位移结果

位移/cm	第 1 条波		第 2 条波		第 3 条波	
	一致激励	行波效应	一致激励	行波效应	一致激励	行波效应
2#拱脚侧支座	19.5	20.9	16.9	22.8	18.3	22.2

本桥的跨度为 430m，场地土性质接近岩石，桥梁跨度 430m，超过 600m/1.5=

400m，属于欧洲规范中需要考虑行波效应的范围。以上分析表明：对跨度 400m 以上高烈度地震区大跨度拱桥进行地震反应分析时，需要考虑行波效应的影响。

5.4.3　强震记录的影响分析

为考查强震记录及人工模拟地震动下地震反应的差异，对第 1、第 2 条安评地震动进行傅里叶谱分析，由此可得到第 1 条与第 2 条安评地震动的卓越周期分别为 0.376s、0.353s。图 5.11 为第 1 条安评地震动的傅里叶谱。根据安评地震波的频谱特性选取了一条强震记录示于图 5.12，强震记录的傅里叶谱示于图 5.13，其卓越周期为 0.355s，其频谱特性与安评地震动相近。

强震记录与安评地震动(人工模拟地震动)具有相近的频谱特性和持时，但两者的峰值加速度不相等。为了便于比较，强震记录保持不变，将安评地震动的峰值加速度进行调整，使之与强震记录相同。地震反应分析时不考虑行波效应的影响，地震动按水平方向输入。表 5.7 和表 5.8 为内力分析结果。

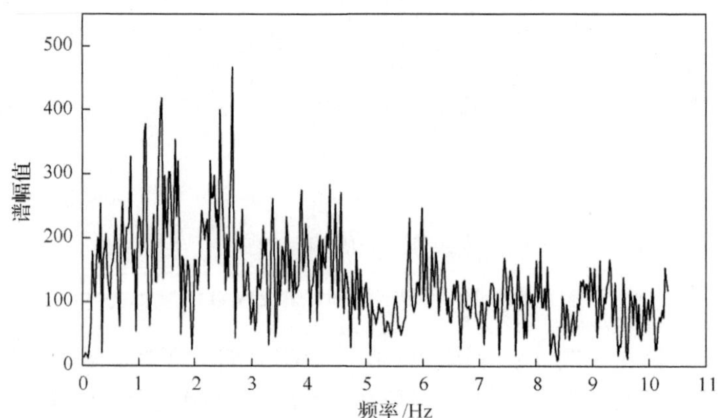

图 5.11　第 1 条安评地震动的傅里叶谱(T=0.376s)

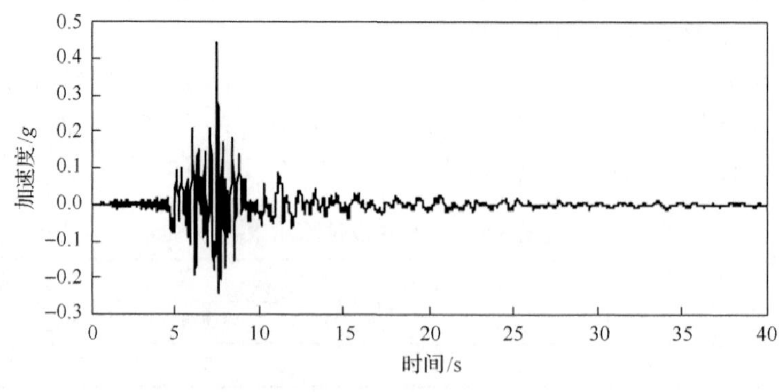

图 5.12　强震记录(Q-3)

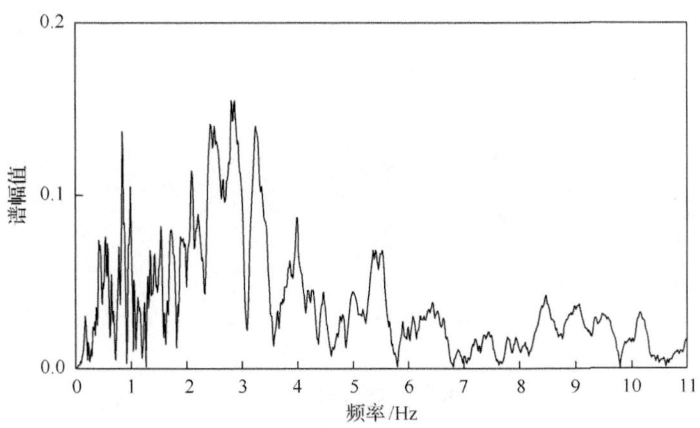

图 5.13 强震记录的傅里叶谱(T=0.355s)

表 5.7 内力分析结果 1

截面	内力	人工波(w-1)	人工波(w-2)	强震记录(Q-3)
2# 拱脚下弦杆	轴力/kN	70705	76348	21339
	顺桥向弯矩/(kN · m)	20692	20837	5773
	顺桥向剪力/kN	2809	2843	872
1/4 拱下弦杆(拉萨侧)	轴力/kN	15069	16672	4610
	顺桥向弯矩/(kN · m)	994	1076	297
	顺桥向剪力/kN	64	69	15
拱顶下弦杆	轴力/kN	4572	5204	1348
	顺桥向弯矩/(kN · m)	364	408	106
	顺桥向剪力/kN	163	180	46

表 5.8 内力分析结果 2

位移/cm	人工波(w-1)	人工波(w-2)	强震记录(Q-3)
2# 拱脚侧支座	21.3	19.8	3.5

由表 5.7、表 5.8 及图 5.14、图 5.15 可知，尽管三条地震波具有相近的频谱特性、峰值加速度和持时，但对本桥而言，强震记录下的地震反应远小于人工波。

人工波与强震记录具有相同的 PGA、相近的频谱特性，且强震记录的反应谱最大峰值加速度大于人工波，但人工波与强震记录地震反应结构相差较大，且远大于强震记录，其原因是：两者反应谱的下降段相差较大(图 5.16 和图 5.17)，而本算例的基本周期则位于反应谱曲线 3s 以后的下降段中。

基于以上分析，建议大跨度桥梁地震动选取时需考虑选取与场地相近的强震记录，以校核人工地震波的地震反应结果。

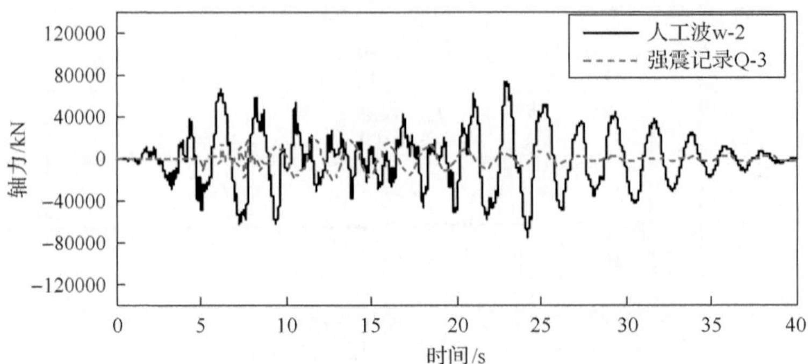

图 5.14　2#拱脚的轴力时程曲线

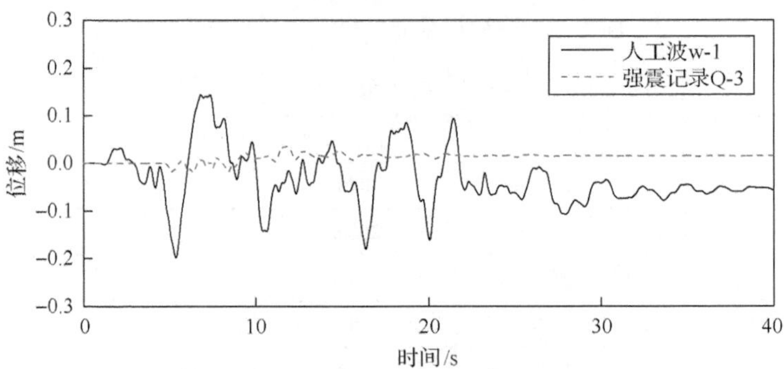

图 5.15　支座位移时程曲线

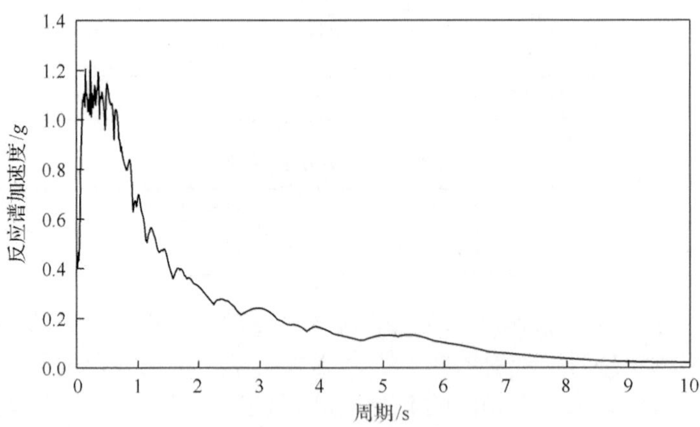

图 5.16　人工波的反应谱

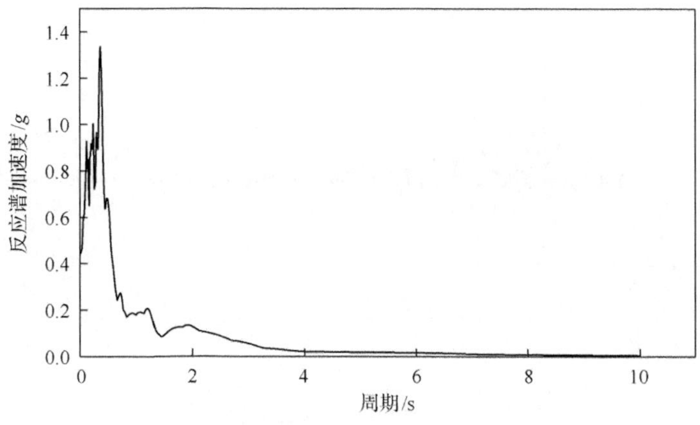

图 5.17　强震记录的反应谱

5.4.4　近场地震动效应影响分析

为研究近场地震动效应，从美国太平洋地震中心强震记录库下载了三条强震记录，其中 1994 年美国 Northridge 强震记录、1999 年中国台湾集集强震记录为近场地震动，1940 年 El Centro 强震记录为普通地震动。三条强震记录的信息示于表 5.9 和图 5.18～图 5.26 中。

表 5.9　地震波信息

地震记录	测站	震级	PGA/g	PGV/(cm/s)	PGD/cm
Imperial Valley	El Centro	7.0	0.313	29.8	13.32
Northridge	Beverly Hills	6.7	0.516	62.8	11.08
台湾集集	CHY101	7.6	0.44	115	68.75

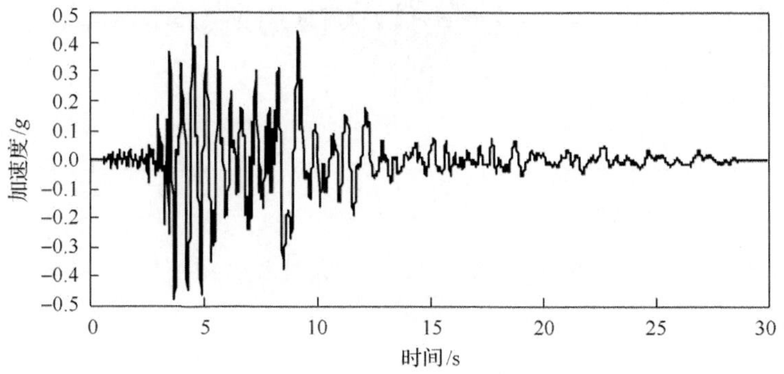

图 5.18　Northridge 水平加速度记录

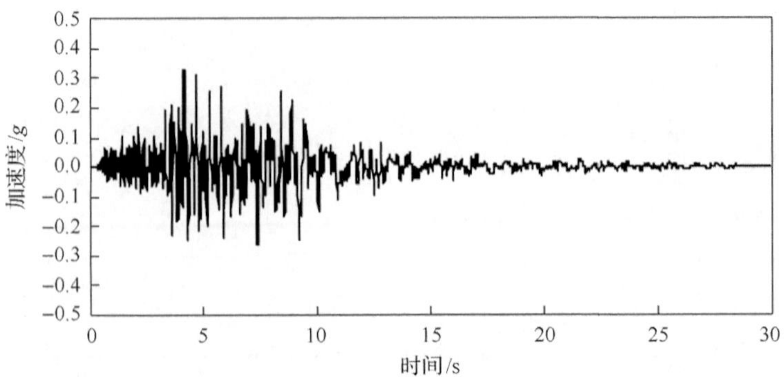

图 5.19　Northridge 竖向加速度记录

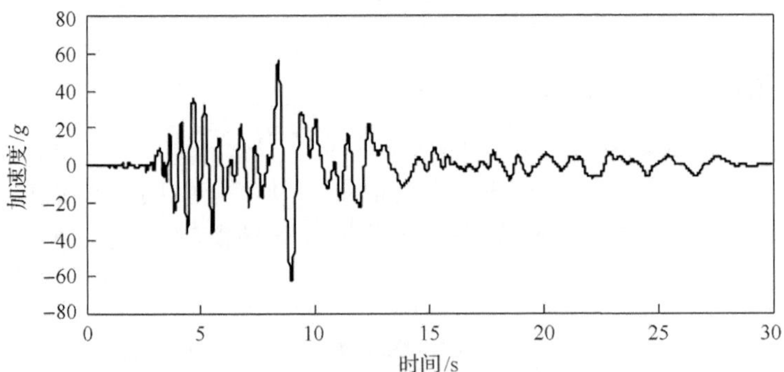

图 5.20　Northridge 水平速度记录

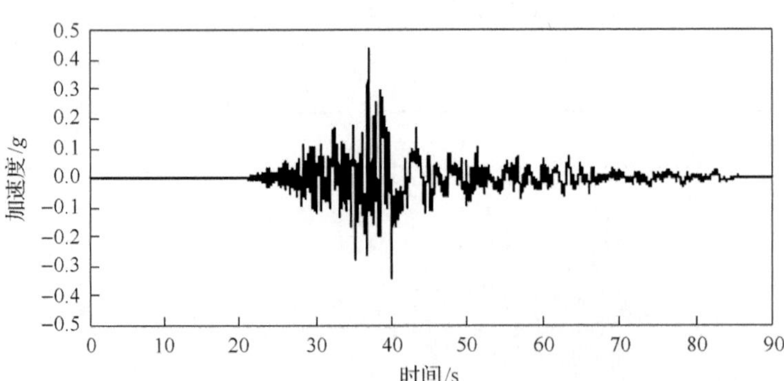

图 5.21　CHY101 水平加速度记录

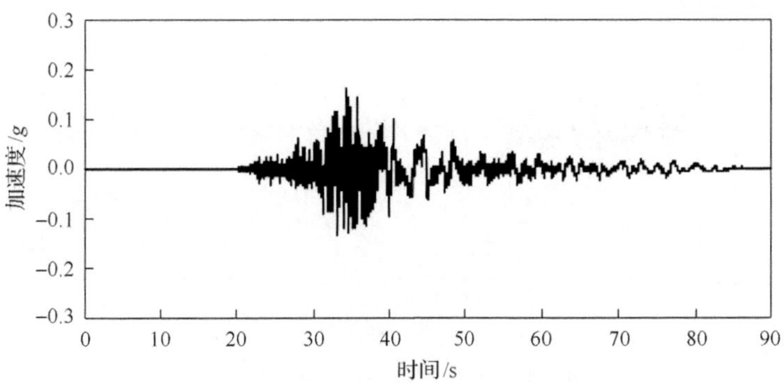

图 5.22 CHY101 竖向加速度记录

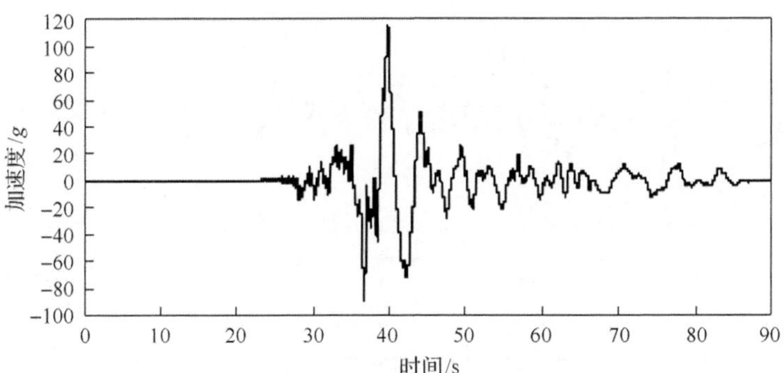

图 5.23 CHY101 水平速度记录

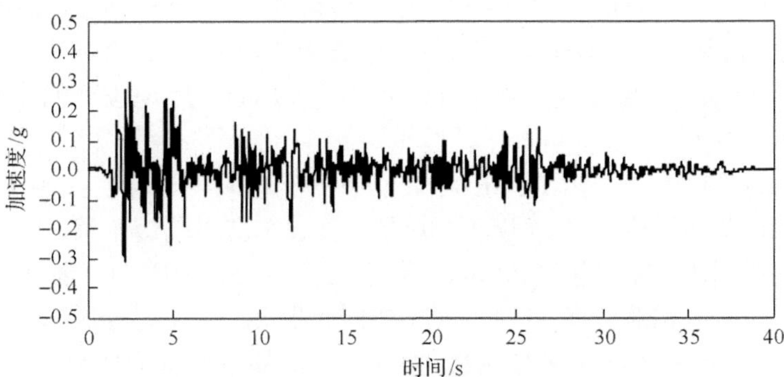

图 5.24 El Centro 水平加速度记录

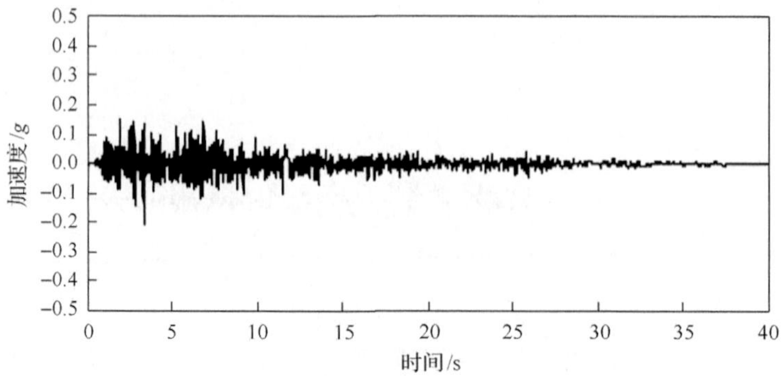

图 5.25 El Centro 竖向加速度记录

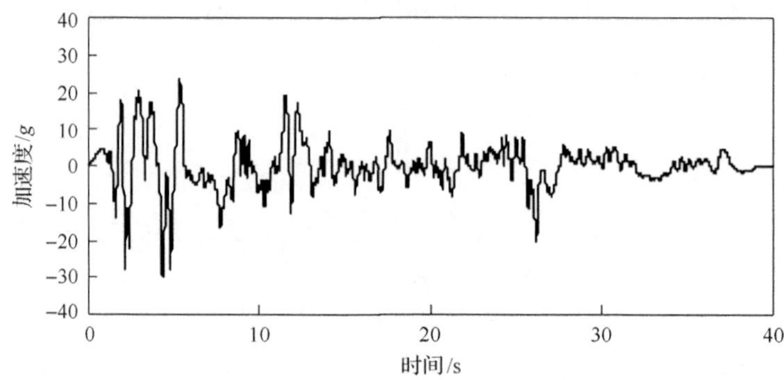

图 5.26 El Centro 水平速度记录

由以上表和图可以看出，1994 年美国 Northridge、1999 年中国台湾集集地震动具有明显的速度脉冲特征，其峰值速度也较 1940 年 El Centro 强震记录明显增大。

为了使分析结果便于比较，将 1994 年美国 Northridge 地震动与 1940 年 El Centro 地震动的水平 PGA 调整到与 1999 年台湾 CHY101 地震动的相同，竖向的 PGA 也作相应调整。

由表 5.10 可以看出，El Centro 地震动下的支座隔震位移明显小于 Northridge 与 CHY101 地震动下的，这表明近场地震动会增大支座隔震位移。

由表 5.11、图 5.27 及图 5.28 可以看出，El Centro 地震动下的 2#拱脚及拱顶轴力明显小于 Northridge 地震动与 CHY101 地震动，这表明近场地震动会增大拱脚及拱顶轴力。而对于 1/4 拱处，El Centro 地震动下的轴力明显大于 Northridge 地震动下的、小于 CHY101 地震动下的，2#拱脚处的地震弯矩也有此规律，这表明近场地震动对结构地震反应的影响与结构的位置有关。

表 5.10 支座位移

位移/cm	Northridge	CHY101	El Centro
2#拱脚侧支座	14.4	62.1	9.5

表 5.11　内力分析结果

截面	内力	Northridge	CHY101	El Centro
2# 拱脚下弦杆	轴力/KN	81828	102654	63005
	顺桥向弯矩/(kN·m)	15413	29841	17366
	顺桥向剪力/kN	1990	3899	2249
1/4 拱下弦杆(拉萨侧)	轴力/kN	8569	21770	15309
	顺桥向弯矩/(kN·m)	973	1287	1015
	顺桥向剪力/kN	55	92	62
拱顶下弦杆	轴力/kN	14629	10404	6499
	顺桥向弯矩/(kN·m)	462	527	432
	顺桥向剪力/kN	173	222	123

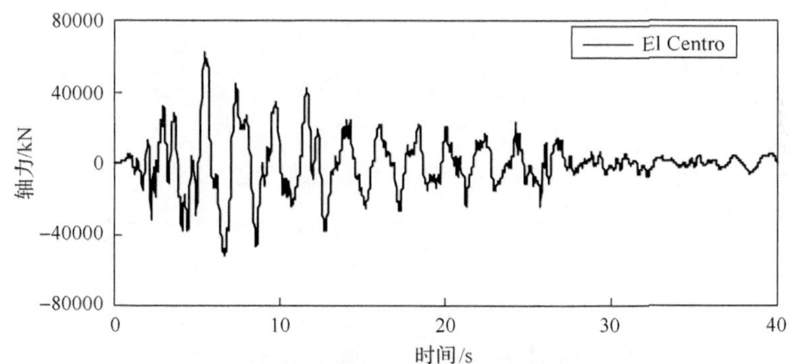

图 5.27　2#拱脚的轴力时程曲线

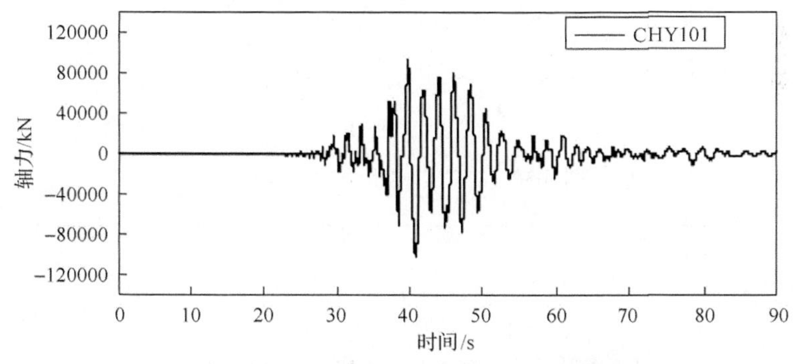

图 5.28　2#拱脚的轴力时程曲线

综上，近场地震动对结构的地震反应有复杂且重要影响，地震反应分析时需要加以考虑。

5.4.5　地震动输入方式影响分析

普通梁桥的结构简单，地震反应的空间耦合效应较小，通常为顺桥向或横桥向分别输入。大跨度拱桥的结构复杂，为了考查地震动输入方式对大跨度拱桥地震反应的影响，本节研究了地震动输入维数的影响。某强震记录的两个水平与一个竖向分量如图 5.29～图 5.31 所示。地震动输入时分别以(水平 180°+竖向)二维输入与(水平 180°+水平 270°+竖向)三维输入(表 5.12 和表 5.13)。地震动下，不同位置参数的时程曲线见图 5.32～图 5.36。

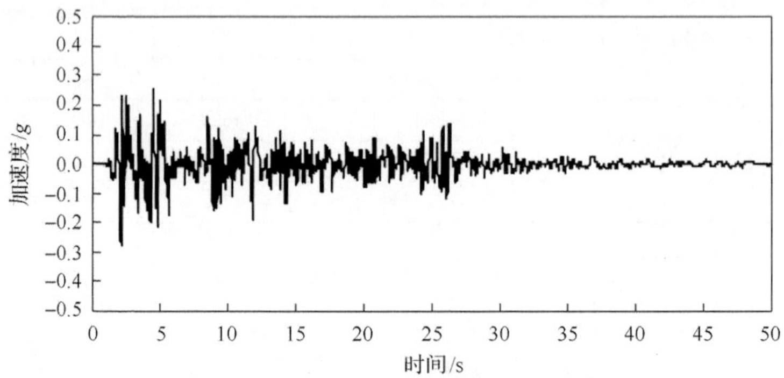

图 5.29　180°方向水平加速度记录

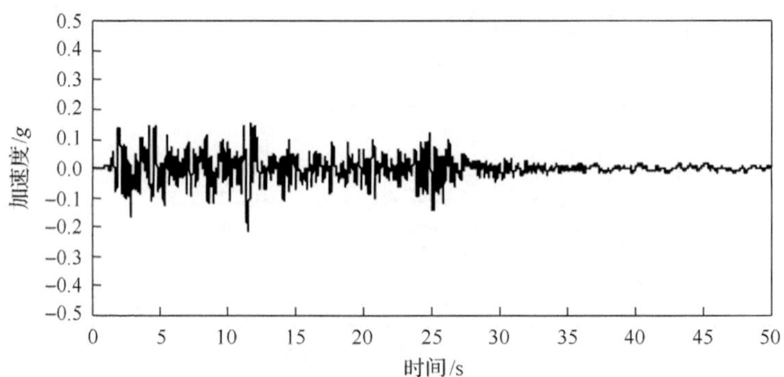

图 5.30　270°方向水平加速度记录

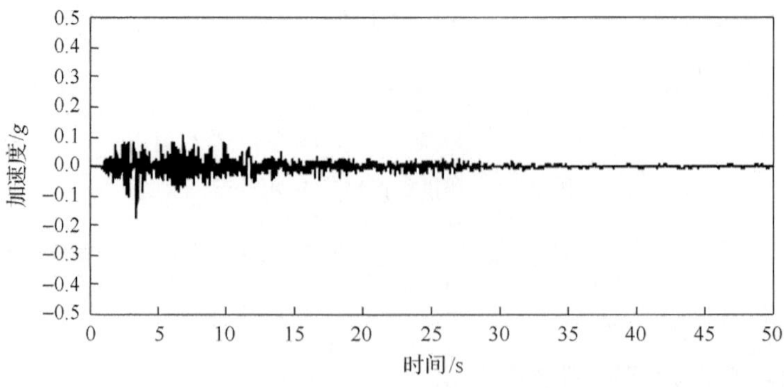

图 5.31　竖向加速度记录

表 5.12　内力分析结果

截面	内力	二维输入	三维输入
2# 拱脚下弦杆	轴力/kN	46099	47515
	顺桥向弯矩/(kN · m)	12680	16664
	顺桥向剪力/kN	1661	2285
1/4 拱下弦杆(拉萨侧)	轴力/kN	11525	18588
	顺桥向弯矩/(kN · m)	732	863
	顺桥向剪力/kN	46	56
拱顶下弦杆	轴力/kN	5724	17693
	顺桥向弯矩/(kN · m)	355	379
	顺桥向剪力/kN	88	114

表 5.13　隔震支座位移

位移/cm	二维输入	三维输入
2# 拱脚侧支座	7.1	7.4

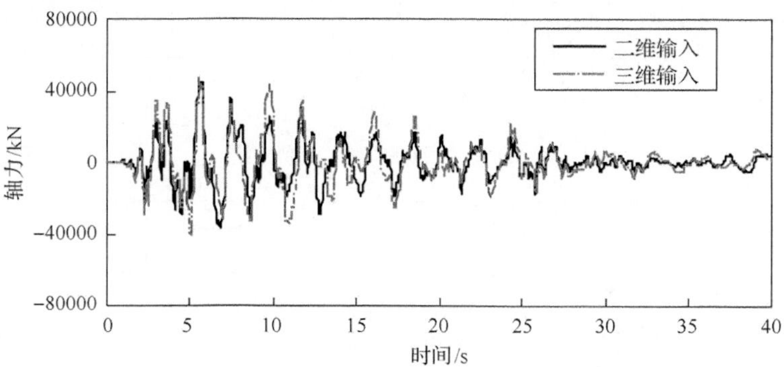

图 5.32　2#拱脚的轴力时程曲线

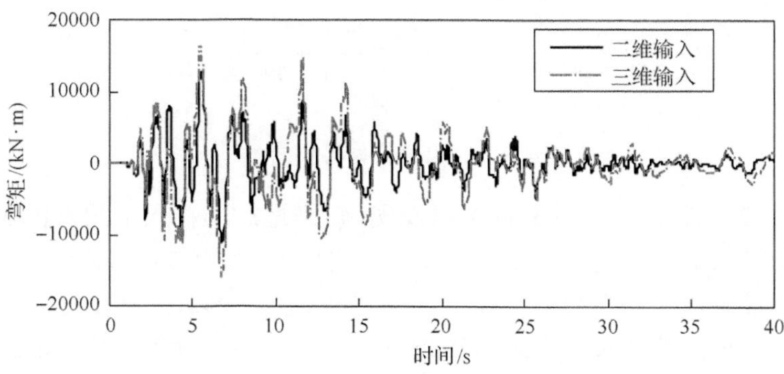

图 5.33　2#拱脚的弯矩时程曲线

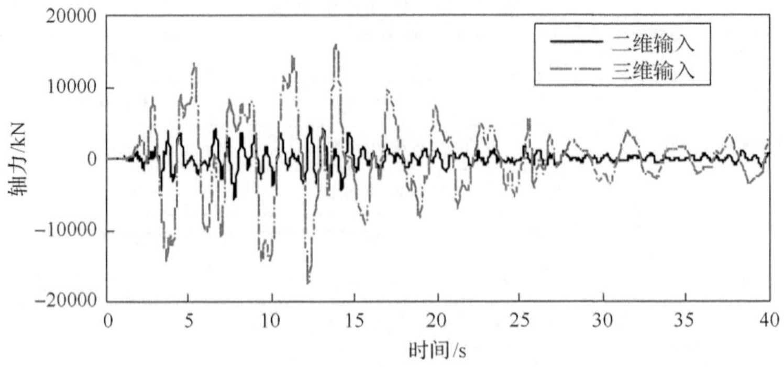

图 5.34 拱顶的轴力时程曲线

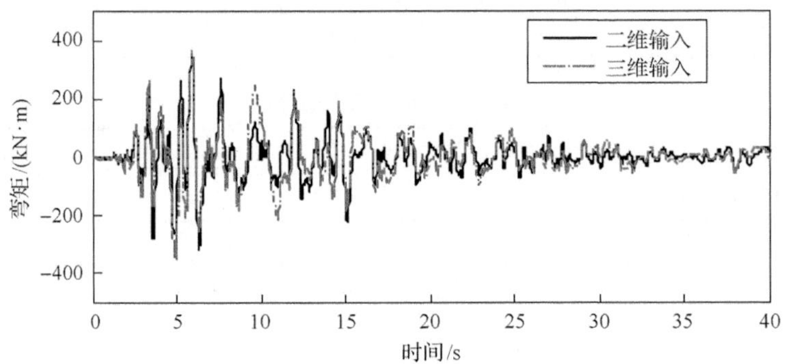

图 5.35 拱顶的弯矩时程曲线

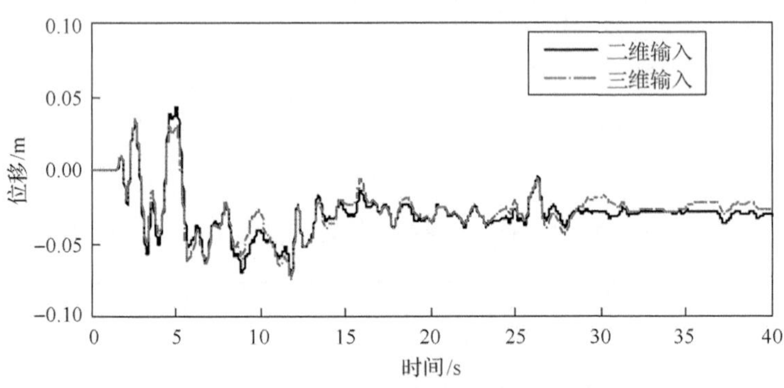

图 5.36 支座位移时程曲线

由表 5.12 及图 5.32～图 5.35 可以发现，三维地震动输入下的拱桥地震反应较二维地震动输入下有所增大，其中拱脚轴力增加最小，约为 3%，可以忽略；而拱顶轴力增加最大，约为 209%；1/4 拱的轴力增加介于两者之间，约为 61%。而对于拱截面的弯矩，其中拱脚弯矩增加最小，约为 31%；拱顶弯矩增加最大，约为 68%；1/4 拱的弯矩增加介于两者之间，约为 18%。

由表 5.13 和图 5.36 可知，三维地震动下的支座隔震位移较二维地震动有所增加，增加幅度约为 4%。

综上所述，大跨度拱桥应采取地震动的三维输入。

5.5 本章小结

本章给出了地震动与结构抗震设计理论的关系、地震动参数及其特征、国内外规范中地震动输入的一般规定。以一座典型的大跨度钢管混凝土拱桥为例，研究了行波效应、强震记录、近场地震动效应及三向输入对大跨度桥梁地震反应的影响，结果表明地震动的空间效应(行波效应、三维输入)、近场地震动效应及强震记录对地震反应有重要影响。研究结果对大跨度桥梁地震动输入模式的确定、地震动的选择及输入具有参考意义。

参考文献

[1] 叶爱君. 桥梁抗震[M]. 2 版. 北京: 人民交通出版社, 2011.

[2] 胡聿贤. 地震工程学[M]. 2 版. 北京: 地震出版社, 2006.

[3] 朱晓炜. 强震记录的选择与缩放方法研究[D]. 哈尔滨: 中国地震局工程力学研究所, 2011.

[4] 王克海. 桥梁抗震研究[M]. 2 版. 北京:中国铁道出版社, 2012.

[5] 王京哲, 朱晞. 近场地震速度脉冲下的反应谱加速度敏感区[J]. 中国铁道科学, 2003, 24(6): 27-30.

[6] 李爽, 谢礼立. 近场问题的研究现状与发展方向[J]. 地震学报, 2007, 29(1): 102-111.

[7] Stewart J P, Chiou S J, Bray J D, et al. Ground Motion Evaluation Procedures for Performance-based Design[R]. Berkeley: Pacific Earthquake Engineering Research Center, University of California, 2001.

[8] Mazza F, Vulcano A. Effects of near-fault ground motions on the nonlinear dynamic response of base-isolated r.c. framed buildings[J]. Earthquake Engineering and Structural Dynamics, 2012, 41(2): 211-232.

[9] 杨迪雄, 李刚, 程耿东. 近断层脉冲型地震动作用下隔震结构地震反应分析[J]. 地震工程与工程振动, 2005, 25(2): 119-124.

[10] 胡进军. 近断层地震动对方向性效应及超剪切破裂研究[R]. 哈尔滨: 中国地震局工程力学研究所, 2009.

[11] 刘毅. 近断层地震动的需求谱和持时效应分析[D]. 大连: 大连理工大学, 2012.

[12] 吴边. 地震动空间变化特征分析及模型化描述[D]. 重庆: 重庆大学, 2014.

[13] 宋波, 易汉斌, 周宏宇. 考虑行波效应下大跨度钢拱桥的地震反应分析[J]. 北京工业大学学报, 2011, 37(3): 375-380.

[14] 重庆交通科研设计研究院. JTG/T B02-01—2008. 公路桥梁抗震设计细则[S]. 北京: 人民交通出版社, 2008.

[15] 中华人民共和国住房和城乡建设部. CJJ 166—2011. 城市桥梁抗震设计规范[S]. 北京: 中国建筑工业出版社, 2011.

[16] 中华人民共和国铁道部. GB 50111—2006. 铁路工程抗震设计规范[S]. 北京: 中国计划出版社, 2009.

[17] 中国台湾交通部. 铁路桥梁耐震设计规范[S]. 台北: 金新印刷影印行, 2006.

[18] 铁道构造物等设计标准及解说-抗震设计[S]. 日本铁道技术综合研究所, 1999.

[19] CEN. BS EN 1998-2: 2005. Eurocode 8 Design of structures for earthquake resistance-Part 2: Bridges[S]. London: British Standards Institutions, 2005.

[20] 中华人民共和国住房和城乡建设部. GB 50011—2010. 建筑抗震设计规范[S]. 北京: 中国建筑工业出版社, 2010.

[21] 童申家, 吴星, 李纲. 大跨钢管混凝土拱桥地震行波效应分析[J]. 桥梁建设, 2008, (2): 27-30.

第 6 章　大跨度桥梁的抗震性能指标及抗震验算

6.1　抗震性能指标及其确定原则

性能指标用于反映结构或构件在地震作用下的性能(损伤)状态。抗震性能指标有多种表示形式，但可归为单一指标与复合指标两类。单一指标是指仅用一个独立力学指标(如曲率或位移)来评价结构及构件的抗震性能，而复合指标采用的独立力学指标多于一个，如基于位移与耗能线性组合的损伤指数指标。单一指标无法反映结构构件的累积损伤破坏，而复合指标则不能很好地反映加载路径对损伤的影响。鉴于复合指标的计算相对复杂，再加上至今尚没有公认的复合指标计算模型，复合指标未被国内外规范采纳。

6.1.1　地震破坏类型与性能指标

结构的地震破坏模式可分为延性破坏与脆性破坏，还可分为首次超越破坏与累积损伤破坏。延性破坏对应弯曲破坏特征，剪切破坏则为脆性破坏。首次超越破坏是指结构在地震作用下最大地震反应超越相应的位移或延性或强度等指标极限值所导致的破坏[1]。累积损伤破坏则指延性结构的最大地震反应未达到其延性指标的极限值，但地震往复作用使延性结构或构件力学性能恶化所导致的破坏。脆性结构潜在的破坏方式为首次超越破坏，延性结构潜在的破坏方式可能为首次超越破坏或累积损伤破坏。由于首次超越破坏与累积损伤破坏的破坏机理不同，其所选取的性能指标也有所不同。首次超越破坏结构通常采用单一指标，如极限强度或极限位移或极限位移延性系数等，而累积损伤破坏则需要采用复合指标。

桥梁结构可分为基本弹性、有限延性与完全延性结构。基本弹性结构基本无损伤，有限延性结构对应有限损伤，完全延性结构对应相对严重损伤。从截面层次指标来说，基本弹性结构可采用弯矩或曲率指标，全完延性结构需采用曲率指标，有限延性结构(损伤)宜采用曲率指标，但在某些情况下采用弯矩指标也比较方便。

现行《铁路工程抗震设计规范》(2009 年版)中，脆性破坏构件采用强度指标，延性结构采用容许位移延性系数(单一指标)作为抗震性能指标。规范仅通过对极限位移延性系数作一定的安全储备来粗略地考虑累积损伤破坏的影响。

6.1.2　应变、曲率及位移指标

单一指标可分为材料层次、截面层次和构件层次，其中材料层次为微观层次，

构件层次为宏观层次，而截面层次介于微观与宏观之间，为介观层次[2]。在微观层次方面，采用材料的应力、应变作为结构的抗震性能指标，为了直接得到结构在地震作用下的材料应变，往往需要更加精细的计算模型。在宏观层次方面，采用结构构件的位移、转角作为抗震性能指标。截面层次的抗震性能指标常用截面的弯矩、曲率。因此，结构的多种参数，材料的应力、应变，截面的弯矩、曲率及构件的位移、转角等都可以作为性能指标。考虑到计算的便利和描述结构损伤的有效性，在抗震设计中往往倾向于采用较为宏观的结构反应参数来描述结构的损伤程度。

钢筋和混凝土材料的应力、应变可以用于定量描述材料性能状态，它们能从材料层面反映结构的性能水平，可作为结构的性能指标。弹性时应变与应力一一对应，规范中常以应力为指标进行强度验算。

当钢筋混凝土结构或钢结构进入弹塑性状态即材料屈服后，荷载大幅增加时，钢筋的拉应力增大很少，应力作为性能指标不能较好地反映结构在地震作用下的损伤状态，此时需采用应变(钢筋拉应变、混凝土压应变)作为性能指标来反映结构的损伤状态、表征结构的延性变形性能。要直接得到结构在地震作用下的材料应变，需要建立相对较精细的纤维截面梁单元计算模型，还要处理众多钢筋与混凝土纤维的应变数据，计算效率较低。目前国内外多数桥梁抗震规范中采用墩顶位移作为性能指标。这是因为，该位移较为宏观，用它描述桥梁的损伤程度比较便利。现行规范适用于一阶振型贡献为主的桥梁、墩底出现一个塑性铰区。通过试验引入等效塑性铰区长度的概念，对曲率两次积分可以得到墩顶位移。位移指标可以说是曲率指标在一定条件下的转化。因此，对于一阶振型为主的普通桥梁，采用位移作为性能指标与采用应变或曲率作为指标是一致的，墩顶出现最大位移时刻也是墩底塑性铰区截面出现最大曲率及材料出现最大应变时刻。

材料的应力-应变关系与截面的弯矩-曲率关系一一对应，对于普通桥梁，两者又与墩顶的力-位移关系一一对应。现行的国内外规范中采用宏观指标位移作为桥墩弹塑性的抗震性指标是合理的，验算墩顶位移与验算材料的微观指标是等同的。位移延性系数指标及曲率延性系数指标则分别是曲率与应变指标的延伸。

受高阶振型的影响，在大跨度斜拉桥或悬索桥的桥塔中(或高墩中)，塔(墩)顶位移与桥塔(墩)截面中的应变没有对应关系，塔(墩)顶位移不能作为其抗震性能指标[3]，此时需要采用截面层次的曲率作为抗震性能指标。

6.1.3 损伤指数指标

采用损伤指数 DI 评估强震作用下结构的损伤程度，损伤指数 DI 的范围为 0～1，DI=0 对应无损伤状态，DI=1 对应结构完全破坏极限状态，DI 介于 0 与 1 之间对应结构不同程度的损伤状态。Park 和 Wen[4]给出了以下损伤等级划分标准：无损伤、轻微损伤、中等损伤、严重损伤和局部失效或倒塌(表 6.1)，并建议取 DI = 0.4 为可修复损伤状态与不可修复状态的临界值。

表 6.1　桥墩损伤状态分类

状态	指数	描述
无损伤	DI＜0.1	无破坏或仅在局部出现微小裂缝
轻微损伤	0.1≤DI＜0.25	微小裂缝广泛分布
中等损伤	0.25≤DI＜0.4	严重开裂、局部保护层剥落
严重损伤	0.4≤DI＜1.0	混凝土压溃、受力钢筋外露
局部失效或倒塌	DI≥1	倒塌

1. 基于单调加载耗能的损伤指数

相对于单一指标(应变、曲率及位移等)，以损伤指数为复合指标用于反映结构构件的累积损伤破坏。累积滞回耗能的损伤指数指标模型认为构件的破坏是由累积滞回耗能产生的。假定构件在循环加载下达到破坏的最大滞回耗能等于单调加载下的滞回耗能，其损伤指标定义为[5]

$$\mathrm{DI}=\frac{E_{\mathrm{h}}}{F_{\mathrm{y}}(x_{\mathrm{u}}-x_{\mathrm{y}})} \tag{6.1}$$

式中，DI 为损伤指数；E_{h} 为循环加载下的滞回耗能；F_{y} 为构件的屈服力；x_{y} 与 x_{u} 分别为构件的屈服位移与极限位移。

这个模型虽然考虑了结构的损伤累积破坏效应，但忽略了变形幅值对结构破损的影响。

2. 基于变形与耗能线性组合的损伤指标

1985 年，Park 和 Ang 提出了钢筋混凝土构件最大位移与累积滞回耗能线性组合的地震损伤模型[4]：

$$\mathrm{DI}=\frac{x_{\mathrm{m}}}{x_{\mathrm{u}}}+\beta\frac{E_{\mathrm{h}}}{F_{\mathrm{y}}x_{\mathrm{u}}} \tag{6.2}$$

$$\beta=\left(-0.447+0.073\frac{l}{d}+0.24\lambda_{\mathrm{N}}+0.314\rho_{\mathrm{t}}\right)\times 0.7^{\rho_{\mathrm{w}}} \tag{6.3}$$

$$E_{\mathrm{h}}(\mu)=F_{\mathrm{y}}\varDelta_{\mathrm{y}}(0.77\mu-0.22)\qquad(\mu<1.5) \tag{6.4}$$

$$E_h(\mu)=F_y\Delta_y\left[\left(0.5+2.34\frac{\Delta_f}{\Delta_y}\right)(\mu-1)+\left(0.7-1.54\frac{\Delta_f}{\Delta_y}\right)\right]\quad(\mu\geqslant1.5)\tag{6.5}$$

式中，F_y 为屈服力；E_h 为滞回耗能；β 为构件的耗能因子，它是与构件的剪跨比、轴压比、纵向配筋率和体积配箍率有关的组合参数，一般在 0～0.85 间变化，均值在 0.10～0.15；l/d 为剪跨比，当 $l/d<1.7$ 时，取 1.7；λ_N 为轴压比，小于 0.2 时取 0.2；ρ_t 为纵筋配筋率，小于 0.75%时取 0.75%；ρ_w 为体积配筋率，大于 2%时取 2%；Δ_f 为结构弯曲变形产生的位移，它是屈服位移 Δ_y 的一个重要组成部分。

Park-Ang 双参数地震损伤模型具有较好的试验基础，其计算简单，近似反映了构件位移首次超越和塑性累积损伤联合作用的地震破坏机理，因此自提出以来在地震工程研究领域得了较为广泛的应用。Park-Ang 双参数地震损伤模型存在的主要问题[6]如下：

(1)它不能反映构件极限滞回耗能随累积幅值的变化情况，即认为构件极限滞回耗能仅与最大位移幅值相关，而与加载路径无关，与试验结果不符。

(2)线性组合模式虽形式简单，但缺乏充分依据，大多学者更倾向非线性组合模式。

(3)β 参数不易确定，经验公式的统计离散性较大，β 参数的这种非确定性会给构件损伤评估结果带来误差。

针对 Park-Ang 模型存在的问题，学者们对该模型进行了相应地改进，但至今为止尚没有公认的理想模型，同时，该模型中损伤指数的计算相对复杂，因此，用损伤指数评价结构抗震性能的方法未被国内外规范采纳。基于变形的抗震性能指标不能考虑结构在地震作用下的损伤累积破坏，基于单调加载的耗能损伤指标考虑了结构的损伤累积破坏效应，但忽略了变形幅值对结构破损的影响。基于变形与耗能的双参数损伤指标能考虑首超破坏与损伤累积破坏，但计算模型尚不完善，目前仅在学者研究中使用，尚未被工程界采纳。

6.2　钢筋混凝土桥墩的抗震性能指标

6.2.1　钢筋混凝土桥墩的性能水准及其量化

抗震性能水平表示结构在某一地震设计水平下预期破坏的最大程度。由于工程人员与学者等对工程抗震有不同的认识和理解，所以对结构性能水平的划分不同。Hose 等[7]针对桥梁结构提出了五种性能等级(表 6.2)，并定性和定量地描述了桥墩性能水准及其抗震性能(表 6.3)。

表 6.2　桥梁性能水准及描述

类别	性能水准	定性描述	社会经济性描述	修复描述
1	功能完好	几乎没有可见裂缝	正常使用	不需修复
2	轻微破坏	混凝土出现裂缝	暂时使用	可能修复
3	较重破坏	裂缝宽度增大，混凝土出现剥落	修复后使用	少量修复
4	严重破坏	裂缝宽度非常大，混凝土出现剥落区扩展	生命安全	需要修复
5	按近倒塌	构件出现残余变形，钢筋屈曲或断裂	防止倒塌	需要更换

表 6.3　桥墩性能水准及描述

等级	性能水准	定性描述	定量描述
Ⅰ	开裂	开始产生细小的裂缝	裂缝几乎不可见
Ⅱ	屈服	第一根钢筋理论屈服	裂缝宽度小于 1mm
Ⅲ	局部塑性铰开始形成	开始出现非线性变形，保护层混凝土开始剥落，可见裂缝开展	裂缝宽度 1～2mm；剥落区域大于截面高度 1/10
Ⅳ	塑性铰完全形成	形成较大裂缝，整个塑性铰区混凝土剥落	裂缝宽度大于 2mm；裂缝扩展至截面高度的 2/3；剥落区域大于截面高度的 1/2
Ⅴ	强度退化	主筋屈曲，箍筋断裂，核心混凝土压碎	核心混凝土裂缝宽度大于 2mm；核心混凝土膨胀大于 5%

从结构或构件的极限状态方面来确定性能水平，Priestley 等[8]分别对钢筋混凝土结构的极限状态及构件的极限状态做了较详细的描述，并给出了明确的性能指标，见表 6.4 和表 6.5。

表 6.4　结构性能水准及描述

性能水准	定性描述	定量描述
正常使用极限状态	保证保护层混凝土不出现剥落，同时裂缝宽度控制在可接受的范围内而不需要修补	位移延性系数平均值约为 2
破坏控制极限状态	允许保护层混凝土发生剥落或产生较大的裂缝，不过这样的损伤应当仅限于结构表面，而不应出现箍筋断裂或纵筋屈曲等情况，约束混凝土仍能正常工作	位移延性系数通常取值在 3～6 范围内

表 6.5　构件性能水准及描述

性能水准	定性描述
开裂极限状态	构件局部开裂，此时构件的刚度有较大的改变
初始屈服极限状态	当外缘受拉钢筋首次屈服时，刚度会产生一个比较大的变化，这一状态定义为初始屈服极限状态，通常将这一极限状态的刚度定义为钢筋混凝土构件截面的弹性刚度
剥落极限状态	在这一极限状态下，保护层混凝土开始剥落，在高轴压的截面上甚至可能产生负刚度，但约束混凝土(核心混凝土)不会出现损坏
承载力极限状态	这一极限状态的定义还存在较多争议，通常有两种定义：(a)塑性铰区域约束箍筋断裂导致约束混凝土被压碎，构件抗力下降；(b)构件损伤使强度发生退化，构件抗力与最大值相比下降了一定比例(如 20%)

文献[9]选取孙颖等[10]建议的墩顶漂移率作为抗震性能参数，给出的性能水准及量化指标见表 6.6～表 6.8。墩顶漂移率作为无量纲指标，对于桥墩来说可以认为是位移指标的延伸，但很难用于如拱桥等级非规则桥梁。

表 6.6　结构性能水准及量化指标

类别	性能水准	定性描述	量化指标
1	正常通行	结构总体无损伤，不需要维修即可维持正常通行能力	D_{cr}
2	立即通行	结构轻微损伤，经一般维修即可恢复正常通行能力	D_y
3	有限通行	结构有限损伤，经抢修可恢复使用，永久性维修后恢复正常通行能力	D_m
4	接近倒塌	结构严重损伤，但不致倒塌，经临时性加固，可恢复部分通行能力	D_u

表 6.7　规则桥梁实用抗震性能指标

性能水平	破坏程度	极限状态	具体描述	抗震性能指标/%	
1	完好无损	正常使用极限状态	所有构件均处于正常使用范围。临界状态为桥墩保护层混凝土首次开裂，其余构件处于正常使用范围	$D\leqslant D_{cr}$	$D\leqslant 0.11$
2	轻微破坏	正常使用极限状态	临界状态为桥墩保护层混凝土达到极限压应变，最外侧纵筋首次屈服	$D_{cr}<D\leqslant D_y$	$0.11<D\leqslant 0.38$
3	中等破坏	有限损伤极限状态	桥墩保护层混凝土部分剥落，纵筋屈服，其余构件处于正常使用范围。临界状态为桥墩达到最大抗力	$D_y<D\leqslant D_m$	$0.38<D\leqslant 0.84$
4	严重破坏	有限损伤极限状态	桥墩塑性铰区保护层混凝土严重剥落，核心混凝土有一定程度的开裂，其余构件处于正常使用范围。临界状态为桥墩达到变形极限状态，残余抗力下降为最大抗力的 85%	$D_m<D\leqslant D_u$	$0.84<D\leqslant 2.23$
5	倒塌	倒塌破坏极限状态	桥墩塑性铰区保护层混凝土严重剥落，核心混凝土严重开裂，箍筋屈服，纵筋可能屈曲，残余抗力下降至最大抗力的 85%以下	$D\geqslant D_u$	$D>2.23$

表 6.8　桥墩地震破坏与量化指标

破坏程度	破坏特征	量化指标
无破坏	所有构件均处于正常使用范围。临界状态为桥墩保护层混凝土首次开裂	$D\leqslant D_{cr}$
轻微破坏	桥墩保护层混凝土开裂，其余构件处于正常使用范围。临界状态为桥墩保护层混凝土达到极限压应变，最外侧纵筋首次屈服	$D_{cr}<D\leqslant D_y$
中等破坏	桥墩保护层混凝土部分脱落，钢筋屈服，其余构件处于正常使用范围。临界状态为桥墩达到最大抗力	$D_y<D\leqslant D_m$
严重破坏	桥墩塑性铰区保护层混凝土严重剥落，核心区混凝土有一定程度的开裂，其余构件处于正常使用范围。临界状态为核心混凝土失效或残余抗力下降为最大抗力的 85%	$D_m<D\leqslant D_u$
倒塌	桥墩塑性铰区保护层混凝土严重剥落，核心混凝土破碎，箍筋屈服，纵筋可能屈曲，残余抗力下降至最大抗力的 85%以下	$D\geqslant D_u$

墩顶漂移率表示桥梁在某一特定设防地震作用下桥墩顶最大位移反应与墩高的比值，它是一个无量纲。表示结构变形程度的参数。表 6.6 中，开裂点漂移率 D_{cr} 对应正常通行极限状态为桥墩保护层混凝土首次开裂时的墩顶漂移率；D_y 为桥墩初

始屈服时的墩顶漂移率，称为屈服点漂移率(对应立即通行极限状态)；D_m 为桥墩达到最大抗力时的墩顶漂移率，称为峰之点漂移率(对应生命安全极限状态)；D_u 为桥墩达到极限变形时的漂移率，称为极限点漂移率(对应接近倒塌极限状态)。

1989 年 Loma Prieta 地震后，美国开展了对加利福尼亚州桥梁抗震设计准则和设计程序评估的研究，提出了两个地震设计水平[11,12]：一个是安全评估地震，地震重现期为 1000～2000 年；另一个是功能评估地震，相应的重现期为 72～250 年。重要桥梁在功能评估地震作用下只允许发生极小的损伤，而在安全评估地震作用下允许发生可修复的破坏。对于重要桥梁，通过二级地震动水平进行直接设计实现其性能目标，见表 6.9。结合两水平设计准则，通过大量研究，美国 ATC-18 还给出了桥梁结构损伤水平的定量描述[12]，见表 6.10。

表 6.9　桥梁结构的性能水平

地震动水平	性能水平		损伤描述	
	普通桥梁	重要桥梁	普通桥梁	重要桥梁
功能评估地震	服务水平-即时	服务水平-即时	可修复损伤	最小损伤
安全地震	服务水平-有限的	服务水平-即时	重大损伤	可修复损伤

表 6.10　桥墩地震破坏与量化指标

损伤水平	应变		延性系数	
	混凝土	钢筋	曲率延性系数	位移延性系数
重大损伤	ε_{cu}	ε_{sh}	8～10	4～6
可修复破坏	0.005 或 $2\varepsilon_{sh}/3$	0.08 或 $2\varepsilon_{sh}/3$	4～6	2～4
最小破坏	0.004	0.03 或 $1.5\varepsilon_y$	2～4	1～2

表 6.10 中，ε_{sh} 为钢筋极限拉应变；ε_{cu} 为混凝土极限压应变；ε_y 为钢筋屈服应变。

刘艳辉[13]以城市高架桥为对象，通过对钢筋混凝土桥墩的外观损伤裂缝宽度与混凝土剥落的分析，得出了材料应变限值混凝土压应变和钢筋拉应变与五种性能水平的对应关系，见表 6.11。

表 6.11　性能水平及相应的材料应变限值

性能水平	结构构件状态	使用功能	应变限值	
			混凝土	钢筋
完好	完好，不需要维修可继续使用	结构和非结构构件的功能继续保持	0.002	0.005
基本完好	轻微破坏，不需要修理可继续使用	地震时和地震后，结构保持功能	0.004	0.015
轻微破坏	一般修理可继续使用	桥梁基本功能不受影响	0.010	0.040
中等破坏	需大修才能使用	基本功能受到影响	0.015	0.060
严重倒塌	不至于倒塌，无法修复	基本功能不存在	0.025	0.090

Priestley 等[14]根据钢筋混凝土截面弯矩-曲率全过程曲线(图 6.1、图 6.2)及其截面性能水准与地震损伤的关系，建议了钢筋混凝土结构的极限状态、使用功能及抗震性能指标，见表 6.12。

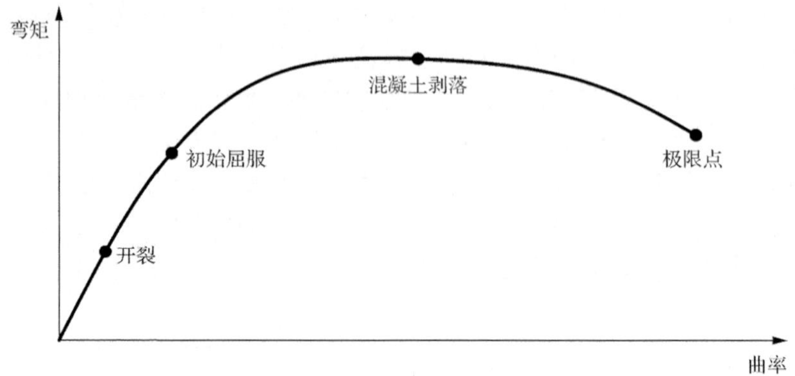

图 6.1　钢筋混凝土截面的性能曲线

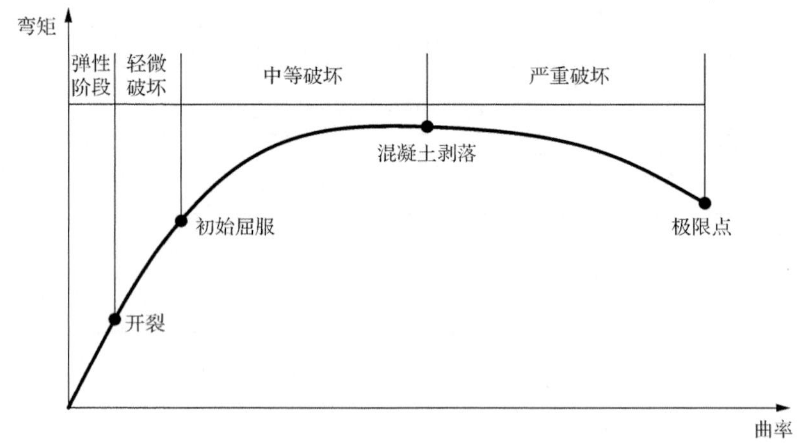

图 6.2　截面的性能状态与损伤破坏

表 6.12　极限状态与相应的材料应变限值

极限状态	使用功能	位移延性系数
正常使用极限状态	无需修复	$\mu<2$
有限损伤极限状态	混凝土剥落，损伤可修复	$3\leqslant\mu\leqslant6$
倒塌破坏极限状态	损伤严重且不可修复	$\mu>6$

结构抗震性能水准可以划分为三到五个不同的等级，基本的性能水准都包括适用性、破坏控制和安全性三个方面。适用性是指在多遇地震作用下应避免结构发生破坏，从而保证震后尽快恢复使用，也是结构所应具备的基本要求。安全性

是指结构遭遇可能发生的最大设防地震作用时对结构性能的最低要求，通常是以保障生命安全或防止结构倒塌作为性能目标。破坏控制水准是指在大震发生时对结构破坏程度的控制要求，从而将结构震害导致的经济损失、社会影响等控制在可接受的范围内。

弯矩和曲率可以定量描述截面的性能状态，能从截面层次反映结构的性能水平，也可作为结构的性能指标。截面的受拉钢筋屈服后，其曲率变化很大时弯矩变化很小，与应力相似，弯矩也不能较好地反映地震损伤，故通常采用曲率来反映结构截面的损伤状态，表征结构截面的延性变形能力。

根据大跨度桥梁钢筋混凝土桥塔、辅助墩的抗震设防目标(多遇地震下无损伤、罕遇地震下损伤可修)，建议大跨度桥钢筋混凝土构件的抗震性能水准分为三类，见表 6.13。

表 6.13　性能水准

性能水平	使用功能	损伤状态	破坏特征
I	桥梁基本功能不受影响	基本完好	截面大部分受拉钢筋没有屈服
II	基本功能受到影响	损伤可修	保护层混凝土刚开始剥落或轻微剥落
III	基本功能不存在	损伤严重	塑性铰区充分形成、约束混凝土(核心混凝土)出现损坏

6.2.2　钢筋混凝土墩柱的试验研究

桥墩发生弯曲变形是可能具有延性的，发生剪切变形则是脆性破坏。鉴于延性的概念经常被误解，为了更好地对试验结果分析，以下对桥梁延性抗震设计中的延性概念、延性材料、延性构件及延性结构进行阐述。

材料、构件及结构的延性主要是指其具有非弹性变形能力。延性材料是指材料的变形能力较大，且发生较大变形时对应的强度较其弹性强度极限不会有明显的降低。脆性材料与延性材料性能相反，如混凝土材料为脆性材料。对于结构或构件而言，其延性除了指结构或构件具有发生大非弹性变形的能力外，其抗力(承载力)仍不能明显的下降。对最大非弹性变形时的抗力有所要求是为了避免结构产生较大的非弹性变形时无法承载自重等造成破坏。

桥墩的延性是指在初始承载力没有明显退化情况下的非弹性变形能力，包括以下两方面的能力：①具有发生较大的非弹性变形的能力，且同时强度下降不明显；②利用滞回特性吸收能量的能力。要使桥墩发生较大的非弹性变形能力时强度不明显下降，桥墩的刚度退化不能太严重。此外，延性桥墩的裂缝分布比较集中，有明显的塑性铰区。

若要钢筋混凝土桥墩具有一定的延性，桥墩中除了要配筋一定的纵向钢筋外，还要有足够的箍筋来约束纵筋内的混凝土(核心混凝土)。核心混凝土受箍筋的约束时为三向受力，破坏形式由脆性转变为塑性，承载能力能够提高，核心混凝土不发生受压破坏，还可以避免纵筋屈曲。

1. 第 1 组试验

北京交通大学的赵冠远和张同越等以京沪高速铁路重力式桥墩为背景，制作了 6 个 1:5 的缩尺模型，进行了拟静力试验[15,16]。试验加载系统包括横向和竖向两部分加载装置。采用 100t 液压千斤顶提供桥墩的竖向轴压力。为保证墩顶发生水平位移后仍能有效施加轴压力，在千斤顶上方设置水平滚轴和球铰。模型的设计参数见表 6.14。试验结果如表 6.15 所示。

表 6.14　模型设计参数

模型编号	墩高/m	截面尺寸/mm		纵筋率/%	箍筋间距/mm	配箍率/%	剪跨比	轴压比/%
		圆端	水平					
1	1	400	600	0.33	100	0.39	2.5	10
2	1	400	600	0.74	100	0.39	2.5	10
3	1.75	400	600	0.33	100	0.39	4.4	10
4	1.75	400	600	0.74	100	0.39	4.4	10
5	1	400	600	0.74	100	0.71	2.5	10
6	1.75	400	600	0.74	100	0.71	4.4	10

表 6.15　试验结果

模型编号	屈服位移Δ_y/mm	屈服荷载 F_y/kN	极限位移Δ_u/mm	极限承载力 F_u/kN	位移延性系数μ_Δ
1	7.6	186.7	35.4	200.0	4.66
2	8.1	279.8	39.2	271.0	4.84
3	9.8	115.8	64.5	112.0	6.58
4	10.4	136.6	74.8	148.0	7.19
5	8.5	223.3	41.9	254.0	4.93
6	10.2	132.8	78.2	147.0	7.67

该试验表明：模型桥墩出现了明显的塑性铰区，钢筋混凝土桥墩的位移延性系数在 4.8～7.6，剪跨比为 2.5 的模型位移延性系数明显小于剪跨比为 4.4 的模型，位移延性系数受剪跨比影响较大。

2. 第 2 组试验

中南大学的蒋丽忠教授以高速铁路中常用的中低高度重力式桥墩为背景制作了三组 1∶8～1∶5 的缩尺模型(表 6.16)，通过墩顶的千斤顶施加竖向荷载，由水平作动器施加水平反复荷载，试验过程中保持竖向荷载恒定不变[17]。桥墩的位移延性见表 6.17。

表 6.16　模型设计参数

模型编号	模型高/m	剪跨比	纵筋率/%	体积配箍率/%	轴压比/%
SOL-1	1.6	3.6	0.75	0.30	15
SOL-3	1.6	3.6	0.40	0.15	10
SOL-6	2.0	5.3	0.75	0.30	5
SOL-9	2.0	5.3	0.40	0.15	10
SOL-11	3.0	8.0	0.75	0.30	10
SOL-13	3.0	8.0	0.40	0.15	5

表 6.17　桥墩的位移延性

模型	方向	屈服		极限		位移延性系数
		位移/mm	荷载/kN	位移/mm	荷载/kN	
1	+	12.31	343.16	53.27	365.7	4.33
	–	–11.87	–340.2	–45.69	–418.2	3.85
3	+	9.65	265.8	40.22	313.1	4.17
	–	–11.06	–229.3	–46.81	–278.3	4.23
6	+	12.19	117.2	51.2	137.4	4.20
	–	–12.49	–90.3	–55.22	–110.0	4.42
9	+	8.73	81.6	43.19	88.86	4.95
	–	–9.15	–82.1	–43.47	–91.3	4.75
11	+	19.5	84.7	74.62	129.3	3.83
	–	–21.2	–89.7	–75.00	–140.8	3.54
13	+	15.73	61.8	61.67	76.2	3.92
	–	–15.92	–62.9	–66.23	–59.7	4.16

试验模型的剪跨比在 3.6～8.0。模型没有出现明显的塑性铰区，所有滞回曲均发生了严重的捏拢，混凝土开裂后截面抗剪强度降低、钢筋与混凝土之间的滑移均会导致滞回曲线捏拢。在试验中，该桥桥墩进入非弹性状态时水平承载力没有明显下降，仅曲线捏拢。由表 6.17 可知，模型桥墩有约 4 倍的可用位移延性。

3. 第 3 组试验

北京工业大学的杜修力教授以空心墩为研究对象，开展了 5 个模型的拟静力试验[18]。模型桥墩的参数见表 6.18。各模型桥墩的位移延性系数列于表 6.19。

表 6.18　模型桥墩的参数

试件	墩高/mm	高宽比	轴压力/kN	轴压比	纵筋		横向钢筋		
					直径/mm	配筋率	直径/mm	间距/mm	体积配筋率
S1	2880	8	0.28	0.1	8	0.014	6	40	0.035
S2	2880	8	0.28	0.1	10	0.021	6	40	0.035
S3	2880	8	0.56	0.2	8	0.014	6	40	0.035
S4	2880	8	0.56	0.2	10	0.021	6	40	0.035
S5	2880	8	0.28	0.1	10	0.021	6	40	0.035

表 6.19　模型桥墩的位移延性系数

试件	开裂		屈服		极限		位移延性系数
	开裂力/kN	开裂位移/mm	屈服荷载/kN	屈服位移/mm	极限承载力/kN	极限位移/mm	
S1	34.92	10.25	46.89	20.71	59.1	113.17	5.46
S2	36.66	11.85	48.76	21.98	61.0	117.41	5.34
S3	49.05	9.75	69.69	19.64	90.26	98.12	4.99
S4	98.43	9.96	131.78	21.36	167.30	104.07	4.87
S5	25.669	8.01	35.78	18.06	58.37	128.31	7.10

试验中出现了明显的塑性铰区，滞回曲线的骨架曲线出现明显的下降。由表 6.19 可知，桥墩位移延性系数范围为 4.87～7.10。

4. 第 4 组试验

重庆交通大学的李贵乾开展了钢筋混凝土桥墩的拟静力试验[19]，以墩高、长细比、纵筋直径、轴压比和配箍率为主要因素，以纵筋率为次要因素，采用三水平正交试验思想设计了 9 个桥墩模型试件，见表 6.20。桥墩模型在配筋和构造细节方面满足了 JTG/T B02-01—2008《公路桥梁抗震设计细则》的相关规定及要求。

表 6.20　模型桥墩的位移延性系数

模型编号	墩高/cm	纵筋直径/mm	配箍率/%	纵筋率/%	截面直径/mm	剪跨比	轴压比	轴向力/kN	极限位移延性系数
4508	180	10	0.8	0.8	400	4.5	0.1	173	8.4
4515	180	14	1.0	1.5	400	4.5	0.2	347	6.9
4524	180	18	1.2	2.4	400	4.5	0.3	520	7.5
5708	230	10	1.2	0.8	400	5.7	0.2	347	7.4
5715	230	14	0.8	1.5	400	5.7	0.3	520	7.0
5724	230	18	1.0	2.4	400	5.7	0.1	173	7.0
7008	280	10	1.0	0.8	400	7.0	0.3	520	7.7
7015	280	14	1.2	1.5	400	7.0	0.1	173	8.4
7024	280	18	0.8	2.4	400	7.0	0.2	347	5.3

由表 6.20 可以看出，以桥墩力-位移骨架曲线上侧向力的最大值作为其极限侧向承载能力，在桥墩力-位移骨架曲线的下降段中，当其侧向力降低到极限侧向承载能力的 85%时，即认为桥墩达到其极限状态(如果侧向力未降低到极限侧向承载能力的 85%以下，则以纵筋断裂时对应的滞回位移水平为极限状态)。表 6.21 列出了混凝土开始剥落的关键参数。

表 6.21　混凝土开始剥落的关键参数

模型编号	墩顶位移/mm	纵筋拉应变	曲率延性系数		位移延性系数		
			开始剥落	极限	开始剥落	破坏	极限
4508	72	0.0092	16.4	50.1	6.3	9.4	8.4
4515	56	0.0040	6.8	21.4	3.3	7.5	6.9
4524	68	0.0026	5.5	18.4	3.3	7.5	7.5
5708	80	＞0.0115	12.7	＞16.5	4.6	9.1	7.4
5715	88	0.0115	9.3	18.6	3.8	7.6	7.0
5724	75	0.0115	6.5	15.5	2.4	7.1	7.0
7008	64	0.0034	6.2	＞22.1	3.1	9.4	7.7
7015	116	0.0090	11.5	36.8	3.5	7.5	8.4
7024	72	0.0027	5.6	18.0	1.7	5.2	5.3

由表 6.21 可以发现，模型桥墩都可用位移延性系数都在 5 以上，最大的高达 8.4。表中混凝土保护层剥落时，对应的墩顶位移延性系数大多未达到其极限位移延性系数一半。而混凝土剥落时对应的墩底截面曲率延性系数有 5 个在 7 以下，约为极限曲率延性的 1/3。

5. 第 5 组试验

同济大学的罗征开展了矩形空心墩的拟静力试验，给出了混凝土剥落时的位移延性系数和曲率延性系数[20]。其模型桥墩的曲率延性系数见表 6.22。

表 6.22　模型桥墩的曲率延性系数

损伤状态	试件 805	试件 902	试件 905	试件 908
1 无损伤	1.14	1.21	1.19	1.28
2 轻微损伤	3.65	2.25	2.76	2.17
3 中等损伤	11.27	17.95	16.21	13.32
4 严重损伤	19.18	28.67	—	30.57
5 局部失效	26.65	33.91	—	—

表 6.22 中的中等损伤对应的保护层混凝土刚开始剥落，其对应的曲率延性系数在 11～18。

6.2.3 大跨度桥梁钢筋混凝土桥墩的性能指标

我国 GB 50111—2006《铁路工程抗震设计规范》(2009 年版)规定桥墩可用位移延性系数为 4.8。JTG/T B02-01—2008《公路桥梁抗震设计细则》与 CJJ 166—2011《城市桥梁抗震设计规范》中采用墩顶转角为抗震性能指标，没有限值要求，但在构造措施中对纵筋率、最小配箍率及箍筋的配置方式等有明确规定。美国加利福尼亚州规范[21]将单柱式桥墩的位移延性系数限值定为 4。欧洲规范[22]将地震下桥梁结构的行为分为基本弹性、有限延性和延性三类，并给出了性能系数 q 与位移延性系数μ_d的关系式：

$$\begin{cases} \mu_d = q & (T \geqslant 1.25T_c) \\ \mu_d = (q-1)\dfrac{1.25T_c}{T} + 1 \leqslant 5q - 4 & (T < 1.25T_c) \end{cases} \tag{6.6}$$

式中，T_c 为反应谱拐角周期，与场地土类别有关；T 为结构周期。规范明确指出：基本弹性的性能系数为 1；有限延性的性能系数限值为 1.5，理想延性的性能系数要求为 3.5。对于非约束钢筋混凝土，欧洲规范还给出有限延性的曲率延性系数限值为 7；理想延性的曲率延性系数限值为 13。

根据大跨度桥梁钢筋混凝土桥塔、辅助墩的抗震设防目标(多遇地震下无损伤、罕遇地震下损伤可修)，参照国外规范及试验研究，建议大跨度桥梁设计中延性桥塔、桥墩的量化抗震性能指标按表 6.23 中所示来确定。

表 6.23 大跨度桥梁钢筋混凝土桥墩的抗震性能水准及其量化指标

设防水平	损伤状态	破坏特征	使用功能	量化指标		
				应力或弯矩	曲率延性系数	位移延性系数
多遇地震	基本完好	截面大部分受拉钢筋没有屈服	基本功能不受影响	$\sigma \leqslant [\sigma]$或$M < M_{eq}$	—	—
罕遇地震	损伤可修	保护层混凝土开始剥落或轻微剥落	基本功能受到影响	—	7	3

注：1)表中的量化指标仅适用于弯曲破坏型的钢筋混凝土桥墩。

2)为了方便设计人员使用，多遇地震作用下的量化指标采用微观指标应力或截面层次的弯矩。其中，σ为桥墩计算应力；$[\sigma]$为材料的抗震设计容许应力，可取设计容许应力的 1.5 倍；M 为桥墩的计算弯矩；M_{eq} 为截面的等效屈服弯矩。

3)罕遇地震作用下，桥墩采用截面层次的曲率或宏观层次的位移作为性能指标。

6.3　钢管混凝土拱肋的抗震性能指标

大跨度钢管混凝土拱桥的结构轻盈、跨度大、重心高、震后修复困难，故其面临的抗震问题相对较为突出。钢管混凝土利用钢管和混凝土两种材料在受力过程中的相互作用，即钢管对混凝土的约束作用，使混凝土处于复杂应力状态之下，从而提高了混凝土的强度。研究钢管混凝土拱肋的抗震验算指标及限值，可为高烈度地震区铁路大跨度钢管混凝土拱桥的抗震设计提供依据。

我国 GB 50111—2006《铁路工程抗震设计规范》(2009 年版)不适用于拱桥，JTG/T B02-01—2008《公路桥梁抗震设计细则》及 CJJ 166—2011《城市桥梁抗震设计规范》对于大跨拱桥仅给出了 E1 设防地震下的性能水准及性能指标。欧洲规范认为高轴压比与小剪跨比下塑性铰区的延性可能不可靠，恒载和设计地震作用下拱桥最好保持弹性[22]，再加上拱桥自身具有较好的抗震性能，国内外拱桥多按弹性设计。高烈度地震区的钢管混凝土拱桥若仍按弹性设计，不仅存在困难，而且不经济。

近年来，国内学者对钢管混凝土拱桥的抗震问题也开展了相关研究。文献[23]给出了 5 种性能水平及其量化指标，利用基于损伤指数指标评价了一座钢管混凝土拱桥的地震破坏。文献[24]基于文献[23]中的损伤指标开展了钢管混凝土拱桥的地震损伤分析，侧重考察了行波效应的影响。文献[25]考虑了钢管约束对混凝土受压强度的提高，研究了钢管混凝土弹塑性反应 Pushover 分析方法。文献[26]用随动强化模型模拟钢管混凝土拱肋，研究了钢管混凝土拱桥的抗震性能及动力失稳破坏。已有研究深入到了非弹性地震反应阶段，研究成果为钢管混凝土拱桥由弹性抗震设计向着弹塑性方面的发展奠定了基础，但尚未涉及高压比下钢管混凝土拱肋的延性如何、抗震设计时的性能水准及其量化的性能指标如何确定等问题。

6.3.1　钢管混凝土墩柱的试验研究

1. 第 1 组矩形截面钢管

文献[27]通过一批钢管混凝土柱的拟静力破坏试验，得到了矩形钢管混凝土柱的破坏形态及延性性能，模型柱的剪跨比在 3～6。破坏形态及过程为：各试件的破坏发展过程比较相近，加载过程中墩柱屈服之前，钢板未发现有鼓曲现象，随着荷载的增大，钢板在其受压区(钢管的翼缘板)先发生微小鼓曲，之后翼缘钢板明显鼓曲，钢管左右两侧(钢管的腹板)鼓曲，角部焊缝撕裂，从焊缝撕裂处散落出的混凝土碎块可判断其内填混凝土已被压碎，试件水平承载力显著下降。试验表明，改善矩形钢管角部组装焊缝的质量有助于提高矩形钢管混凝土柱的延性；当截面长宽比相同时，中等轴压比(0.4)和高轴压比(0.6)的矩形钢管混凝土柱试件相比，后者钢管壁一旦发生鼓曲，则鼓曲程度增加较快，从而更为迅速地导致了矩形钢管角部焊缝撕裂。模型墩柱的关键参数和延性系数如表 6.24 所示。

表 6.24　模型墩柱的位移延性系数(第 1 组)

模型编号	截面尺寸/mm		含钢率/%	轴压比	加载方向	Δ_y/mm	Δ_u/mm	μ
	B	D						
1	200	200	9.75	0.4	强轴	3.72	15.2	4.03
2	200	200	9.75	0.6	强轴	3.85	12.09	3.14
3	166	250	9.78	0.4	强轴	3.81	14.18	3.72
4	166	250	9.78	0.6	强轴	3.77	10.15	2.69
5	166	250	9.78	0.6	弱轴	4.20	13.60	3.24
6	150	300	9.78	0.4	强轴	3.77	11.44	3.04
7	150	300	9.78	0.6	强轴	3.39	—	—
8	150	300	9.78	0.4	强轴	4.76	15.37	3.23
9	200	200	7.84	0.4	强轴	4.25	16.09	3.79
10	200	200	7.84	0.6	强轴	4.53	12.54	2.77
11	166	250	7.865	0.4	强轴	3.69	13.24	3.59
12	166	250	7.865	0.6	强轴	3.52	10.08	2.86
13	166	250	7.865	0.4	弱轴	5.05	16.13	3.19
14	150	300	7.865	0.4	强轴	3.30	9.87	2.99
15	150	300	7.86	0.6	强轴	3.13	7.31	2.34
16	150	300	7.86	0.62	弱轴	4.20	12.31	2.93

注：极限位移 Δ_u 与屈服位移 Δ_y 之比即为试件的延性系数 μ；Δ_u 为试件承载力下降到 0.85 倍极限承载力时所对应的位移。

由表 6.24 可以看出，高轴压比下矩形钢管混凝土模型墩柱的位移延性系数在 2.34～4.03。

图 6.3 为两个轴压比不同、但其余参数均相同的钢管混凝土墩柱模型试验的骨架曲线。由图 6.3 可以看出：

(1)钢管混凝土柱轴压比为 0.4 的骨架曲线后期承载能力(A 点之前、B 点之后)明显高于轴压比为 0.6 的骨架曲线，轴压比增大会加速钢管混凝土墩柱的破坏。

(2)轴压比为 0.6 的延性性能小于轴压比为 0.4 的延性性能。

(3)轴压比为 0.6 的模型仍有一定的可用位移延性，这也说明钢管混凝土墩柱适当利用延性、按有限损伤进行抗震设计是可行的。

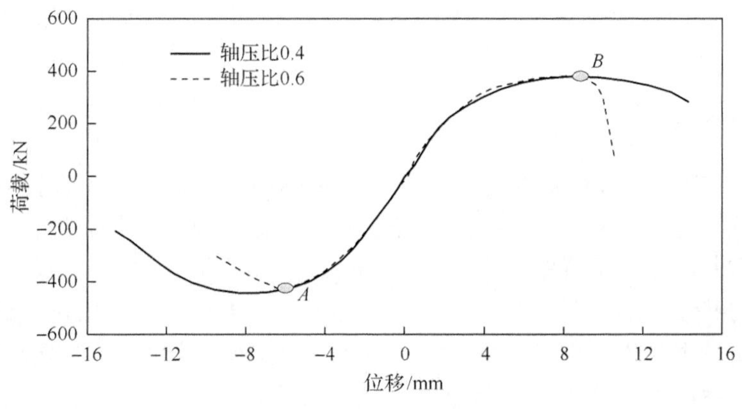

图 6.3　荷载-位移骨架曲线

2. 第 2 组方形截面钢管

文献[28]对 9 个方钢管混凝土柱开展了拟静力试验，研究了含钢率、轴压比和长细比对结构的破坏机制及抗震性能的影响。试验中 9 个试件的破坏形态基本一致，即达到屈服荷载后，水平位移逐渐增大，柱脚处受压侧钢板发生局部微小的屈曲。卸载和反向加载过程中，屈曲部分又被重新拉平并在另一侧产生局部微小的屈曲，屈曲的范围不断增大且逐渐向环向发展，试件接近破坏时屈曲现象急剧发展。试件屈曲后仍然具有较大刚度，直到屈曲非常严重时，荷载才开始下降，表现出良好的塑性。在加载过程中，可听到混凝土碎裂的声音，试验结束后拆除钢板，发现钢板屈曲处混凝土已被全部压碎。模型墩柱的位移延性系数见表 6.25。

表 6.25　模型墩柱的位移延性系数(第 2 组)

模型编号	截面尺寸/mm		柱高/mm	含钢率/%	轴压比	P_y/kN	P_u/kN	Δ_y/mm	Δ_u/mm	R	μ
	B	H									
1	250	250	710	6.7	0.2	242	434	3.38	23.76	1.8	7.03
2	250	250	710	10.3	0.4	269	556	2.98	31.63	2.1	11.70
3	250	250	710	18.1	0.54	394	773	1.89	32.4	2.0	17.14
4	250	250	1450	10.3	0.4	110	223	8.21	67.81	2.0	8.26
5	250	250	1450	18.1	0.54	164	324	11.46	58.16	2.0	5.09
6	250	250	1450	6.7	0.2	64	160	3.16	27.48	2.5	7.84
7	250	250	1700	18.1	0.54	128	249	13.21	67.81	1.9	5.96
8	250	250	1700	6.7	0.2	80	141	8.50	56.98	1.8	6.50
9	250	250	1700	10.3	0.4	81	195	7.18	52.57	2.4	7.32

注：极限位移 Δ_u 与屈服位移 Δ_y 之比即为试件的位移延性系数μ；Δ_u 为加载的极限位移；R 为极限荷载 P_u 与屈服荷载 P_y 之比。

由表 6.25 可以看出，方钢管混凝土柱的延性系数范围在 5.09～17.14，具有良好的延性。钢管混凝土柱屈服后仍可继续承载，极限荷载与屈服荷载之比介于1.8～2.5。

3. 第 3 组方形截面钢管

文献[29]对 8 个方钢管混凝土柱开展了拟静力试验，研究了含钢率、轴压比和长细比对结构的破坏机制及抗震性能的影响。加载到 $2\Delta_y$ 时，钢管前后两侧出现微小的鼓曲，鼓曲位置距基座大约 45mm，在反向加载的过程中鼓曲被拉平。随着位移的继续增加，前后侧鼓曲的程度和范围在逐渐增大。加载至约 $4\Delta_y$ 时，钢管左右两侧钢管也出现了比较明显的鼓曲，同时管内混凝土传出碎裂的声音；随着位移逐级增大，整个柱根部出现了严重的鼓曲变形，此时水平荷载已经下降到极限荷载的 85%以下，终止试验。图 6.4～图 6.7 为模型试验破坏照片。模型墩柱的位移延性系数见表 6.26。

图 6.4　模型 3 的试验破坏

图 6.5　模型 4 的试验破坏

图 6.6　模型 5 的试验破坏

图 6.7　模型 6 的试验破坏

表 6.26　模型墩柱的位移延性系数(第 3 组)

模型编号	截面尺寸/mm		柱高/mm	含钢率/%	轴压比	P_y/kN	P_u/kN	Δ_y/mm	Δ_u/mm	R	μ
	B	H									
1	150	150	900	16.5	0.5	75.1	108.3	5.38	21.82	1.4	4.06
2	150	150	900	16.5	0.5	77.7	112.1	5.45	22.11	1.4	4.06
3	150	150	900	8.8	0.5	63.2	83.4	6.01	20.86	1.3	3.47
4	150	150	900	8.8	0.5	62.5	82.4	6.05	20.44	1.3	3.39
5	150	150	900	16.5	0.5	66.4	85.2	4.31	13.25	1.3	3.07
6	150	150	900	16.5	0.5	66.7	84.1	4.35	13.44	1.3	3.09
7	150	150	1250	16.5	0.5	53.1	84.9	7.56	25.06	1.6	3.31
8	150	150	1250	16.5	0.5	52.5	83.3	7.58	24.74	1.6	3.26

注：极限位移 Δ_u 与屈服位移 Δ_y 之比即为试件的位移延性系数μ；Δ_u 为加载的极限位移；R 为极限荷载 P_u 与屈服荷载 P_y 之比，且均为正向加载。

由表 6.26 可以看出，轴压比为 0.5 的方钢管混凝土柱的位移延性系数范围为 3.07～4.06。钢管混凝土柱屈服后仍可继续承载，极限荷载与屈服荷载之比为 1.3～1.6。

4. 第 4 组圆形截面钢管

文献[30]进行了钢管混凝土的抗剪性能试验，试验模型的参数及试验结果列于表 6.27。试验表明：小剪跨比下钢管混凝土柱的延性系数为 3.3～6.1，具有良好的延性。钢管混凝土柱屈服后仍可继续承载，极限荷载与屈服荷载之比为 1.2～1.6。低含钢率(3.6%)、高轴压比(0.4)及小剪跨比(0.4)下，极限荷载与屈服荷载之比的最小值为 1.2。

表 6.27 模型墩柱的位移延性系数(第 4 组)

模型编号	钢管直径/mm	剪跨比	含钢率/%	轴压比	P_y/kN	P_u/kN	Δ_y/mm	Δ_u/mm	R	μ
1	160	0.4	6.8	0	1250	1962	11.1	46.2	1.6	4.2
2	160	0.4	6.8	0	1350	1881	11.0	44.2	1.4	4.0
3	160	0.4	6.8	0	1300	1859	9.4	43.4	1.4	4.6
4	166	0.4	5.2	0	1030	1501	7.8	42.7	1.5	5.5
5	166	0.4	5.2	0	1135	1550	7.1	38.3	1.4	5.4
6	166	0.4	5.2	0	1050	1491	5.1	36.9	1.4	7.2
7	165	0.4	3.6	0	750	1019	7.4	36.0	1.4	4.9
8	165	0.4	3.6	0	830	1095	7.0	34.2	1.3	4.9
9	165	0.4	3.6	0	770	1051	6.6	33.5	1.4	5.1
10	160	0.4	6.8	0.2	1455	2027	11.0	41.7	1.4	3.8
11	160	0.4	6.8	0.2	1500	1935	8.5	43.4	1.3	5.1
12	160	0.4	6.8	0.2	1560	2043	11.7	38.5	1.3	3.3
13	166	0.4	5.2	0.2	1260	1734	8.4	40.6	1.4	4.8
14	166	0.4	5.2	0.2	1306	1626	7.6	40.0	1.2	5.3
15	166	0.4	5.2	0.2	1350	1691	8.0	30.5	1.3	3.8
16	165	0.4	3.6	0.2	960	1257	6.7	34.3	1.3	5.1
17	165	0.4	3.6	0.2	970	1182	9.5	31.9	1.2	3.4
18	165	0.4	3.6	0.2	990	1182	4.3	27.5	1.2	6.4
19	160	0.4	6.8	0.4	1404	1762	6.4	20.9	1.3	3.3
20	160	0.4	6.8	0.4	1620	2081	3.8	23.2	1.3	6.1
21	166	0.4	5.2	0.4	1300	1637	6.3	23.0	1.3	3.7
22	166	0.4	5.2	0.4	1400	1816	9.1	33.8	1.3	3.7
23	165	0.4	3.6	0.4	1090	1285	5.6	23.9	1.2	4.3
24	165	0.4	3.6	0.4	1160	1360	4.6	23.0	1.2	5.0

注：极限位移 Δ_u 与屈服位移 Δ_y 之比即为试件的位移延性系数 μ；R 为极限荷载 P_u 与屈服荷载 P_y 之比。

5. 第 5 组圆截面钢管

文献[31]大剪跨比的钢管混凝土抗震性能试验，试验模型的参数及试验结果列于表 6.28。试验表明：大剪跨比下的钢管混凝土柱的延性系数在 1.7～1.9，具有一定的延性。钢管混凝土柱屈服后仍可继续承载，极限荷载与屈服荷载之比为1.2～1.4。

表 6.28　模型墩柱的位移延性系数(第 5 组)

模型编号	钢管直径/mm	剪跨比	含钢率/%	轴压比	P_y/kN	P_u/kN	Δ_y/mm	Δ_u/mm	R	μ
1	300	20	4.0	0.13	31.8	39.4	132	225	1.2	1.7
2	300	20	4.0	0.26	23.3	32.0	95	180	1.4	1.9

注：极限位移 Δ_u 与屈服位移 Δ_y 之比即为试件的位移延性系数μ；R 为极限荷载 P_u 与屈服荷载 P_y 之比。

钢管混凝土柱的破坏表现为：混凝土压碎，钢管明显鼓曲，承载能力显著下降。5 组钢管混凝土墩柱的试验表明，钢管对混凝土有较好的约束作用，钢管中的混凝土压碎会引起截面的整体破坏；高轴比下的钢管混凝土墩柱具有较好的延性，墩柱屈服后仍能继续承载。

6.3.2　钢管截面全过程分析

1. 约束混凝土的本构模型

钢管内填充混凝土，受钢管的约束，混凝土的极限抗压强度有一定的提高。钢管对核心混凝土的约束作用与含钢率ρ有关。当含钢率很低($\rho<4\%$)时，钢管对核心混凝土产生的侧压力很小，钢管对混凝土的约束作用很小，可以忽略，地震作用混凝土的强度为极限抗压强度。含钢率$\rho>7\%$时，钢管对核心混凝土产生较强的约束作用，核心混凝土的承载力较极限抗压强度有较大的提高。含钢率按下式计算：

$$\rho=\frac{4t}{D} \tag{6.7}$$

式中，ρ为含钢率；t 为钢管壁厚；D 为钢管直径。

Susantha 等[32]提出钢管内受约束核心混凝土本构模型被大量引用，见图 6.8。

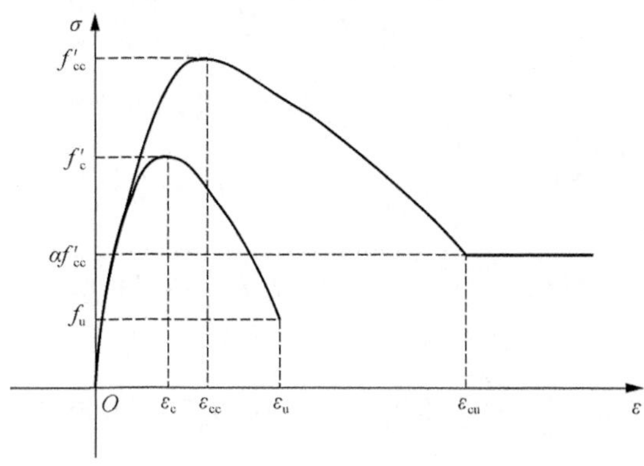

图 6.8　约束与无约束混凝土本构关系

$$f_c = f'_{cc}\frac{xr}{r-1+x^r} \tag{6.8}$$

$$x = \frac{\varepsilon}{\varepsilon_{cc}} \tag{6.9}$$

$$r = \frac{E_c}{E_c - f'_{cc}/\varepsilon_{cc}} \tag{6.10}$$

f'_{cc} 及 f_{cu} 的计算公式如下：

$$f'_{cc} = f'_c + mf_{rp} \tag{6.11}$$

$$f_{rp} = \beta\frac{2t}{D-2t}f_y \tag{6.12}$$

$$\beta = \nu_e - \nu_s \tag{6.13}$$

$$\nu_e = 0.2312 + 0.3582\nu'_e - 0.1524\left(\frac{f'_c}{f_y}\right) + 4.843\nu'_e\left(\frac{f'_c}{f_y}\right) - 9.169\left(\frac{f'_c}{f_y}\right)^2 \tag{6.14}$$

$$\nu'_e = 0.881\times10^{-6}\left(\frac{D}{t}\right)^3 - 2.58\times10^{-4}\left(\frac{D}{t}\right)^2 + 1.953\times10^{-2}\left(\frac{D}{t}\right) + 0.4011 \tag{6.15}$$

$$f_{cu} = \alpha f'_{cc} \tag{6.16}$$

$$\alpha = 1 - Z\frac{\varepsilon_{cu}-\varepsilon_{cc}}{f'_{cc}} \tag{6.17}$$

$$\varepsilon_{cc} = \varepsilon_c\left[1 + 5\times\left(\frac{f'_{cc}}{f'_c} - 1\right)\right] \tag{6.18}$$

$$Z = \begin{cases} 0 & (R_t(f'_c/f_y) \leqslant 0.006) \\ 1.0\times10^5 R_t\dfrac{f'_c}{f_y} - 600 & (R_t(f'_c/f_y) \geqslant 0.006, f_y \leqslant 283\text{MPa}) \\ 1.0\times10^6 R_t\dfrac{f'_c}{f_y} - 6000 & (R_t(f'_c/f_y) \geqslant 0.006, f_y \geqslant 336\text{MPa}) \\ \left(\dfrac{f_y}{283}\right)^{13.4}\left(1.0\times10^5 R_t\dfrac{f'_c}{f_y} - 600\right) & (R_t(f'_c/f_y) \geqslant 0.006, 283 \leqslant f_y \leqslant 336\text{MPa}) \end{cases} \tag{6.19}$$

图 6.8 及上述式中，f'_{cc} 为受约束混凝土受压峰值强度；$\alpha f'_{cc}$ 为受约束混凝土受压破坏强度；ε_c 和 ε_{cc} 分别为无约束及有约束混凝土受压峰值强度对应应变；ε_{cu} 为受约束混凝土受压破坏时应变；D 为钢管外直径；t 为钢管厚度；f_y 为钢管屈服强度；ν_e 和 ν_s 分别为有混凝土及无混凝土的钢管的泊松比；m 为经验系数，取值为 4～6。

钢管内填充 C50 混凝土，D=1.8m，t=0.042m，f_c=40MPa，其他参数见表 6.29。取系数 $m=4.0$，$\nu_s=0.5$。

表 6.29　核心混凝土强度计算

f'_c /MPa	钢管				ν_e	ν'_e	β	f_{rp}/MPa	m	f'_{cc} /MPa
	D/m	t/m	f_y/MPa	ρ						
37	1.8	0.042	235	9.3%	0.914	0.834	0.424	4.76	4	56.1

表 6.29 中，核心混凝土的提高系数 $K=f'_{cc}/f'_c=1.51$。当表中钢管屈服强度为 345MPa、其他条件保持不变时，核心混凝土的提高系数 $K=f'_{cc}/f'_c=1.62$，当系数 m 取 5 时，$K=f'_{cc}/f'_c=1.78$。

JCJ01-89《钢管混凝土结构设计与施工规程》中给出了 C30～C50 核心混凝土的提高系数，见表 6.30。

表 6.30　核心混凝土强度提高系数

ρ/%	Q235			Q345		
	混凝土强度					
	C30	C40	C50	C30	C40	C50
8	1.77	1.57	1.48	2.12	1.83	1.70
9	1.83	1.62	1.52	2.21	1.90	1.76
10	1.89	1.66	1.55	2.29	1.96	1.81

由表 6.30 可知，钢管屈服强度为 235MPa 时，文献[32]中计算得到的核心混凝土强度提高系数为 1.51，与 JCJ01-89《钢管混凝土结构设计与施工规程》中的提高系数 1.52 接近；钢管屈服强度为 345MPa 时，文献[32]中计算得到的核心混凝土强度提高系数为 1.62，小于 JCJ01-89《钢管混凝土结构设计与施工规程》中的提高系数 1.76；当 m 取 5 时，文献[32]计算得到的核心混凝土强度提高系数为 1.78，略大于 JCJ01-89《钢管混凝土结构设计与施工规程》中的提高系数 1.76。因此，钢管混凝土的本构关系可以采用文献[32]中的建议公式。

2. 钢管混凝土截面的全过程分析

对某钢管混凝土拱肋的关键截面进行全过程分析，钢管为 Q345 钢，直径 D=1.8m，壁厚 42mm，管内填充 C60 混凝土，含钢率为 9.3%。罕遇地震作用下承受的轴力为 68024kN(含恒载)，混凝土设计强度[σ_c]=20MPa 下的轴压比为 0.48。图 6.9 给出了截面混凝土的弯矩-曲率关系曲线。表 6.31 列出了截面状态参数。

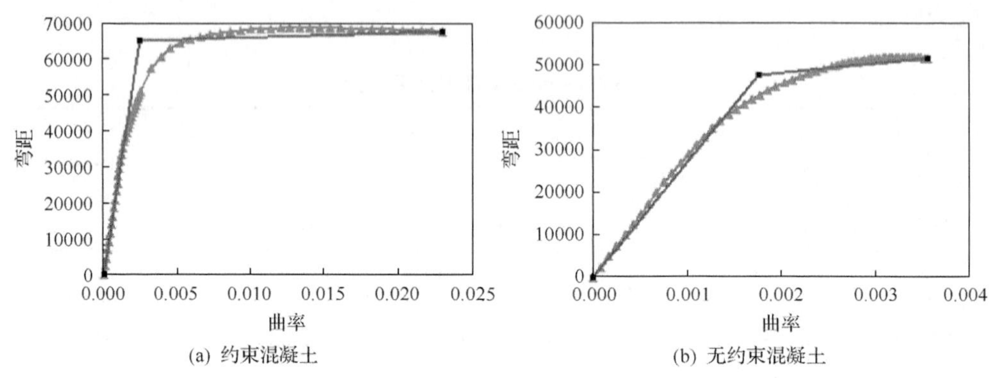

(a) 约束混凝土 (b) 无约束混凝土

图 6.9 截面混凝土的弯矩-曲率关系曲线

表 6.31 截面状态参数

项目	状态 I			状态 II			状态III		
	M_y/(kN · m)	σ/MPa	ε	M_{eq}/(kN · m)	σ/MPa	ε	M_{max}/(kN · m)	σ/MPa	ε
工况 1	3.35×10^4	37.0	1.64×10^{-3}	6.59×10^4	61.8	5.22×10^{-3}	6.85×10^4	60.8	1.42×10^{-2}
工况 2	3.35×10^4	37.0	1.64×10^{-3}	4.80×10^4	37.3	2.58×10^{-3}	—	—	—
工况 3	3.35×10^4	37.0	1.64×10^{-3}	5.75×10^4	53.4	3.64×10^{-3}	—	—	—

表 6.31 中，工况 1 为约束混凝土强度提高系数为 1.6 时的截面状态参数，工况 2 为无约束混凝土下的截面状态参数，工况 3 为约束混凝土强度提高系数为 1.2 时的截面状态参数。

由截面全过程分析可以得到钢管混凝土截面初始屈服弯矩 M_y、等效屈服弯矩 M_{eq} 及最大弯矩 M_{max}(表 6.31、图 6.9)，以及全过程分析中截面混凝土的应力-应变关系曲线(图 6.10)。图 6.10 中，A 点对应截面受拉钢管屈服时受压区混凝土的应变；B 点对应截面达到等效屈服弯矩时受压区混凝土的应变；而 C 点对应截面达到峰值弯矩时受压区混凝土的应变。综上可以发现，截面达到等效屈服弯矩时钢管中的混凝土尚未达到峰值受压强度，这表明等效屈服弯矩对应的核心混凝土没有出现破碎，截面最大弯矩出现在混凝土达到峰值压应力之后。截面全过程数值分析结果与试验中墩柱屈服后承载能力仍可继续提高的结果一致。

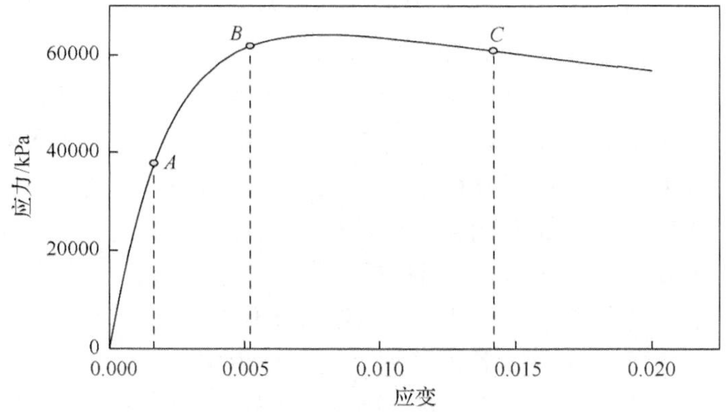

图 6.10　截面混凝土的应力-应变关系曲线

6.3.3　钢管混凝土拱肋的性能水准及其量化

1. 钢管混凝土墩柱的破坏机理

钢管混凝土墩柱有共同破坏特征：轻微鼓曲后仍然具有较大刚度、良好塑性，水平荷载可不断上升，直到屈曲非常严重、荷载才开始下降。试验中可以得到钢管混凝土墩柱的破坏特征，但无法得到钢管混凝土墩柱的破坏机理。从便于用弯矩作为性能指标的角度，将钢管混凝土墩柱的试验破坏过程分为以下三个阶段。

第 1 阶段：轻微损伤，受压区钢管的微小鼓曲，荷载反向鼓曲变形(被拉平)可恢复，另一侧产生微小鼓曲。

第 2 阶段：有限损伤，不修复，不影响使用，受压区钢管的鼓曲范围随加载位移的增大而增大，但承载能力可不断上升。

第 3 阶段：严重损伤，混凝土压碎，钢管两侧的明显鼓曲，承载能力下降，钢管的鼓曲变形不可恢复，墩柱破坏。

钢管对混凝土的约束使混凝土三向受力有助于提高混凝土的极限抗压强度，混凝土的填充又能抑制钢管过早产生受压屈曲。下面对常见的圆形钢管混凝土拱肋，结合钢管混凝土截面的全过程分析，探讨钢管混凝土拱肋的破坏机理。

第 1 阶段：轻微损伤。压弯荷载作用下，部分受压钢管屈服(曲)、受拉钢管仍为弹性状态，钢管屈服后对约束混凝土的约束减弱，此阶段截面及墩柱的钢管屈服区域较小，变形也较小，钢管的屈曲变形与混凝土的变形基本协调，即钢管屈曲变形大部分能被混凝土的变形填充，钢管与混凝土没有发生明显脱离，截面绝大部分钢管处于弹性状态，对混凝土仍有较好的约束，受压区混凝土的应力远小于其极限受压强度，处于完好状态。试验构件表现为：受压区钢管的微小鼓曲，荷载反向鼓曲变形(被拉平)可恢复，另一侧产生微小鼓曲。此阶段截面的极限状态与表 6.31 中的状态 I 接近，可采用初始屈服弯矩作为抗震性能指标。

第 2 阶段：有限损伤。随着加载位移的增加，钢管的受压屈服范围增大，受拉钢管屈服，钢管的弹性区域逐渐减少，受压区的混凝土应力逐渐增大，最外缘的混凝土可能有小部分被压碎，钢管对混凝土在整体上仍有较好的约束，受压区截面的绝大部分混凝土仍小于其极限受压强度。试验墩柱表现为：受压区钢管的鼓曲范围随加载位移的增大而增大，墩柱的承载能力可不断增加。此阶段截面的极限状态介于表 6.31 中的状态 I 与状态III之间。对于拱肋，有限损伤可保守地取为截面的状态 I 与状态 II 之间，以等效屈服弯矩作为抗震性能指标。

第 3 阶段：严重损伤。随着钢管的受压与受拉屈服区域不断增大，受压区钢管产生较大的屈曲变形，不能对混凝土进行有效约束，受压区混凝土被大量压碎，受压区高度逐渐减小，墩柱截面在整体上产生竖向向下变形，钢管的受压屈曲程度增大，受拉钢管随墩柱竖向向下变形增大逐渐出现鼓曲，直至墩柱破坏。试验墩柱表现为：两侧钢管的明显鼓曲，混凝土压碎，钢管的鼓曲变形不可恢复，墩柱快速破坏。对于大跨度钢管混凝土拱肋，抗震设计时应避免结构进入此阶段。

2. 钢管混凝土拱肋的性能水准及其量化

钢管对混凝土有较好的约束作用，高轴比钢管混凝土墩柱屈服后仍能继续承载，具有较好的延性。钢管混凝土拱肋的含钢率较高，只要保证钢管中的混凝土不被压碎或被大量压碎，就不会引起钢管两则明显鼓曲，承载能力显著下降，可避免拱肋发生破坏。为方便设计人员使用，选取截面层次的弯矩作为性能指标，根据钢管混凝土拱肋的抗震设防目标(多遇地震下无损伤、罕遇地震下无明显损伤)，参考《城市桥梁抗震设计规范》(CJJ 166—2011)中桥塔的性能水准及抗震性能指标，建议大跨度钢管混凝土拱肋的抗震性能水准及其量化指标如表 6.32 所示。

表 6.32　大跨度钢管混凝土拱肋的抗震性能水准及其量化指标

设防水平	损伤状态	状态描述	使用功能	量化指标
多遇地震	无损伤	钢管没有屈服，钢管对约束混凝土的约束作用很小，可以忽略	基本功能不受影响、震后不用修复	$M<M_y$
罕遇地震	有限损伤	钢管有鼓曲，但对约束混凝土仍有较好约束，混凝土可以有小部分被压碎，水平承载能力可不断上升	使用功能不受影响，震后可以不用修复	$M<M_{eq}$

表 6.32 中，M 为截面的计算弯矩；M_y 为截面的初始屈服弯矩，其计算不考虑钢管对约束混凝土的约束；M_{eq} 为截面的计算等效屈服弯矩，其计算时需考虑钢管对混凝土约束引起的受压强度提高。当受压强度提高系数按实际计算选取时，

计算等效屈服弯矩与截面的等效屈服弯矩相同，当对受压强度提高系数保守选取时，混凝土受压峰值强度按此取值、全过程分析得到的等效屈服弯矩称作“计算等效屈服弯矩”。

当截面承受的地震弯矩 M 达到等效屈服弯矩 M_{eq} 时，截面的状态示于图 6.11，图中受拉区与受压区混凝土采用了不同的图例以示区别，受压屈服区域中钢管均会发生鼓曲。因为 M_{eq} 与核心混凝土的受压强度有关，随核心混凝土强度的增大而提高，为减小罕遇设防地震中钢管的鼓曲区域，当抗震验算中截面的等效屈服弯矩 M_{eq} 计算时，钢管对核心混凝土约束引起的强度提高系数进行一定的折减，可以降低钢管混凝土鼓曲区域。

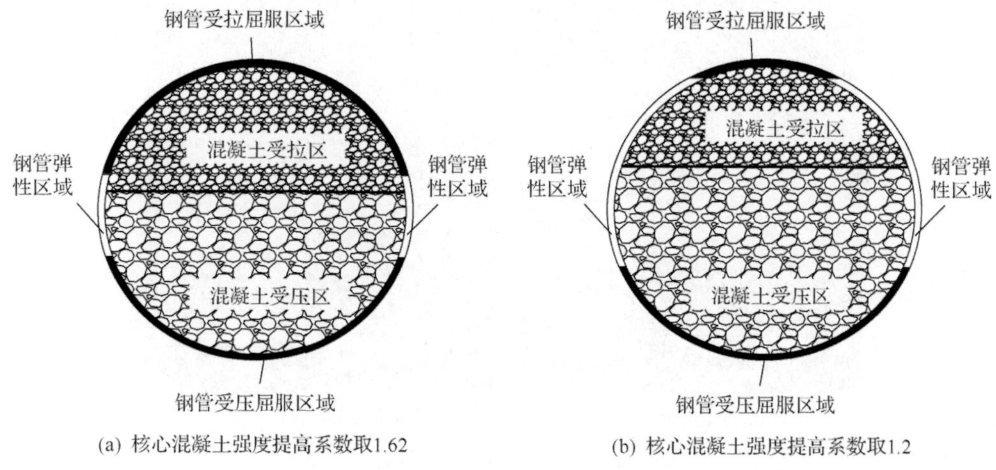

(a) 核心混凝土强度提高系数取1.62　(b) 核心混凝土强度提高系数取1.2

图 6.11　等效屈服弯矩对应的截面状态

当核心混凝土约束引起的强度提高系数取 1.2 时，采用前述钢管混凝土截面全过程分析，可得其相应的等效屈服弯矩为 5.75×10^4kN·m，小于核心混凝土约束引起的强度提高系数取 1.6 时的等效屈服弯矩 6.51×10^4kN·m。约束混凝土强度提高系数取 1.2 与提高系数取 1.6 时相比，钢管的受压、受拉屈服区域均有所减小，混凝土的受压区面积有所增加，这表明限制约束混凝土强度的提高系数，能减轻截面损伤。截面实际状态介于初始屈服与等效屈服之间，此时截面屈服尚不完全(严重)，选取弯矩作为性能指标也是可行的。

本节研究了五组典型的钢管混凝土墩柱抗震性能试验，得到了钢管混凝土破坏的形态及位移延性性能，结合截面性能状态的定量分析，给出了高轴压比钢管混凝土墩柱的破坏机理，并在此基础之上，提出了大跨度钢管混凝土拱桥可适当利用延性、按有限损伤进行抗震设计的性能水准及其具体量化指标。这弥补了规范在此方面的不足，可供高烈度地震区大跨度钢管混凝土拱桥抗震设计时参考。

6.4 钢桥墩的抗震性能指标

6.4.1 钢桥墩柱的地震破坏

1995 年日本阪神地震中，钢桥墩典型的地震破坏照片[33]如图 6.12～图 6.15 所示。

(a) 钢桥墩的立面

(b)钢桥墩的焊缝开裂

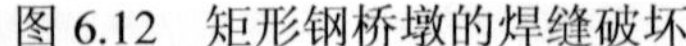

图 6.12 矩形钢桥墩的焊缝破坏

(a) 钢桥墩墩底的严重屈曲

(b) 钢桥墩洞口附近的屈曲

图 6.13 矩形钢桥墩的屈曲破坏

图 6.14　矩形钢桥墩的脆断破坏

(a) 钢桥墩的失稳倾斜

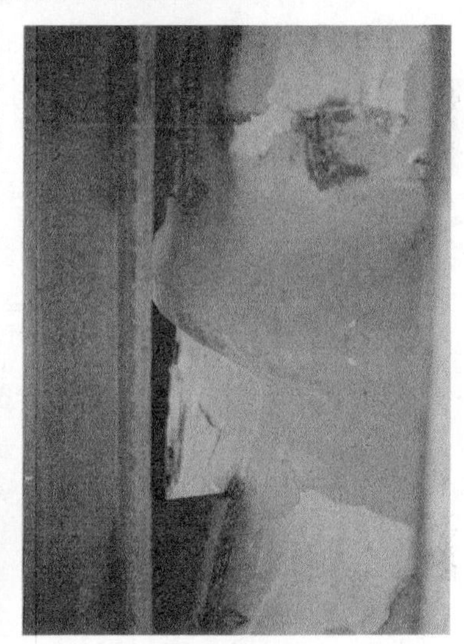

(b) 严重屈曲

图 6.15　圆形钢桥墩的破坏

由上述图可以发现，地震中钢桥墩发生了焊缝开裂、整体或局部屈曲及脆性断裂。

6.4.2　国内外规范的规定

由于我国国内桥梁中较少使用钢桥墩，所以现行的 CJJ 166—2011《城市桥梁抗震设计规范》、JTG/T B02-01—2008《公路桥梁抗震设计细则》及 GB 50111—2006《铁路工程抗震设计规范》(2009 年版)中对钢桥的抗震性能指标没有涉及。

美国加利福尼亚州钢桥抗震设计规范中给出的应力-应变、弯矩-转角及水平力-位移曲线见图 6.16～图 6.18，有关钢桥的地震损伤水准及性能指标见表 6.33。

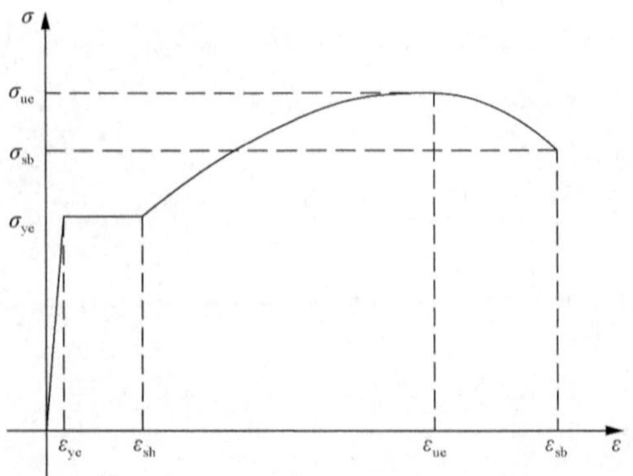

图 6.16　典型钢结构的应力-应变曲线

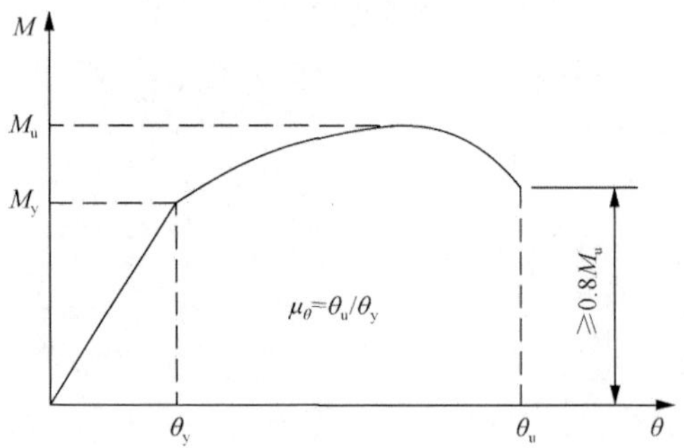

图 6.17　典型钢结构的弯矩-转角曲线

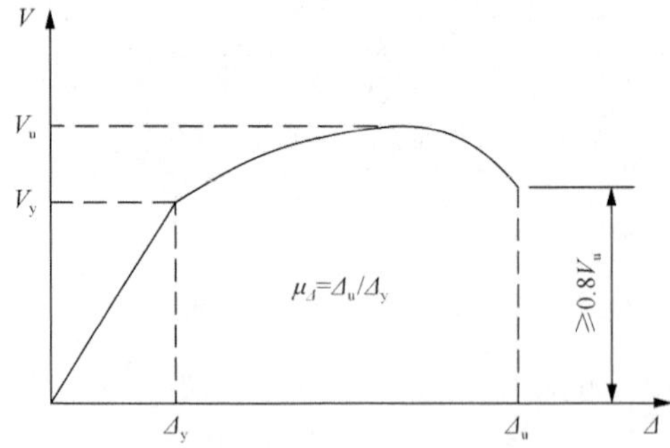

图 6.18　典型钢结构的水平力-位移曲线

表 6.33　钢桥墩的性能水准及其量化指标

损伤水平	应变 ε_s	延性	
		转角μ_θ	位移μ_Δ
严重损伤	Min $(\varepsilon_{ue},0.06)$	8	4
可修损伤	Min $(0.008,2\varepsilon_{sh}/3)$	6	3
轻微损伤	Max $(0.003,1.5\varepsilon_{ye})$	2	1.5

日本规范对钢桥墩的残余变形进行了规定[34,35]，采用钢桥的残余变形作为钢桥震后可修复性断断的重要指标，当钢桥墩的残余变形超过高度的 1/100 时认为桥梁失去可修复性。表 6.34 为日本钢结构协会在试验研究的基础上给出的钢桥墩的可修复性验算判断方法，并规定箱型截面钢桥墩墩顶残余变形 δ_r 可由结构最大位移反应 δ_m 估算得到。

表 6.34　钢桥墩的可修复性指标

损伤等级	损伤内容和修复所需要时间	相对残余变形
A	发生破坏，需要重建	≥1/100
B	失去使用功能，需要 2 个月以上的大修才能恢复	1/100
C	有最低的使用功能，需要 2 周到 2 个月以上修复时间	1/150
D	在封闭交通情况下可以修复	1/300
E	通过常规检查可以通行	1/1000

欧洲桥梁抗震设计规范中对钢桥墩抗震性能的有关规定如表 6.35 所示。

表 6.35　钢桥墩的最大性能系数 q

桥墩类别	有限延性	完全延性
直桥墩受弯	1.5	3.5
斜桥墩受弯	1.2	2.0
作为轴心支撑构件	1.5	2.5
作为偏心支撑构件	—	3.5

性能系数 q 与位移延性系数 μ_Δ 之间的关系见式(6.6)。

6.4.3　钢桥墩的抗震性能指标

为了尽可能地减小地震中钢桥墩发生焊缝开裂、整体或局部屈曲及脆性断裂，使钢桥墩在震后可修复，本书建议钢桥墩可修复的抗震性能指标如表 6.36 所示。

表 6.36　大跨度桥梁的钢桥墩、桥塔的抗震性能水准及其量化指标

设防水平	损伤状态	破坏特征	使用功能	量化指标		
				应力或弯矩	转角延性	位移延性
多遇地震	基本完好	没有屈服或屈曲	基本功能不受影响	$\sigma \leqslant [\sigma]$或 $M < M_y$	—	—
罕遇地震	损伤可修	轻微屈服或屈曲	基本功能受到影响	—	6	3

6.5 抗震验算

大跨度桥梁抗震验算如下：

地震需求≤抗震能力

需要说明的是，材料的动力性能与静力性能是有差异的，这种差异来自加载或变形速率。一般而言，材料的动力模量大于静力模量，动力强度高于静力强度，动力变形能力低于静力变形能力，即动力延性小[36]。但抗震验算时仍采用静力性能指标[37]，这是因为结构地震反应分析时结构单元内力采用的是等效静力，没有包括阻尼力，即

$$f_S(t)=ku(t) \tag{6.20}$$

而结构中单元所受的外力实际应为

$$f_S(t)+f_D(t)=ku(t)+c\dot{u}(t) \tag{6.21}$$

式中，地震需求由大跨度桥梁地震反应分析得到；抗震能力为量化的抗震性能指标；k 为结构侧向刚度；$u(t)$、$\dot{u}(t)$ 分别为动力分析所得到的位移与速度；c 为黏滞阻尼系数；$f_S(t)$ 为静外力；$f_D(t)$ 为阻尼力。

因此，对结构设计而言，计算所得单元应力要与允许应力比较，而允许应力基于材料静力试验得到，故抗震验算采用的静力指标与地震反应分析时单元力的计算方式有关。

6.6 本章小结

本章通过对已有试验成果的研究分析，参考国内外规范，给出了高烈度地震区大跨度桥梁的抗震性能指标。

参考文献

[1] 夏修身, 王常峰. 钢筋混凝土桥墩基于性能的抗震设计研究[J]. 西安建筑科技大学学报(自然科学版), 2010, 42(2): 294-299.

[2] 梁智垚. 非规则高墩桥梁抗震设计理论研究[D]. 上海: 同济大学, 2007.

[3] 李建中, 宋晓东, 范立础. 桥梁高墩位移延性能力的探讨[J]. 地震工程与工程振动, 2005, 25(1): 43-48.

[4] Park Y J, Ang H S. Mechanistic seismic damage model for reinforced concrete[J]. Journal of Structural Engineering, ASCE, 1985, 111(4): 722-739.

[5] Darwin D, Nmai C K. Energy dissipation in RC beams under cyclic load[J]. Journal of Structural Engineering, 1986, 112(8): 1829-1846.

[6] 王东升, 冯启民, 王国新. 考虑低周疲劳寿命的改进 Park-Ang 地震损伤模型[J]. 土木工程学报, 2004, 37(11): 41-49.

[7] Hose Y D, Seible F. Performance evaluation database for concrete bridge components and systems under simulated seismic loads[R]. Report No.PEER-1999/11. Berkeley: Pacific Earthquake Engineering Research Center, University of California, 1999.

[8] Priestley M J N. Brief comments on elastic flexibility of reinforced concrete frames and significance to seismic design[J]. Bulletin of the New Zealand National Society for Earthquake Engineering, 1998, 31(4): 246-259.

[9] 秦垒磊. 基于性能的 RC 桥梁地震易损性分析[D]. 大连: 大连理工大学, 2015.

[10] 孙颖, 卓卫东, 房贞政. 规则桥梁抗震性能水准的定义及其量化描述[J]. 地震工程与工程振动, 2011, 31(5): 104-112.

[11] 李建中, 管仲国. 基于性能桥梁抗震设计理论发展[J]. 工程力学, 2011, 28(S2): 24-30.

[12] Anderson D G, Buckle I G, Clark J, et al. ATC-18 Seismic Design Criteria for Bridges and Other Highway Structures: Current and Future [R]. Redwood City: The Applied Technology Council, 1997.

[13] 刘艳辉. 基于性能抗震设计理论的城市高架桥抗震性能研究[D]. 成都: 西南交通大学, 2008.

[14] Priestley M J N, Seible F, Calvi G M. Seismic Design and Retrofit of Bridges[M]. New York: John Wiley & Sons, 1996.

[15] 赵冠远, 张同越, 陈鑫. 低周反复荷载下高速铁路桥墩抗震试验研究[J]. 中国铁道科学, 2014, 35(4): 38-44.

[16] 张同越. 高速铁路桥墩抗震性能试验与评估方法研究[D]. 北京: 北京交通大学, 2014.

[17] 蒋丽忠, 邵光强, 姜静静, 等. 高速铁路圆端形实体桥墩抗震性能试验研究[J]. 土木工程学报, 2013, 46(3): 86-95.

[18] 杜修力, 陈明琦, 韩强. 钢筋混凝土空心桥墩抗震性能试验研究[J]. 振动与冲击, 2011, 30(11), 254-259.

[19] 李贵乾. 钢筋混凝土桥墩抗震性能试验研究及数值分析[D]. 重庆: 重庆交通大学, 2010.

[20] 罗征. 钢筋混凝土矩形空心墩抗震性能试验研究[D]. 上海: 同济大学, 2012.

[21] CALTRANS seismic design criteria version 1.7[S]. California: CALTRANS, 2013.

[22] CEN. BS EN 1998-2: 2005. Eurocode 8 Design of Structures for Earthquake Resistance-Part 2: Bridges [S]. London: British Standards Institutions, 2005.

[23] 谢开仲, 吕文高, 覃乐勤, 等. 钢管混凝土拱桥地震破坏评估研究[J]. 中国公路学报, 2012, 25(2): 53-59.

[24] 刘震, 韩小宇, 张哲. 基于行波效应飞燕式钢管混凝土拱桥地震损伤分析[J]. 四川大学学报(工程科学版), 2015, 47(6): 54-60.

[25] 云迪, 贺刘, 张素梅. 中承式钢管混凝土拱桥弹塑性地震时程分析[J]. 吉林大学学报(工学版), 2014, 44(6): 1633-1638.

[26] 曾森, 高龙涛, 陈少峰, 等. 钢管混凝土拱桥多振型组合pushover方法可行性例证[J]. 土木工程学报, 2016, 49(1): 80-85.

[27] 李学平, 吕西林, 郭少春. 反复荷载下矩形钢管混凝土柱的抗震性能 I: 试验研究[J]. 地震工程与工程振动, 2005, 25(5): 95-101.

[28] 李黎明, 李宁, 陈志华, 等. 方钢管混凝土柱的抗震性能试验研究[J]. 吉林大学学报(工学版), 2008, 38(4): 817-822.

[29] 马恺泽. 方钢管高强混凝土柱抗震性能研究[D]. 包头:内蒙古科技大学, 2008.

[30] 肖从真, 蔡绍怀, 徐春丽. 钢管混凝土抗剪性能试验研究[J]. 土木工程学报, 2005, 38(4): 5-11.

[31] 杨俊芬, 胡盼盼, 闫西峰, 等. 圆钢管混凝土悬臂长柱压弯构件抗震性能研究[J]. 建筑结构学报, 2016, 37(11): 121-129.

[32] Susantha K A S, Ge H, Usami T. Uniaxial stress–strain relationship of concrete confined by various shaped steel tubes[J]. Engineering Structures, 2001, 23: 1331-1347.

[33] Bruneau M. Performance of steel bridges during the 1995 Hyogoken–Nanbu (Kobe, Japan) earthquake—A North American perspective[J]. Engineering Structures, 1998, 20(12): 1063-1078.

[34] 宇佐美 勉. 钢桥抗震与损伤控制设计指南(基础篇)[M]. 吉伯海, 高圣彬, 译. 南京: 河海大学出版社, 2008.

[35] 唐站站. 钢桥弹塑性地震反应计算方法及钢材地震损伤指标研究[D]. 杭州: 浙江大学, 2016.

[36] 胡聿贤. 地震工程学 [M]. 2版. 北京: 地震出版社, 2006.

[37] Chopra A K. 结构动力学理论及其在地震工程中的应用[M]. 谢礼立, 吕大刚, 译. 2版. 北京: 高等教育出版社, 2009.

第7章　斜拉桥桥塔非线性抗震性能

斜拉桥因外形优美、结构形式优良及造价相对低廉而被广泛应用[1]。斜拉桥的桥塔高度大、截面尺寸大、自身质量巨大，再加上高阶振型的影响，高塔(类)结构的抗震问题特别是强震下的弹塑性抗震问题比较复杂[2-3]。1999年台湾集集地震中集鹿大桥桥塔的地震破坏突显出了地震对长周期斜拉桥的威胁[4]。随着地震区修建的斜拉桥越来越多，其面临强震的威胁也越来越大。

国内外绝大多数的桥梁抗震设计规范均不适于斜拉桥，斜拉桥桥塔的抗震设计无规范可循。国内外学者针对斜拉桥开展了大量的抗震研究，但主要侧重于从结构体系、弹性索连接、减隔震支座及阻尼器减震等措施方面来减轻地震作用对斜拉桥的影响[5-8]。文献[9]研究指出，桥塔顺桥向进入非弹性后对斜拉桥结构整体的抗震性能有重要影响。文献[10]研究指出，桥塔横梁的屈服对斜拉桥整体的地震反应有复杂影响。已有的研究很少关注到斜拉桥桥塔自身的抗震性能，目前对强震下桥塔的破坏机理及塑性耗能机制的认识尚不清楚，故桥塔只能通过配置大量的纵向钢筋，按(基本)弹性设计。而新修建的美国塔科马新桥、希腊里奥-安托里恩大桥、舟山西堠门大桥、苏通大桥与泰州长江大桥抗震设计时，均允许桥塔出现损伤。

为了讨论桥塔的合理抗震设计，本章基于OpenSees平台建立了斜拉桥的全桥模型，通过增量动力分析得到了桥塔塑性铰区的形成及扩展规律与桥塔的非线性抗震性能。

7.1　动力分析模型

7.1.1　基本数据

某半漂浮体系双塔斜拉桥，跨径布置为(70+130+400+130+70)m，见图7.1。主梁为双边钢箱与混凝土板的结合梁，梁高3.3m(图7.2)，桥面宽27m。H型钢筋混凝土桥塔，塔高159m，桥面以上高度约为107m，桥塔间设置3道横梁，主塔采用变截面形式，横梁采用等截面，桥塔与横梁均为空心矩形截面。斜拉索采用直径7mm的平行高强钢丝，按空间双索面布置。塔上索距2.55m，梁上索距10.5m，全桥共设72对斜拉索。主塔基础是深达基岩的桩基础，边墩与辅助墩为群桩基础。

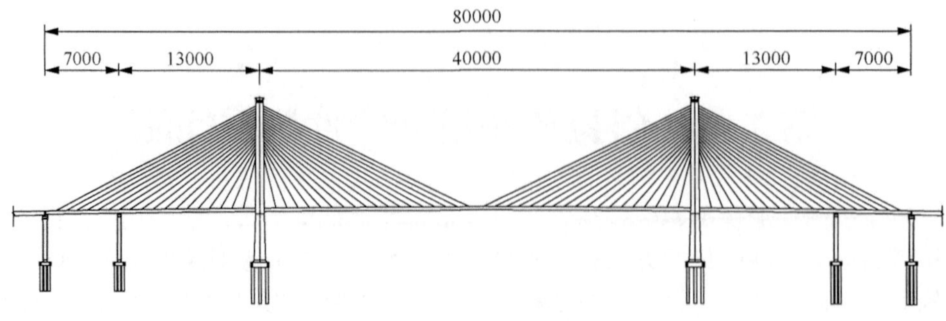

图 7.1　总体布置图(单位：cm)

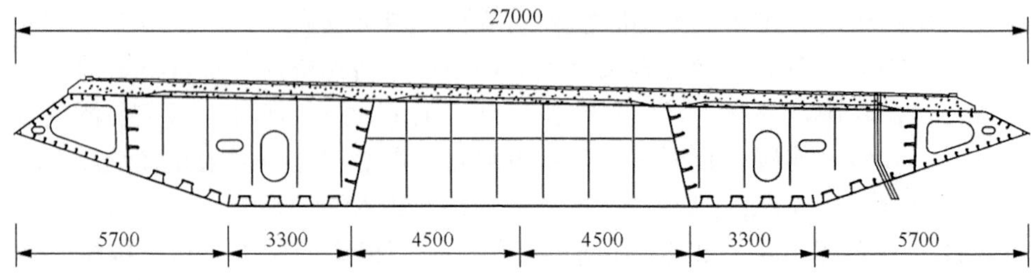

图 7.2　主梁断面(单位：mm)

7.1.2　索塔模拟

索塔主要由塔柱与横梁构成，是斜拉桥的关键构件。塔柱采用 OpenSees 中基于力的纤维截面梁柱单元 element forceBeam Column 模拟，横梁采用弹性梁单元模拟。塔柱每 3m 划分一个单元，每个纤维截面梁柱单元设置 5 个积分点，变截面中间处的截面作为整个单元的截面。每个索塔的单个塔柱共划分了 57 个单元。塔柱纤维截面的混凝土与钢筋分别采用 OpenSees 中的 uniaxialMaterial Concrete01 本构关系(图 7.3)和 uniaxialMaterial Steel01 本构模型(图 7.4)。塔柱截面的纤维划分见图 7.5。

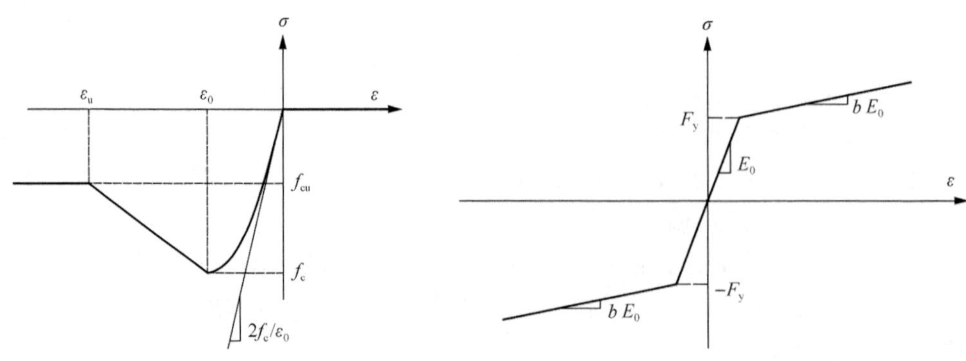

图 7.3　Concrete01 本构关系　　　　图 7.4　Steel01 本构模型

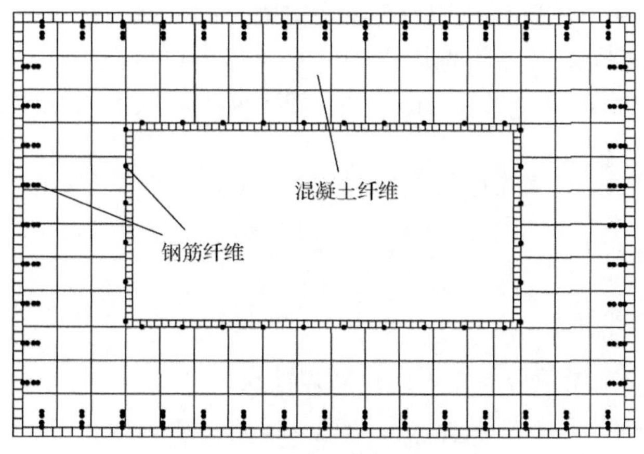

图 7.5　塔柱截面纤维划分

图 7.3 和图 7.4 中，f_c 为混凝土 28 天的受压强度(压为负)；ε_0 为混凝土峰值强度对应的压应变(压为负)；f_{cu} 为混凝土的破坏强度；ε_u 为混凝土的破坏强度对应的应变；F_y 为钢筋的屈服强度；E_0 为钢筋的初始切线模量；b 为应变强化率(屈服后模量与初始弹性模量之比)。

7.1.3　拉索模拟方法

拉索在自重和轴力的作用下呈悬链线形状、具有一定的垂度且垂度随索中轴力的变化而变化。斜拉桥中采用等效弹性模量法模拟拉索具有较高的精度。等效弹性模量法假定索为一直线杆件、可采用桁架单元模拟，利用 Ernst 公式修正索的弹性模型来考虑垂度的影响[11]。

$$E_{eq} = \frac{E}{1 + \dfrac{(wL_x)^2 EA}{12T^3}} \tag{7.1}$$

式中，E_{eq} 为斜拉索的修正弹性模量；E 为斜拉索的弹性模量；L_x 为斜拉索水平投影长度；w 为沿斜拉索方向单位长度的索重；A 为斜拉索的截面面积；T 为斜拉索的拉力。

7.1.4　成桥状态模拟

斜拉桥地震反应分析时需要考虑成桥状态下恒载内力及线形的影响。利用成桥索力来计算成桥状态下对应的拉索初始应变，采用在拉索中施加初始应变的方法来模拟自重下斜拉桥的成桥状态，具体如下：

(1) 去除已有斜拉桥模型中拉索，在索梁锚固点与索塔锚固点处施加相应的索力，计算恒载作用下的索梁锚固点与索塔锚固点的位移。

(2) 将索梁锚固点与索塔锚固点的节点位移与原模型中的节点坐标 (x,y,z) 叠加，得到变形后的各节点坐标 (x_1,y_1,z_1)，通过变形后的节点坐标求恒载作用下的索长 L_1。

(3) 无应力索长 L_0 按式 (7.2) 计算：

$$L_0 = L_1\left(1+\frac{T}{E_{\mathrm{eq}}A}\right)^{-1} \tag{7.2}$$

式中，E_{eq} 为考虑垂度效应修正后的拉索弹性模量。

(4) 应变 ε 的计算公式为

$$\varepsilon = \frac{L-L_0}{L_0}$$

式中，L 为模型节点坐标(建模时的坐标)所求的索长。

(5) 分析模型中拉索的初始应变 $\varepsilon_0=-\varepsilon$。

采用 OpenSees 中的 uniaxialMaterial ElasticPP 本构关系模拟拉索材料及初始应变(图 7.6)，分析中将拉、压屈服应变 ε_P 及 ε_N 设置较大值来避免拉索进入塑性。施加初应变后，桥塔的恒载轴力与设计一致，主梁在恒载下的线形及最大位移也与设计的成桥状态比较接近。

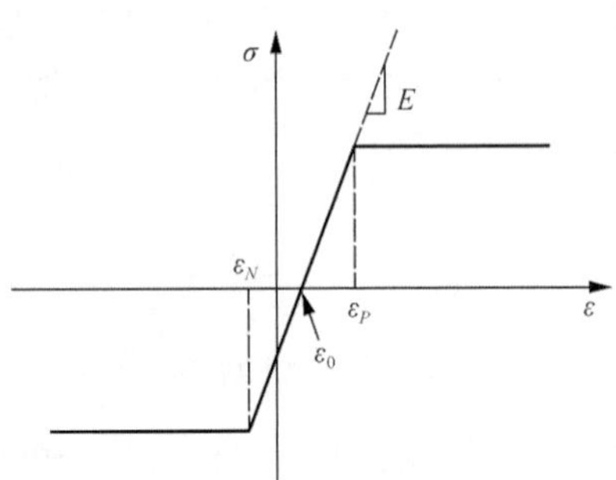

图 7.6 ElasticPP 本构关系

7.1.5 主梁、桥墩及边界连接模拟

结合梁的混凝土部分换算成钢，采用单主梁模型，用空间梁单元模拟，桥墩也采用空间梁单元模拟。斜拉索采用空间桁架单元模拟，并考虑了拉索的垂度效应。拉索与主梁及与主塔均为主从约束连接。为简化分析，将承台模拟为带质量的质点。承台的质量用作用于承台中心的集中质量模拟。模型中没考虑桩土相互作用对结构地震反应的影响，墩底与塔底采用固结。模型的边界条件列于表 7.1。

表 7.1　模型边界条件

位置	x	y	z	R_x	R_y	R_z
塔与梁	0	1	1	0	0	1
辅助墩与梁	0	1	1	0	0	1
边墩与梁	0	1	1	0	0	1
塔底及墩底	1	1	1	1	1	1

注：x 为顺桥向，y 为横桥向，z 为竖向；0 表示自由，1 表示有(主从)约束。

7.1.6　模型验证

拉索与主梁及拉索与主塔均通过刚臂连接，刚臂的抗弯刚度约为主梁的 1000 倍。有限元模型中二期恒载及边跨压重采用等效质量来模拟。为了校核 OpenSees 模型，还采用 Sap2000 建立模型进行自振特性比较。自振特性分析时没有考虑桥塔的 P-Δ 效应。两模型的结果吻合较好，前 3 阶自振周期及振型列于表 7.2。

表 7.2　自振周期及振型

模态号	周期/s			振型特征
	OpenSees	Sap2000	相差/%	
1	8.12	7.88	3.0	纵漂
2	3.17	3.16	0.3	主梁竖弯
3	2.71	2.73	−0.7	桥塔侧弯、主梁横弯

7.2　地震动输入

从美国太平洋地震中心(PEER)下载了 5 条强震记录作为输入地震动。表 7.3 为强震记录的震级、地面峰值加速度(PGA)、地面峰值速度(PGV)和地面峰值位移(PGD)信息。

表 7.3　地震波信息

地震记录	震级	PGA/g	PGV/(cm/s)	PGD/cm
Northridge(1994)	6.7	0.516	62.8	11.08
Mexico(1985)	8.1	0.039	11.0	4.5
Kern County(1952)	7.4	0.178	17.5	8.99
台湾集集(1999)	7.6	0.44	115	68.75
Kobe(1995)	6.9	0.243	37.8	8.54

增量动力分析中每条强震记录的按下式调幅，形成多条地震动。

$$a_{\lambda}(t_i)=\lambda a(t_i) \qquad (t_i=0,t_1,t_2,\cdots,t_{n-1}) \tag{7.3}$$

式中，λ 为缩放系数；$a(t_i)$ 为加速度记录；$a_{\lambda}(t_i)$ 为调幅后加速度记录。

图 7.7 为强震记录的 PGA 统一调整为 1g 时的位移谱。

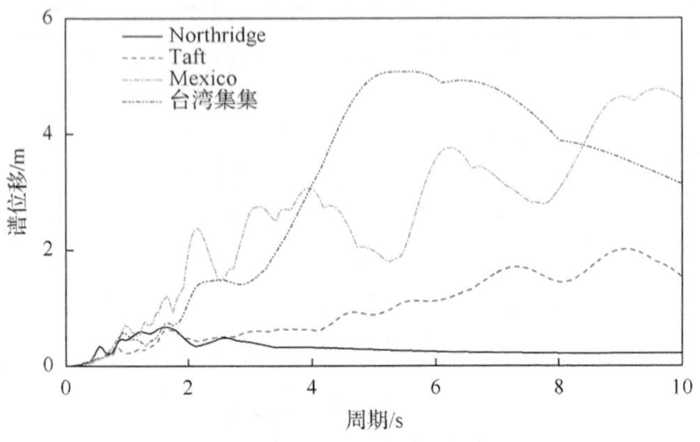

图 7.7　强震记录的位移谱

7.3　斜拉桥的增量动力分析

7.3.1　增量动力分析方法

增量动力分析(IDA)方法是一种动力参数分析方法，它逐级施加地震动荷载来研究结构的损伤、破坏过程，考虑了高阶振型对地震反应的影响。IDA 方法的主要分析步骤如下[12]：

(1)将一条地震动从小到大分别乘以若干个比例系数进行调幅，形成多条地震动。

(2)将多条地震动的加速度反应依据调幅比例大小排列作为 IDA 的强度指标(intensity measure，IM)。

(3)依次输入调幅形成的地震动进行时程反应分析，形成多组分析结果。

(4)提取关键截面的位移及曲率反应，按调幅比例从小到大排列作为 IDA 的损伤指标(damage measure，DM)。

(5)由 IM 作纵轴、DM 作横轴，将 IDA 结果在 IM-DM 图上描点，并依据 IM 的大小顺序连线得到 IDA 曲线。

按上述方法进行斜拉桥的 IDA，绘制了塔顶位移、塔身曲率的 IDA 曲线。根据 IDA 曲线评估桥塔的抗震性能时需要的各单元截面屈服曲率与极限曲率，通过桥塔截面的弯矩-曲率全过程分析得到，分析中以纵向钢筋拉断或混凝土压碎为分析结束条件。由于图 7.5 中箍筋配置不满足最低配箍率的要求，不考虑箍筋对混凝土的约束作用，恒载轴力下分析所得的截面典型弯矩-曲率关系如图 7.8 所示。

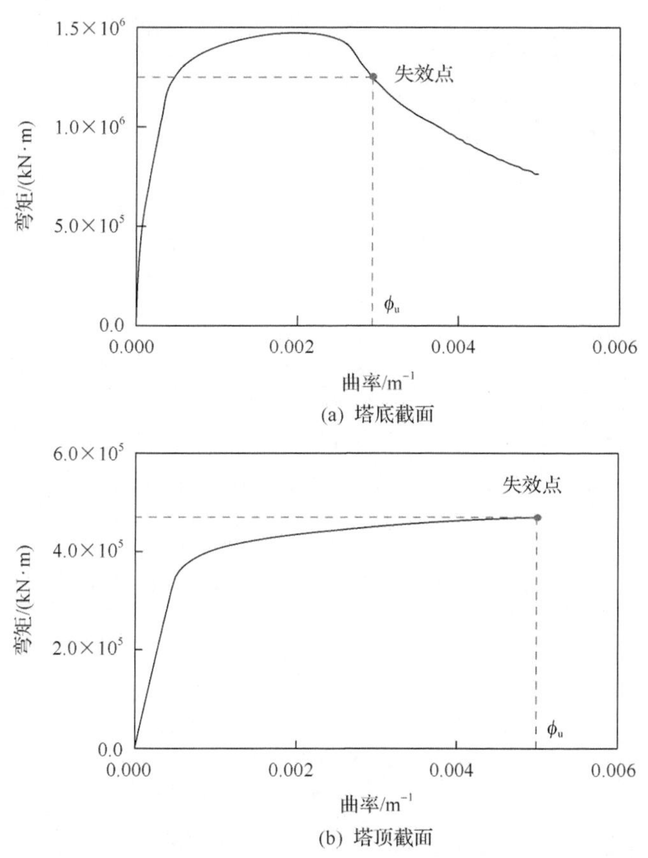

(a) 塔底截面

(b) 塔顶截面

图 7.8 弯矩-曲率全过程曲线

对于图 7.8(a)所示的弯矩-曲率全过程曲线，取截面弯矩下降到 85%最大弯矩值的点作为截面临界失效点，将图 7.8(b)所示的弯矩-曲率全过程曲线的失效点取为最大曲率点，以失效点的曲率作为桥塔截面的极限曲率[13]，并假定最不利截面曲率达到极限曲率时桥塔达到极限破坏状态。

7.3.2 增量动力分析曲线及结果分析

为考查桥塔顺桥向的抗震性能，本节进行了顺桥向的 IDA。由于左右两桥塔对称设计，以下分析结果适用于左右两塔。在 Northridge 波下，当 PGA=2.3g 时，塔底先屈服。图 7.9 为桥塔屈服时惯性力沿塔身的分布。当 PGA=2.5g 时，塔底的

1、2 号单元屈服。图 7.10 为塔底与塔中最大曲率及塔顶出现最大位移时惯性力沿塔身的分布。图 7.11 和图 7.12 分别为塔顶位移与塔底曲率时程曲线，图 7.13 为塔身曲率包络图。

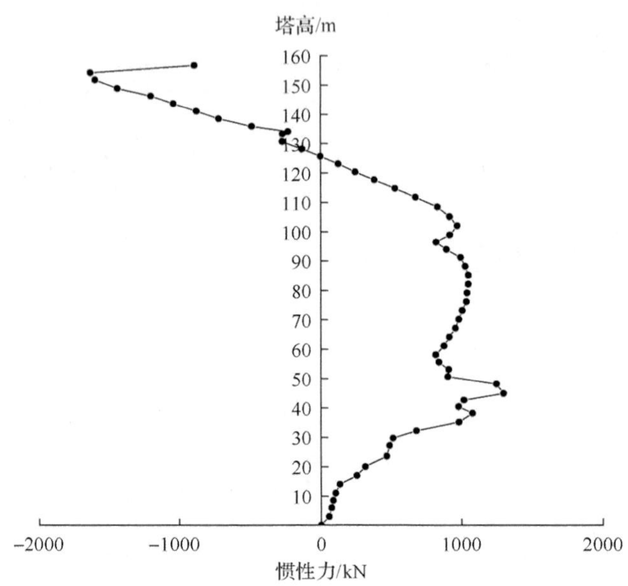

图 7.9　桥塔屈服时塔身惯性力分布(PGA=2.3*g*)

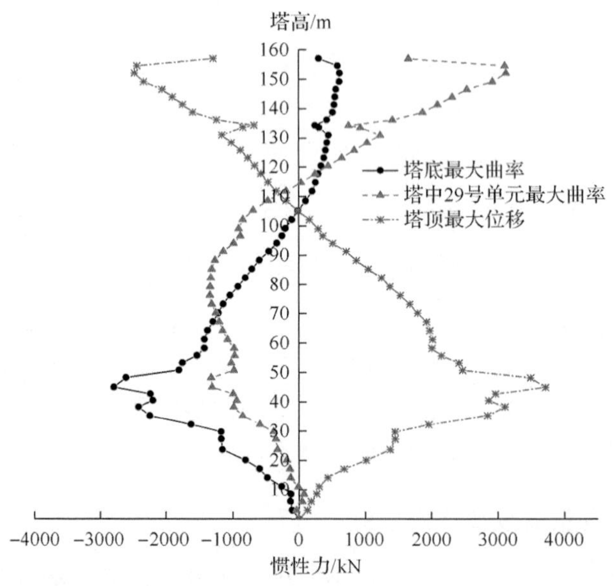

图 7.10　塔身惯性力分布(PGA=2.5*g*)

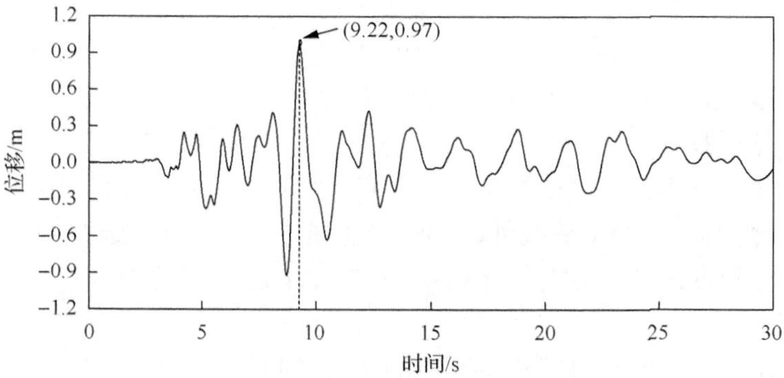

图 7.11　塔顶位移时程曲线(PGA=2.5g)

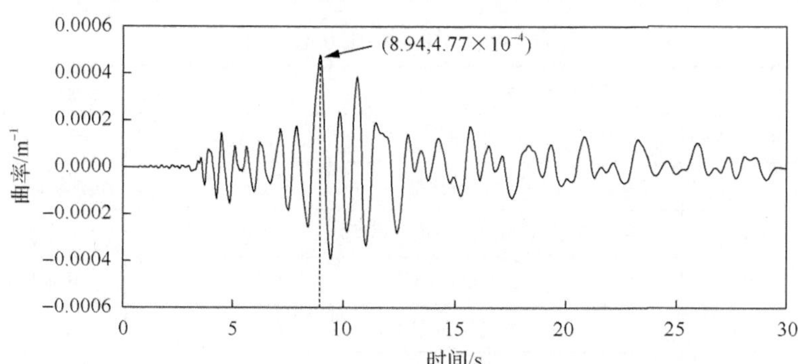

图 7.12　塔底曲率时程曲线(PGA=2.5g)

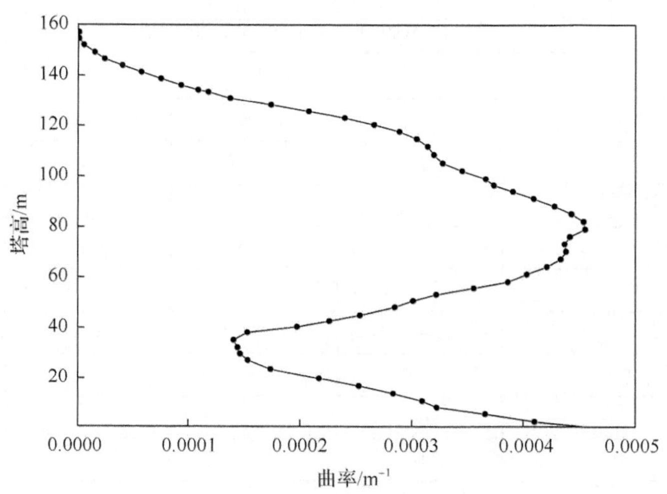

图 7.13　塔身曲率包络图

由图 7.9 可以看出，桥塔屈服时，塔顶与塔中的惯性力相对较大、塔底较小，惯性力沿塔身的分布与中、矮桥墩呈一阶振型的分布明显不同[14, 15]。由 7.10 可以看出，塔底最大曲率、塔中 29 号单元最大曲率与塔顶最大位移时惯性力沿塔身的分布均不同，也比较复杂。由图 7.11、图 7.12 可以看出，塔顶最大位移与塔底最大曲率不出现在同一时刻，这是因为高阶振型的影响[2]，此时塔顶位移已不能较好地反应桥塔的损伤[16]。IDA 中以曲率作为损伤指标判别桥塔的性能状态。由图 7.13 可以看出，在 Northridge 波下塔底与塔中 29 号单元的曲率均较大。IDA 时，除绘制了塔底的曲率 IDA 曲线外，还绘制了塔中关键单元(22 号、29 号)的曲率 IDA 曲线。IDA 曲线的竖轴为第 1 阶振型(T_1=8.12s)对应的 5%阻尼比拟加速度反应谱值。

表 7.4 为桥塔屈服与极限状态对应的关键参数。表 7.5 为 IDA 时，塔中塑性单元的形成及扩展情况。图 7.14～图 7.17 分别为塔顶位移、塔身曲率的 IDA 曲线。

表 7.4 屈服与极限状态参数

地震波	屈服状态参数			极限状态参数		
	$S_a(T_1,5\%)/g$	单元号	位置	$S_a(T_1,5\%)/g$	单元号	位置
Northridge	0.030	1	塔底 3m 区域	0.049	5,29	距塔底 22m 及 80m 附近
Mexico	0.129	15,16	距塔底 39m 附近(近下横梁)	0.178	5	距塔底 22m 附近
Taft	0.212	1,2	塔底 6m 区域	0.372	22	距塔底 60m 附近
CHY101	0.213	17	距塔底 43m 附近	0.354	22	距塔底 60m 附近
Kobe	0.073	1-3	塔底 9m 区域	0.110	5,33	距塔底 22m 及 91m 附近

表 7.5 桥塔塑性单元形成及扩展规律

地震动峰值	塑性单元				
	Northridge	Taft	Mexico	CHY101	Kobe
PGA=0.65g	—	—	15,16	—	—
PGA=0.8g	—	—	1-6; 13-18	—	—
PGA=0.9g	—	—	1-7; 13-19	17	—
PGA=1.1g	—	—	—	1; 15-22	—
PGA=1.5g	—	—	—	1-6; 14-25	—
PGA=2.3g	1	—	—	—	—
PGA=2.4g	1	1,2	—	—	—
PGA=2.5g	1,2	—	—	—	1-3
PGA=3.0g	1-4	1-5	—	—	—
PGA=3.5g	—	1-6	—	—	—
PGA=3.6g	—	—	—	—	1-7; 24-40

续表

地震动峰值	塑性单元				
	Northridge	Taft	Mexico	CHY101	Kobe
PGA=3.7g	1-5; 24-33	—	—	—	—
PGA=3.8g	—	—	—	—	1-7; 23-40
PGA=4.0g	—	1-6; 14-22			—
PGA=4.2g	—	1-7; 13-25; 33	—	—	—

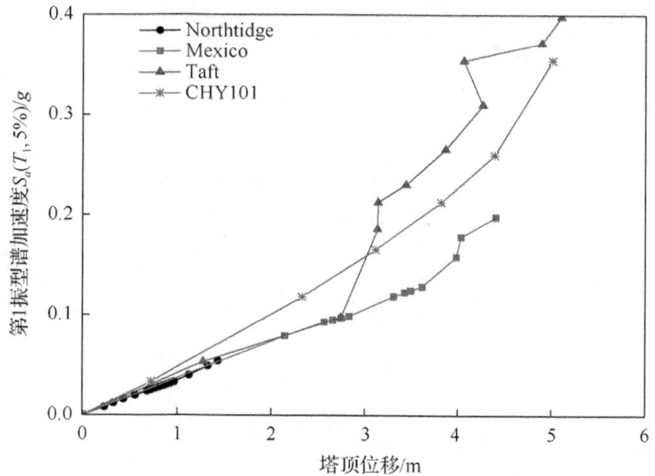

图 7.14　塔顶位移的 IDA 曲线

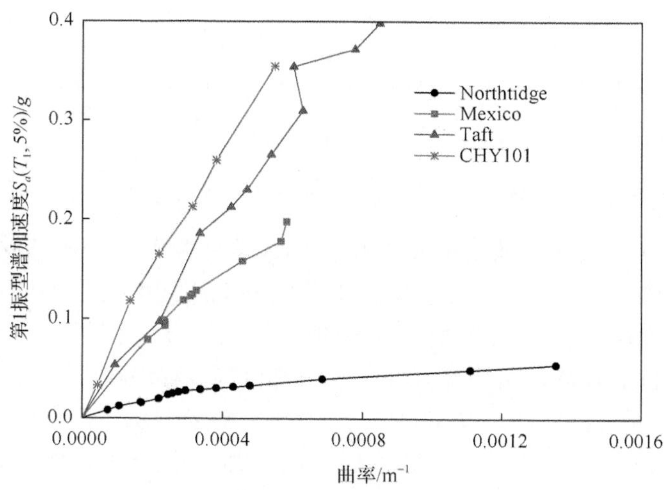

图 7.15　塔身曲率的 IDA 曲线

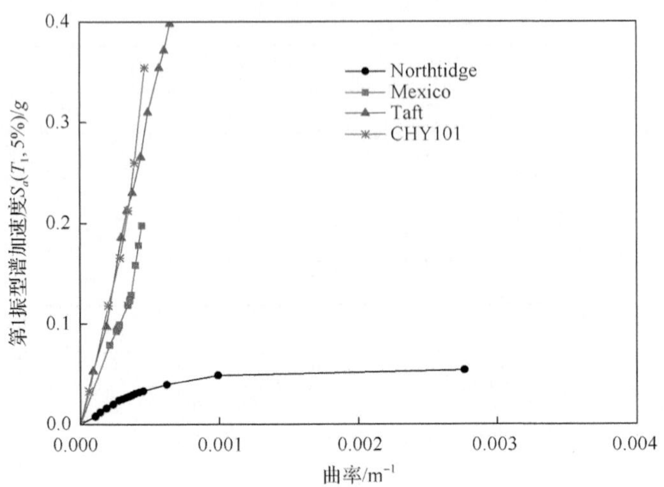

图 7.16　29 号单元曲率的 IDA 曲线

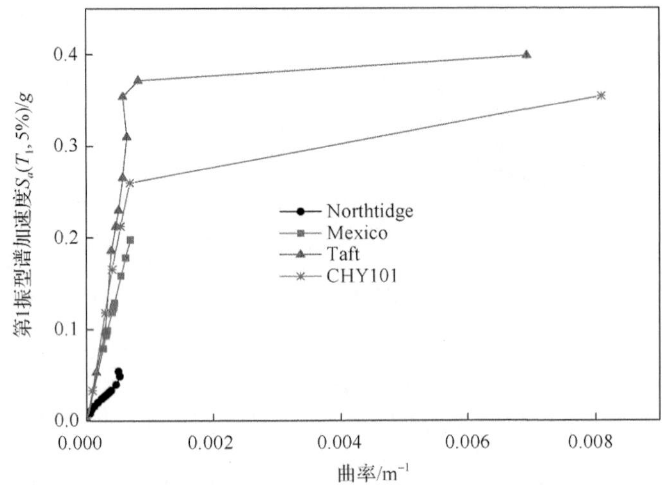

图 7.17　22 号单元曲率的 IDA 曲线

由图 7.14 可以看出，桥塔的 4 条 IDA 曲线差异较大，Northridge 波下的塔顶位移 IDA 曲线最短，达到极限位移值时 Taft 波的地震强度约是 Mexico 波的两倍，这与 4 条波的位移谱基本一致。而 4 条波的塔顶位移 IDA 曲线均呈近似线性变化，这是因为斜拉桥是长周期结构，其位移反应符合等位移准则[17]。

由图 7.15 可以看出，除 Northridge 波的塔底曲率 IDA 曲线出现了软化现象，即当地震动峰值加速度超过一定数值后，地震强度增加不大时，除塔底的曲率(地震损伤)增大较大外，其余 3 条波的塔底曲率 IDA 曲线呈近似线性变化。图 7.16 中的曲率 IDA 曲线也有此规律。而图 7.17 中 CHY101 和 Taft 两条波的曲率

IDA 曲线都出现了的软化现象。这是因为，Northridge 波作用下塔底附近的 5 号单元(距塔底 22m 区域)先达到极限曲率(表 7.4)，而 Taft 波与 CHY101 波则是塔中的 22 号单元(距塔底 80m 区域)曲率最先超过极限曲率。曲率的 IDA 曲线表明，破坏位置附近截面的曲率较大，非破坏位置附近截面的曲率明显小于破坏截面。

由表 7.4、表 7.5 可以看出，Northridge、Taft 与 Kobe 强震记录作用下，桥塔底区域先屈服形成塑性铰区，而 Mexico、CHY101 强震记录下则是桥塔中的 15 号、16 号及 17 号单元(距塔底 39m 区域、近下横梁处)先屈服，桥塔最早出现塑性铰区的位置与输入地震波的频谱特性有关。随着地震强度的增大，塑性铰区会向外扩展到一定区域，塔底先形成塑性铰区时塔中还会形成塑性铰区，塔中先形成塑性铰区时塔底区域仍会形成塑性铰区。这表明，塔底形成塑性铰区时没能很好地耗散高阶振型对塔中地震需求的贡献，同理，塔中形成塑性铰区后也没能有效地减弱塔底的地震需求。由表 7.4 还可以看出，5 条波作用下，桥塔极限状态的地震强度为屈服状态地震动强度的 1.4～1.8 倍，其中 Mexico 波的最小，为 1.4 倍，Taft 波的最大为 1.8 倍。地震动强震强度有一定程度的提高，桥塔才会从屈服状态到破坏状态，这表明桥塔屈服后还可以继续承受地震动荷载的增加直至破坏，有一定的非线性抗震能力储备。

7.4　抗 震 对 策

桥塔顺桥向的非线性抗震性能研究表明[18]：桥塔屈服后仍有一定的抗震能力储备，按弹性抗震设计比较保守。桥塔抗震设计时，可以按有限延性进行设计。

IDA 时得到桥塔截面的地震反应曲率，记录以最不利截面的曲率达到屈服曲率时的地震波峰值加速度，记作 a_{y}。继续 IDA 寻找桥塔在极限状态对应的地震波峰值加速度，记作 a_{u}。极限状态对应的地震波峰值加速度与屈服曲率时的地震波峰值加速度的比值，记作加速度比 R，

$$R = \frac{a_{\mathrm{u}}}{a_{\mathrm{y}}} \tag{7.4}$$

以极限曲率作为截面的破坏状态，当桥塔最不利截面曲率达到极限曲率时，斜拉桥也达到其极限抗震能力。输入大峰值强震记录进行斜拉桥全桥模型的极限抗震能力分析时，以最不利截面的曲率达到极限曲率的前一次地震动加速度峰值作为斜拉桥地震破坏的极限状态。

由于加速度比为桥塔地震作用下的屈服加速度与极限状态加速度之比，斜拉

桥为长周期结构，其地震中的塔顶位移反应符合等位移准则[19]，故 R 值与桥塔的塔顶位移延性系数相近，其物理意义为桥塔的整体延性系数。

约束混凝土的配箍率取 0.3%，考虑 0.3%约束箍筋后，混凝土的峰值抗压强度、极限强度及极限压应变均有较大强度的提高。从美国太平洋地震中心(PEER)下载了 21 条地震波进行 IDA。地震波的地面峰值加速度(PGA)、地面峰值速度(PGV)和地面峰值位移(PGD)信息见表 7.6。21 条波作用下桥塔屈服和极限状态下的加速度比 R 列于表 7.7。

表 7.6　地震波信息

编号	地震记录	震级	PGA/g	PGV/(cm/s)	PGD/cm
N1	Northridge(1994)	6.7	0.516	62.8	11.08
N2	Mexico(1985)	8.1	0.039	11.0	4.5
N3	Kern County(1952)	7.4	0.178	17.5	8.99
N4	台湾集集(1999)	7.6	0.44	115	68.75
N5	Kobe(1995)	6.9	0.243	37.8	8.54
N6	Whittier Narrows(1987)	5.3	0.374	14.5	0.98
N7	San Fernando(1971)	6.6	0.324	15.6	2.31
N8	Duzce, Turkey(1999)	7.1	0.535	83.5	51.59
N9	Loma Prieta(1989)	6.9	0.254	38.5	15.89
N10	Aqaba(1995)	7.1	0.097	14.0	4.55
N11	Coyote Lake(1979)	5.7	0.279	20.3	2.33
N12	Friuli, Italy(1976)	6.5	0.351	22.0	4.1
N13	Oroville(1975)	6.0	0.072	2.8	0.22
N14	Parkfield(1966)	6.1	0.442	24.7	5.15
N15	Tabas, Iran(1978)	7.4	0.406	26.5	8.75
N16	Point Mugu(1973)	5.8	0.112	14.8	2.59
N17	Lytle Creek(1970)	5.4	0.026	1.5	0.15
N18	Livermore(1980)	5.8	0.154	18.9	6.13
N19	Mammoth Lakes(1980)	6.0	0.316	16.2	3.19
N20	Morgan Hill(1984)	6.2	1.298	80.8	9.63
N21	Spitak, Armenia(1988)	6.8	0.199	28.6	9.8

表 7.7　屈服与极限状态加速度比 *R*(约束混凝土)

地震波编号	屈服状态参数		极限参数状态		R
	a_y	屈服位置	a_u	破坏位置	
N1	2.3g	塔底区域	16g	塔底附近	7.0
N2	0.65g	塔底区域	5.3g	距塔底 60～70m 区域	8.2
N3	2.4g	塔底区域	14g	距塔底 11m 附近	5.8
N4	1.1g	塔底区域	8.6g	塔底及距塔底 58～64m 区域	7.8
N5	2.5g	塔底区域	12g	距塔底 11m 附近	4.8
N6	9g	塔底区域	100g	塔底区域	11.1
N7	6g	塔底区域	45g	塔底区域	7.5
N8	1.3g	塔底区域	11g	距塔底 60m 附近	8.5
N9	3g	塔底区域	18g	塔底区域	6.0
N10	2.5g	塔底区域	16g	塔底及距塔底 90m 区域	6.4
N11	3.2g	塔底区域	24g	塔底区域	7.5
N12	4.5g	塔底区域	39g	塔底区域	8.7
N13	7g	塔底区域	72g	塔底区域	10.3
N14	7g	塔底区域	31g	塔底区域	4.4
N15	4.5g	塔底及距塔底 85m 附近	28g	塔底区域	6.2
N16	2.1g	塔底区域	16g	塔底区域	7.6
N17	6g	塔底及距塔底 95m 区域	42g	塔底区域	7.0
N18	2g	塔底区域	11g	塔底区域	5.5
N19	7.8g	塔底区域	56g	塔底区域	7.2
N20	3.8g	塔底区域	33g	塔底区域	8.7
N21	1.7g	塔底区域	19g	塔底区域	11.2

21 条强震记录下的 R 的平均值为 7.5，表明 0.3%配箍率时桥塔的整体延性系数可达 7.5。当整体延性系数为 3 时，混凝土桥梁结构的损伤可修复。因此，建议桥塔的整体延性系数取 3，相应的强度折减系数为 3。

7.5　本 章 小 结

本章建立了动力分析模型，采用截面曲率作为抗震性能指标，基于 IDA 探讨了斜拉桥顺桥向的抗震性能及抗震对策，得到的结论如下：

(1) 提出了在拉索中施加初始应变模拟斜拉桥在自重下成桥状态内力及线形的方法，基于 OpenSees 平台采用纤维梁柱截面模拟桥塔，在恒载成桥状态的基础上建立了中等跨度斜拉桥动力分析模型。

(2)通过单条强震记录的多次调幅形成多条地震波，开展了多条强震记录下的顺桥向的IDA，得到了桥塔屈服及截面最大地震损伤时惯性力沿塔身的分布、桥塔塑性铰区的形成及扩展规律、塔顶位移IDA曲线、桥塔关键截面的IDA曲线及桥塔的初始屈服位置和最终地震破坏位置。

(3)桥塔屈服时惯性力沿塔身的分布相对比较复杂，与普通桥墩呈一阶振型分布显著不同，塔顶最大位移与塔底最大曲率不在同一时刻出现。在塔底先形成塑性铰区，随着地震强度的增大，在塔中还会形成新的塑性铰区；在塔中先形成塑性铰区，在塔底仍会再形成塑性铰区。

(4)通过IDA下桥塔地震损伤产生位置、发展规律及破坏位置，探讨了桥塔的顺桥向桥抗震能力，结果表明，受高阶振型的影响，斜拉桥的初始屈服位置与最终破坏位置可能不同，桥塔屈服后仍有一定的抗震能力储备，按弹性抗震设计比较保守。

(5)明确了桥塔从屈服到达破坏极限状态对应的地震动峰值加速度比的物理意义。桥塔截面为无约束混凝土时，加速度比为1.4～1.8，桥塔整体可用的延性相对较小。桥塔混凝土截面的配箍率为0.3%时，21条地震波下从屈服到达破坏极限状态对应的地震动峰值加速度比R的平均值为7.5，桥塔的整体延性较无约束混凝土有较大提高。

抗震设计时，建议桥塔整体延性系数取3，相应的强度折减系数为3。

参 考 文 献

[1] 袁万城, 闫冬. 斜拉桥纵飘频率简化计算方法[J]. 同济大学学报(自然科学版), 2005, 33(11): 1423-1427.

[2] 李建中, 宋晓东, 范立础. 桥梁高墩位移延性能力探讨[J]. 地震工程与工程振动, 2005, 25(1): 43-48.

[3] 卢皓, 管仲国, 李建中. 高阶振型对高墩桥梁抗震性能的影响及其识别[J]. 振动与冲击, 2012, 31(17): 81-85.

[4] Chang K C, Mo Y L, Chen C C, et al. Lessons learned from the damaged Chi-Lu cable-stayed bridge[J]. Journal of Bridge Engineering, 2004, 9(4): 343-352.

[5] 叶爱君, 范立础. 附加阻尼器对超大跨度斜拉桥的减震效果[J]. 同济大学学报(自然科学版), 2006, 34(7): 859-863.

[6] Tony S V, Cole C M. Influence of dampers on seismic response of cable-supported bridge towers[J]. Journal of Bridge Engineering, 2007, 12(3): 373-379.

[7] 彭伟, 彭天波, 李建中. 多塔斜拉桥纵向约束体系研究[J]. 同济大学学报(自然科学版), 2009, 37(8): 1003-1009.

[8] 李立峰, 刘本永, 张晨熙. 等. 中等跨径斜拉桥塔梁弹性约束装置的减震效应研究[J]. 地震工程与工程振动, 2012, 33(1): 146-152.

[9] 徐艳, 段昕智, 李建中. 强震作用下斜拉桥纵桥向非线性地震反应分析[J]. 华南理工大学学报(自然科学版), 2012, 40(6): 132-138.

[10] 夏修身, 李建中, 徐艳, 等. 横梁屈服对斜拉桥横向地震反应的影响[J]. 华南理工大学学报(自然科学版), 2014, 42(5): 84-89.

[11] Dyke S J, Caicedo J M, Turan G, et al. Phase I benchmark control problem for seismic response of cable-stayed bridges[J]. Journal of Structural Engineering, 2003, 129(7): 857-872.

[12] Vamvatsikos D, Cornel C A. Incremental dynamic analysis[J]. Earthquake Engineering and Structural Dynamics, 2002, 31(3): 491-514.

[13] 叶爱君. 桥梁抗震[M]. 2 版. 北京: 人民交通出版社, 2011.

[14] 盛光祖, 李建中, 陈亮. 桥梁单墩不同侧向力分布模式 Pushover 分析方法[J]. 振动与冲击, 2010, 29(2): 170-174.

[15] 彭凯, 李建中, 范立础. 高墩梁桥考虑墩身高阶振动的水平向主导振型[J]. 振动与冲击, 2008, 27(7): 63-68.

[16] 梁智垚, 李建中. 桥梁高墩合理计算模型探讨[J]. 地震工程与工程振动, 2007, 27(2): 91-97.

[17] Gupta A, Krawinkler H. Estimation of seismic drift demands for frame structures[J]. Earthquake Engineering and Structural Dynamics, 2000, 29(9): 1287-1305.

[18] 夏修身, 李建中, 管仲国, 等. 斜拉桥桥塔非线性抗震性能研究[J]. 中国公路学报, 2016, 29(3), 66-72.

[19] Vidic T, Fajfar P, Fischinger M, et al. Consistent inelastic design spectra-strength and displacement[J]. Earthquake Engineering & Structural Dynamics, 1994, 23(5): 507-521.

第8章　横梁屈服对斜拉桥横向地震反应的影响

斜拉桥在桥梁建设中有着不可替代的作用[1]。斜拉桥的抗震性能与其顺桥向、横桥向的结构体系直接相关[2]。可以选择对抗震有利的结构体系，能利用边墩、辅助墩进行塑性耗能，还可以采用减隔震支座、黏滞阻尼器等措施，斜拉桥顺桥向的抗震问题已得到初步解决[3-7]。斜拉桥横桥向通过抗风支座限制梁与塔的相对运动，在过渡墩与辅助墩上利用限位装置约束主梁的相对运动。尽管这种约束体系下斜拉桥横桥向地震响应非常大，但由于在斜拉桥横桥向抗震研究方面的不足[8-12]，对桥塔在强震下的破坏机理及塑性耗能机制的认识尚不清楚，故桥塔仍采用基本弹性设计，即配置大量的纵向钢筋、利用自身的强度抵抗横桥向地震作用。而尺寸相对较小的辅助墩及边墩利用塑性铰区的延性抵抗横桥向地震作用。

文献[13]报道了1999年台湾集集地震中即将竣工的集鹿大桥遭受严重破坏，桥塔底部出现了严重的混凝土剥落和裂缝延伸现象，桥塔进入了非弹性状态。文献[5]研究指出，桥塔顺桥向进入非弹性后对桥梁结构整体的抗震性能有重要影响。尽管国内的大跨度斜拉桥在设防烈度内采取保守的基本弹性抗震设计，但发生地震的强度具有不确定性，随着地震区修建的斜拉桥越来越多，其面临强震的威胁也越来越大。

8.1　动力分析模型

8.1.1　基本分析数据

跨度在200～400m范围内的H型钢筋混凝土桥塔斜拉桥数量最多[3]。以某跨径布置为(60+70+380+70+60)m，全桥总长640m的半漂浮体系斜拉桥为研究对象，见图8.1。该桥的主梁为扁平箱梁，桥面宽33.5m，采用H型钢筋混凝土桥塔，两索塔等高度，桥塔中设置两道横梁，见图8.2。

8.1.2　结构有限元分析模型

建立空间有限元模型进行横桥向地震反应分析。主梁采用单根空间梁模拟，主塔、桥墩均采用空间梁单元模拟。斜拉索采用空间桁架单元模拟，考虑拉索的垂度效应，修正拉索弹性模量，拉索与主梁及主塔均为主从约束连接。为简化分析，将各承台模拟为带质量的质点。考虑恒载轴力对主塔、拉索几何刚度的影响。

承台用作用于质心的集中质量模拟。群桩基础对应的边界条件取最低冲刷高程，土性资料根据 m 法确定，在承台底采用六弹簧模拟桩-土共同作用。模型的边界条件列于表 8.1。

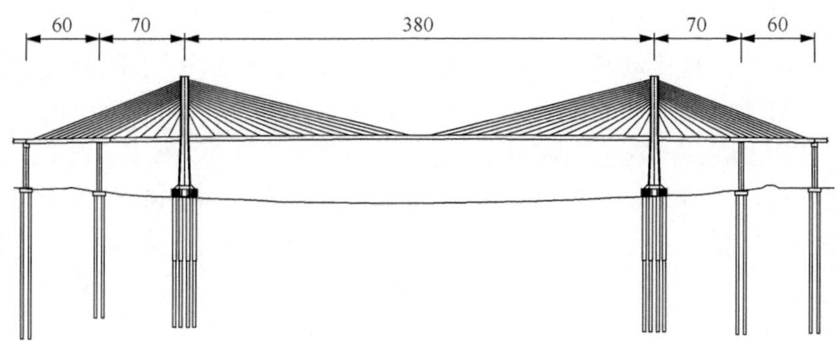

图 8.1　总体布置图(单位：m)

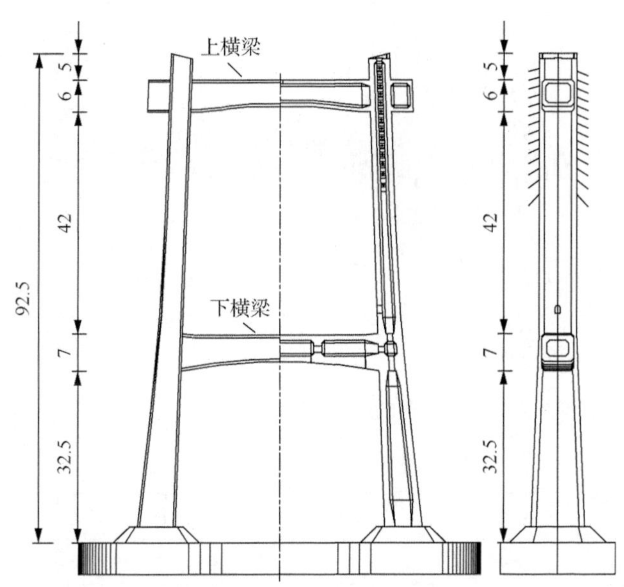

图 8.2　桥塔立面图(单位：m)

表 8.1　模型边界条件

位置	x	y	z	R_x	R_y	R_z
塔与梁	0	1	1	0	0	1
辅助墩与梁	0	1	1	0	0	1
边墩与梁	0	1	1	0	0	1
承台底	1	1	1	1	1	1

注：x 表示顺桥向，y 表示横桥向，z 表示竖向；0 表示自由，1 表示有(主从)约束。

8.2　地震动输入

分析强震下横梁是否进入屈服状态时，选取桥址场地 50 年超越概率 2.5%的 3 条安评地震波作为地震动输入。研究横梁屈服对斜拉桥横桥向整体抗震性能的影响时，除选取 1 条安评地震波外，还另外选取了 1940 年 Imperial Valley 地震 El Centro 记录和 1952 年 Kern County 地震 Taft 记录。图 8.3 为安评地震波 1。表 8.2 为两条强震记录的震级、地面峰值加速度(PGA)、地面峰值速度(PGV)和地面峰值位移(PGD)信息。由于 El Centro 记录的幅值与安评地震波的相近，分析时表 8.2 中所示信息保持不变，把 Taft 记录的幅值调整到与安评地震波相同。采取(横+竖)的地震动输入方式，竖向地震动幅值取水平地震动的 65%[11]。

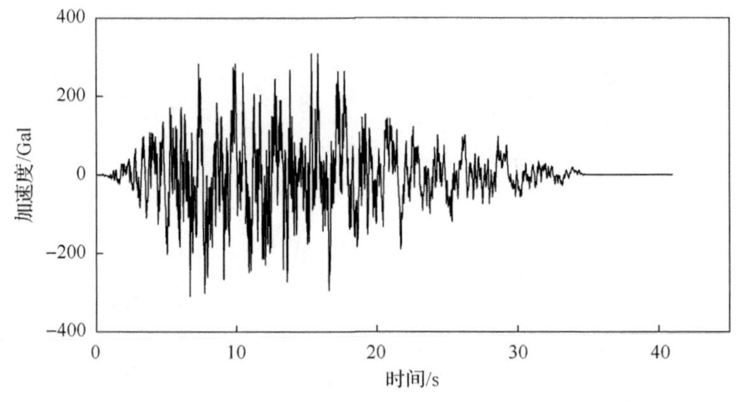

图 8.3　安评地震波 1

表 8.2　地震波信息

地震记录	震级	PGA/g	PGV/(cm/s)	PGD/cm
El Centro (1940)	7.0	0.313	29.8	13.32
Taft (1952)	7.4	0.178	17.5	8.99

8.3　横梁的能力与需求比

分析横梁在强震下是否会进行屈服状态及其桥塔关键截面的受力，采用弹性空间梁单元模拟横梁，输入三条安评地震波，进行弹性地震反应分析。引入能力与需求比，初步判定横梁是否会进入屈服状态。所有分析工况均以恒载工况为初始分析状态。

能力与需求比为等效屈服弯矩与地震弯矩的比值。当能力与需求比小于 1 时，横梁进入屈服状态。对横梁的等效屈服弯矩进行计算时，竖向力取地震轴力，轴力方向取为压。上、下横梁的横截面见图 8.4，图中对于上横梁 t=70cm，下横梁 t=100cm。

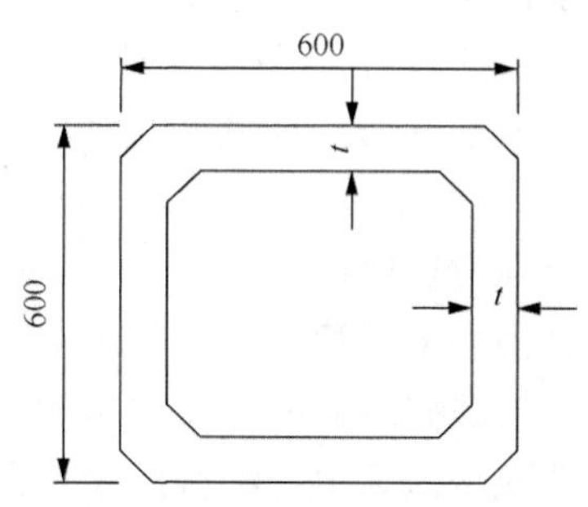

图 8.4　梁截面示意(单位：cm)

由表 8.3 知，上、下横梁的能力与需求比均小于 1 且不超过 0.4，这表明当横梁的全截面配筋率为 1%时，横梁会进入屈服状态。经计算知，上横梁的配筋率约为 4.5%，下横梁的配筋率约为 7%，可使横梁在强震下保持基本弹性。如此大的配筋率，设计很难实现。因此，横梁按延性抗震设计，作为斜拉桥横向的塑性耗能构件比较合理。

表 8.3　横梁的能力与需求比

地震记录	截面	地震轴力/kN	地震弯矩/(kN·/m)	配筋率	等效屈服弯矩/(kN·/m)	能力与需求比
安评地震波 1	上横梁	8018	505445	1%	172387	0.34
	下横梁	40926	866751	1%	235352	0.27
安评地震波 2	上横梁	8045	522094	1%	172452	0.33
	下横梁	42679	1112978	1%	240238	0.22
安评地震波 3	上横梁	8007	514922	1%	172362	0.33
	下横梁	43177	1047900	1%	241222	0.23

8.4　横梁屈服对横桥向抗震性能的影响

8.4.1　横梁塑性行为的模拟

纤维截面梁柱单元、分布塑性铰模型和集中塑性铰模型常用于杆件塑性行为的模拟[14]。一般桥梁的墩柱在地震作用下轴力 P 的变化不大，以上模型都可采用。尽管桥塔横梁恒载下的轴力很小，但其地震轴力较大且时刻在变化，因此横梁不宜采用轴力恒定的分布或集中塑性铰模拟。采用纤维截面梁单元模拟横梁的塑性行为。

8.4.2　考虑横梁屈服的地震反应分析

横梁按延性抗震设计，桥塔按能力保护设计。输入安评地震波 1、El Centro 记录及幅值调整后的 Taft 记录，用纤维截面梁单元模拟横梁的非弹性性能，并进行横桥向的非线性地震反应分析。

图 8.5、图 8.6 分别为 Taft 地震波作用时上、下横梁的弯矩-曲率滞回关系。图 8.7 为 Taft 地震波下非线性分析所得横梁的与轴力时程曲线及其对应的弯矩时程曲线。图 8.8 是 El Centro 地震波下塔顶水平位移时程曲线比较。图 8.9、图 8.10 分别为安评地震波与 El Centro 地震波下的 4#桥塔塔底弯矩时程曲线比较。3#、4#桥塔采用相同设计，地震反应相似。4#桥塔关键截面的地震反应列于表 8.4，表中关键截面的位置见图 8.11。图中及表中线性表示横梁按弹性梁单元模拟，非线性表示横梁用纤维截面梁单元模拟。

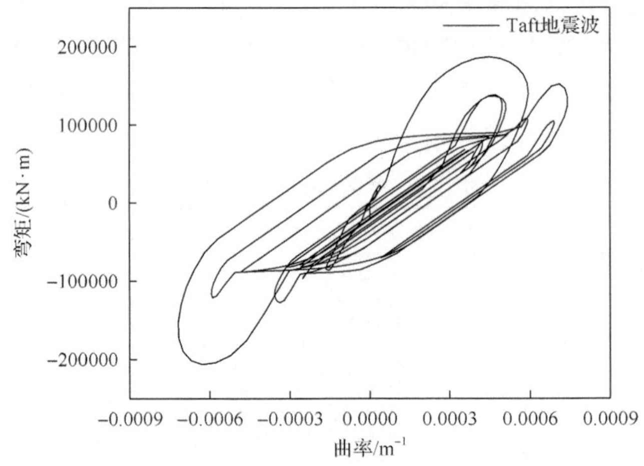

图 8.5　上横梁的弯矩-曲率滞回曲线

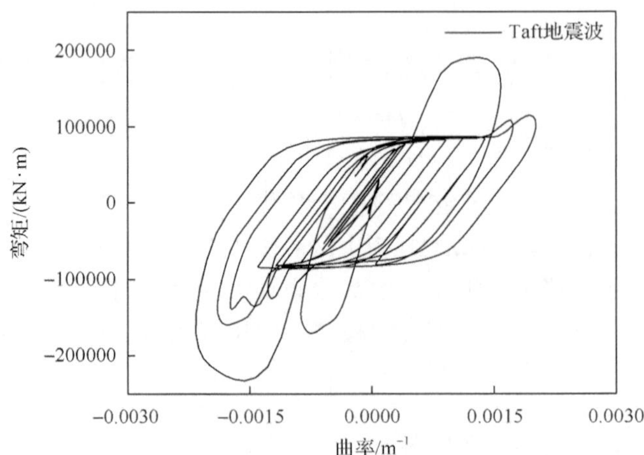

图 8.6　下横梁的弯矩-曲率滞回曲线

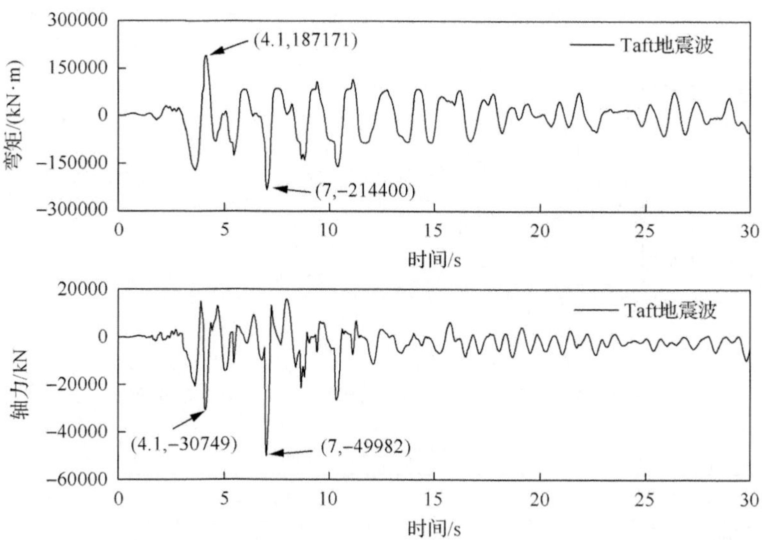

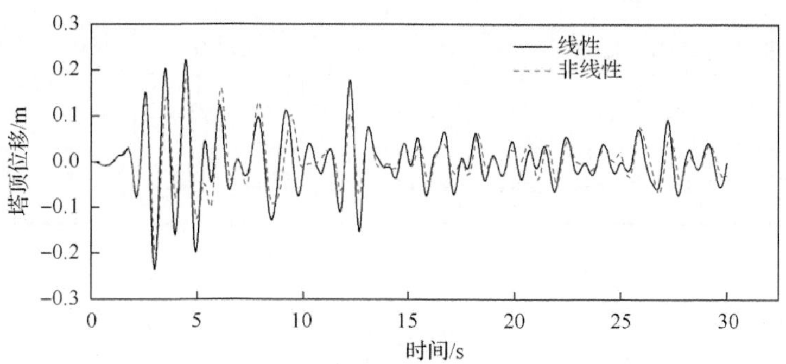

图 8.7　下横梁轴力时程曲线及其对应的弯矩时程曲线

图 8.8　塔顶水平位移时程曲线比较(El Centro 地震波)

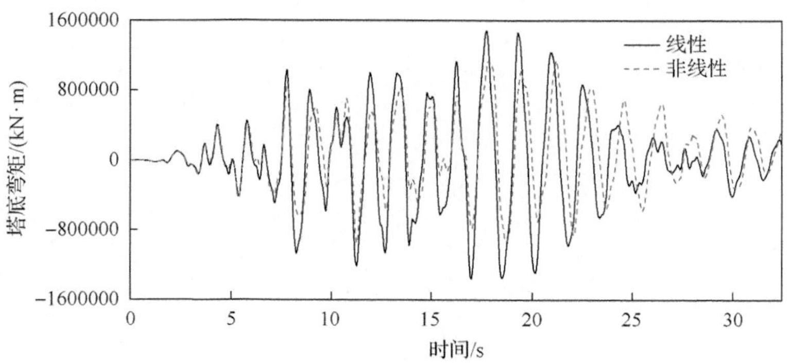

图 8.9　塔底弯矩时程曲线比较(安评地震波)

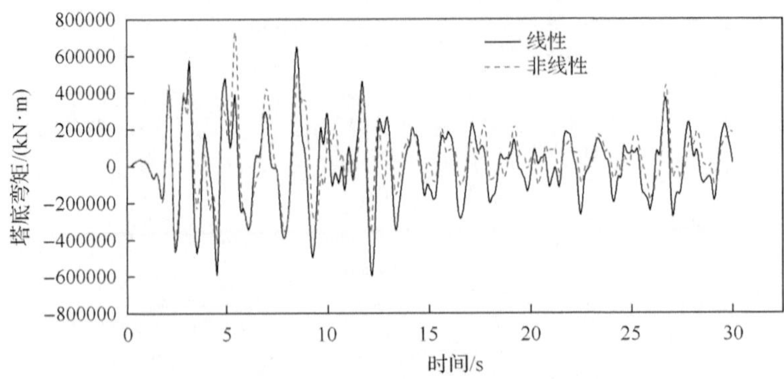

图 8.10 塔底弯矩时程曲线比较(El Centro 地震波)

表 8.4 桥塔地震反应的比较

地震动	塔顶位移/mm		地震弯矩/(kN·m)									
			Ⅰ-Ⅰ		Ⅱ-Ⅱ		Ⅲ-Ⅲ		Ⅳ-Ⅳ		塔底	
	线性	非线性	线性	非线性	线性	非线性	线性	非线性	线性	非线性	线性	非线性
安评波 1	377	331	17478	13012	464685	441069	642504	489907	562447	499045	1480528	1143029
El Centro 地震波	235	203	12668	9240	333723	327263	449742	376258	236915	260389	646233	730780
Taft 地震波	187	183	9555	8654	248886	288396	342806	307946	276473	303623	734262	716173

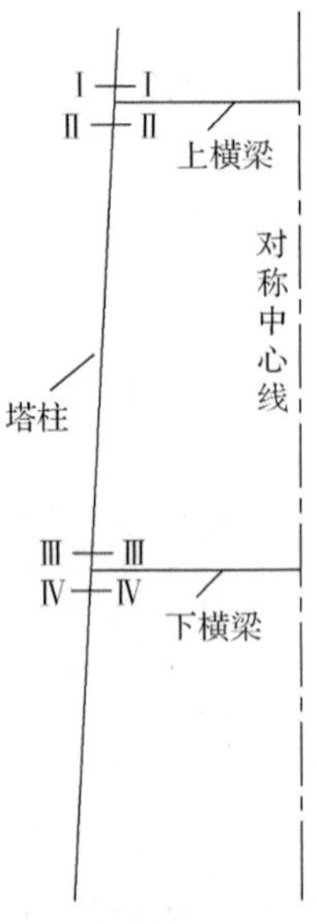

图 8.11 桥塔截面位置示意图

由图 8.5、图 8.6 可以看出，Taft 波作用下，上、下横梁均进入了屈服阶段，这也与横梁弹性分析，按能力与需求比判定的状态一致(表 8.3)。在安评波与 El Centro 波作用下，横梁也都进入塑性状态，但其结果没有单独列出。

结合图 8.6 和图 8.7 可以发现，地震时横梁的轴力变化很大，对横梁的弯矩-曲率滞回曲线，特别是横梁的屈服弯矩有较大的影响，这表明横梁的塑性行为模拟要考虑轴向力变化影响，采用纤维截面梁单元模型模拟横梁是必要的。

由图 8.8 及表 8.4 可知，考虑横梁的屈服后，三条输入地震动下塔顶位移均有所减小，其中 El Centro 波作用下塔顶位移减小幅度最大，为 13.6%；Taft 波作用下的减小幅度最小，为 2%；安评波 1 与 El Centro 波作用下的接近，为 12.2%。强震下横梁屈服后，桥塔的地震反应较弹性变得比较复杂。横梁屈服会在一定程度上延长结构的横向周期，周期延长会增大塔顶位移。同时，横梁屈服后的非弹性变形也会耗散一定的地震能量。当横梁的耗能效应大于周期延长效应时，桥塔的地震反应会减小；当耗能作用小于周期延长时，桥塔的地震反应会增大。对该桥的塔顶位移而言，横梁弹性时的一阶横向侧弯周期为 1.5s，横梁的耗能作用大于周期延长，所以塔顶位移有所减小。总体来看，横梁屈服前后塔顶位移的变化规律基本符合长周期结构的等位移原则[15]。

从图 8.9、图 8.10 及表 8.4 可以发现，在三条地震波作用下，考虑横梁屈服时，绝大多数桥塔关键截面的地震反应比不考虑屈服时有所减小，但在 El-Centro 波与 Taft 波作用下的个别截面也有例外。桥塔的Ⅰ-Ⅰ与Ⅲ-Ⅲ截面的地震弯矩比不考虑屈服三条波时的均出现了减小，减小的幅度在 9%～27%，受输入地震波的频谱影响较大。Ⅱ-Ⅱ截面在 Taft 波作用下与Ⅳ-Ⅳ截面在 El Centro 波、Taft 波作用下均出现了横梁屈服后截面弯矩增大的现象，增幅范围在 10%～16%。El Centro 波作用下塔底弯矩比不考虑横梁屈服时的也增大了 13%。横梁屈服后，桥塔截面弯矩比不考虑屈服时的减小与增大的原因与塔顶位移相同，主要是横梁屈服可以耗散地震能量，但同时会延长结构周期。

8.5　本 章 小 结

(1)斜拉桥横梁的能力与需求比较小，横梁按延性抗震设计，作为桥塔横向的塑性耗能构件比较合理。

(2)受框架效应的影响，桥塔横梁的地震轴力变化较大，对横梁的屈服弯矩有较大影响，横梁的塑性行为模拟时需要考虑轴力的影响。

(3)斜拉桥的横向振动周期相对较长，横梁屈服对塔顶位移的影响较小，但对桥塔横向的地震弯矩有较大影响。

(4)横梁延性抗震设计时，桥塔大多数关键截面的地震反应较横梁弹性抗震设计时有所减小，但个别截面也可能会增大，应引起注意。

桥塔横梁按延性设计比较合理，通过横梁的损伤来减轻桥塔的地震损伤，延性横梁应按震后可更换或可修复的理念设计。

参考文献

[1] 袁万城, 闫冬. 斜拉桥纵飘频率简化计算方法[J]. 同济大学学报(自然科学版), 2005, 33(11): 1423-1427.

[2] 叶爱君, 范立础. 超大跨度斜拉桥的横向约束体系[J]. 中国公路学报, 2007(2): 63-67.

[3] 李建中, 袁万城. 斜拉桥减震、耗能体系非线性纵向地震反应分析[J]. 中国公路学报, 1998, 11(1): 71.

[4] 彭伟, 彭天波, 李建中. 多塔斜拉桥纵向约束体系研究[J]. 同济大学学报(自然科学版), 2009, 37(8): 1003-1009.

[5] 徐艳, 段昕智, 李建中. 强震作用下斜拉桥纵桥向非线性地震反应分析[J]. 华南理工大学学报(自然科学版), 2012, 40(6): 132-138.

[6] 叶爱君, 范立础. 附加阻尼器对超大跨度斜拉桥的减震效果[J]. 同济大学学报(自然科学版), 2006, 34(7): 859-863.

[7] Tony S V, Cole C. McDaniel F S. Influence of dampers on seismic response of cable-supported bridge towers[J]. Journal of Bridge Engineering, 2007, 12(3): 373-379.

[8] 杨喜文, 张文华, 李建中. 大跨度斜拉桥横桥向减震研究[J]. 地震工程与工程振动, 2012, 32(1): 86-92.

[9] 徐略勤, 李建中. 挡块对斜拉桥横向抗震体系的影响[J]. 振动与冲击, 2011, 30(11): 57-61.

[10] 杨玉民, 袁万城, 范立础. 大跨斜拉桥横向地震反应及其分形特征[J]. 同济大学学报(自然科学版), 2001, 29(1): 15-19.

[11] 中华人民共和国住房和城乡建设部. CJJ166—2011. 城市桥梁抗震设计规范[S]. 北京: 中国建筑工业出版社, 2011.

[12] Cole C. McDaniel F S. Influence of inelastic tower links on cable-supported bridge response[J]. Journal of Bridge Engineering, 2005, 10(3): 272-280.

[13] Chang K C, Mo Y L, Chen C C, et al. Lessons learned from the damaged Chi-Lu cable-stayed bridge[J]. Journal of Bridge Engineering, 2004, 9(4): 343-352.

[14] 夏修身. 铁路高墩抗震设计方法研究[D]. 兰州: 兰州交通大学, 2012.

[15] Vidic T, Fajfar P, Fischinger M. Consistent inelastic design spectra-strength and displacement[J]. Earthquake Engineering & Structural Dynamics, 1994, 23(5), 507-521.

第 9 章　斜拉桥拉索地震反应分析

拉索是斜拉桥的重要组成部分，其力学性能对斜拉桥的抗震性能影响较大[1]。1999 年台湾集集地震中，集鹿大桥的拉索锚固失效，其钢缆垫片发生翘曲变形[2]，见图 9.1 和图 9.2，暴露出了斜拉桥中拉索也是抗震薄弱部位。国内外学者对斜拉索也开展了诸多研究。文献[3]～[6]研究发现，对斜拉索索力进行优化可使拉索或主梁受力更加合理。文献[7]研究发现，强震下斜拉索会发生松弛现象。文献[8]研究了拉索局部振动对超大跨度斜拉桥地震响应的影响。文献[9]通过静载试验和理论分析的方法对 4 种常见的索梁锚固形式分别进行了研究，对不同索梁锚固形式的力学性能进行了对比。以上有关斜拉桥的拉索及索梁锚固研究，没有

图 9.1　地震造成斜拉索的脱落

图 9.2　钢缆垫片发生翘曲变形

涉及最不利受力拉索及最不利索梁锚固位置的确定。索梁锚固是斜拉桥设计的关键，其设计的合理性直接关系到整个桥梁的安全。为了最大可能地减轻拉索的震害，需要进一步研究拉索在地震作用下的动力响应，寻找地震作用下的最不利受力索及最不利索梁锚固位置。

9.1 工 程 背 景

某 H 型独塔双索面钢混结合梁斜拉桥，跨径布置为 221m+221m，双向十车道，结构体系为半漂浮体系，主塔采用变截面形式，主塔塔身设置两道变截面横梁，边墩为门架墩，采用钻孔桩基础，主塔总高度为 150m，桥面宽度全宽为 43m，梁高 3.5m。全桥采用平面双索面扇形形式，对称布置 72 根斜拉索。为了方便分析，对梁端至塔身一侧的拉索按 C1～C18 进行编号。其中，该桥结合梁混凝土板采用 C60 混凝土，主塔采用 C50 混凝土，边墩采用 C40 混凝土，承台采用 C35 混凝土，桩基采用 C30 混凝土，斜拉索采用ϕ7 镀锌高强钢丝。本桥抗震设防烈度为 7 度，设计基本地震加速度值为 0.15g，桥梁抗震设防类别为甲类，抗震措施按抗震设防烈度 8 度设计。该桥的总体布置图和桥塔立面图见图 9.3。

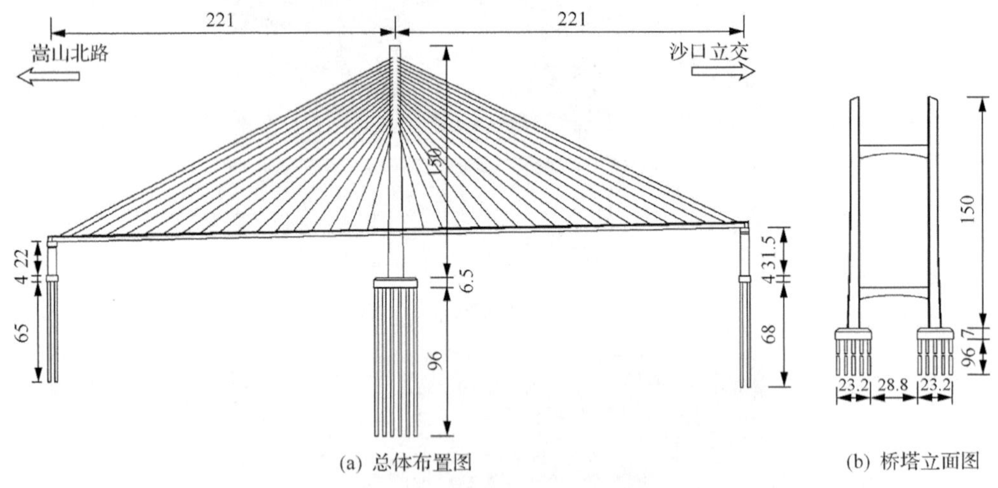

图 9.3　某斜拉桥布置图(单位：m)

9.2 有限元分析模型和地震动输入

9.2.1 有限元分析模型

采用 Midas Civil 建立全桥动力模型(图 9.4)，全桥由 3362 个节点和 3235 个单元组成，其中包括 3163 个梁单元和 72 个桁架单元。主塔、主梁、桥墩、承台、盖梁、桩基础均采用梁单元模拟，斜拉索采用桁架单元模拟。塔身为变截面，塔底为 10m×8m 矩形截面，塔顶为 7m×6m 矩形截面，边墩和主塔基础均采用圆形截面桩基础，截面直径分别为 1.8m 和 2m。桩土作用采用弹簧模拟，弹簧刚度通过 m 法计算[10]。

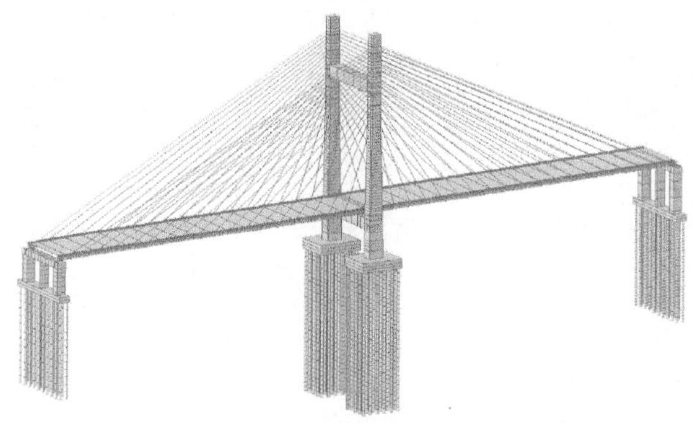

图 9.4　有限元模型

表 9.1 给出了模型前五阶的动力特性。由表 9.1 结合图 9.5～图 9.7 可以看出，斜拉桥第 1 阶为主梁纵漂振动，第 2 阶和第 5 阶均为主梁竖向弯曲振动，第 3 阶为主塔横向弯曲振动。

表 9.1　斜拉桥动力特性

振型	自振周期/s	振型描述
第 1 阶	8.688	主梁纵漂振动
第 2 阶	3.400	主梁竖向弯曲振动
第 3 阶	2.568	主塔横向弯曲振动
第 4 阶	2.506	主梁横向弯曲振动
第 5 阶	1.562	主梁竖向弯曲振动

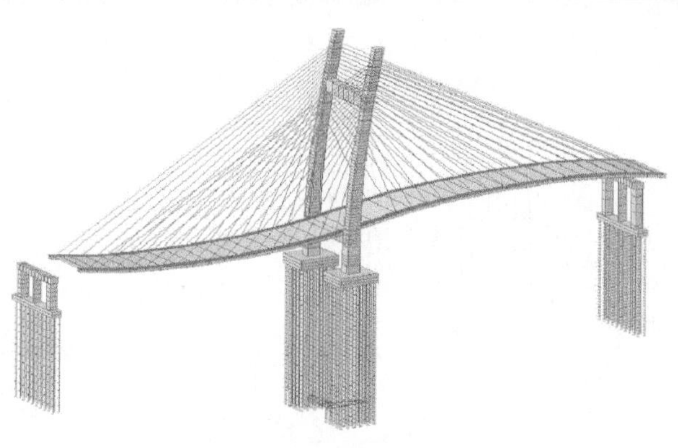

图 9.5　第 1 阶振型(T_1=8.688s)

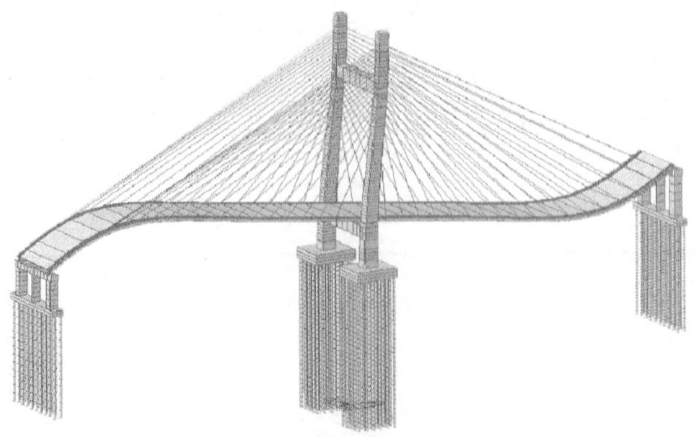

图 9.6　第 2 阶振型（T_2=3.400s）

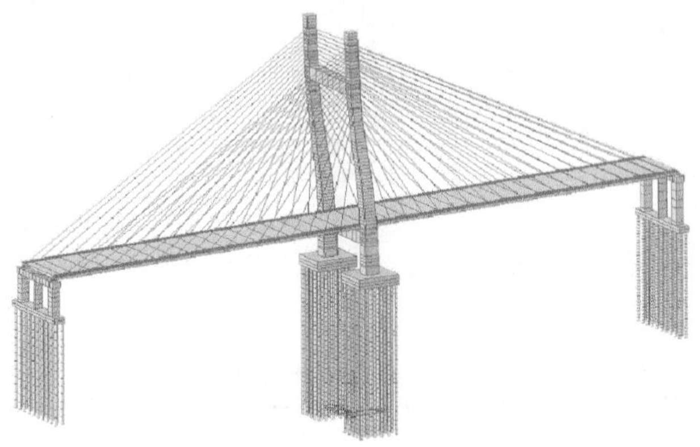

图 9.7　第 3 阶振型（T_3=2.568s）

9.2.2　地震动输入

选用安评报告中 E2 水平下的 3 条地震波作为地震动输入，图 9.8 为其中一条地震动加速度时程曲线。按(顺+竖)方式输入地震动，竖向加速度取为顺桥向的 65%。

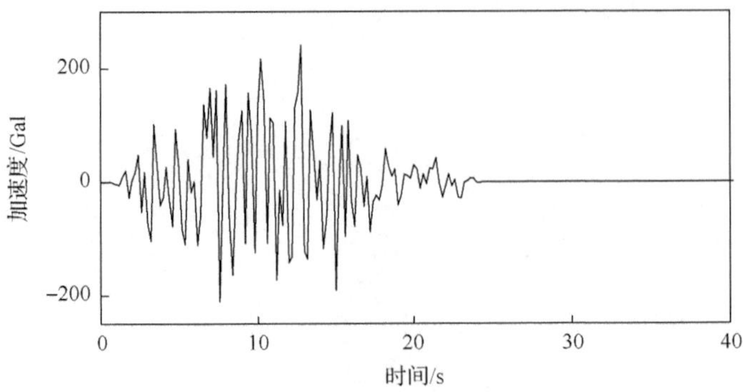

图 9.8　安评地震动加速度时程曲线

9.3　斜拉索地震反应

采用动态时程法分析拉索地震反应，计算时采用非线性直接积分法，分析时间取 30s，时间步长取 0.005s，采用瑞利阻尼，阻尼比取 0.03[11]。本节探讨了无阻尼器和有阻尼器两种工况下的拉索地震反应。

9.3.1　无阻尼器工况下的拉索地震反应

无阻尼器工况下的拉索地震反应见表 9.2，表中分别包括了恒载、地震作用及恒载和地震共同作用下的索力，其中后两种荷载下的索力为三条地震动分别作用下的最大索拉力。

表 9.2　无阻尼器工况下的拉索地震反应

拉索编号	恒载索拉力/kN	地震索拉力/kN	恒载+地震索拉力/kN	恒载+地震索应力/MPa
C1	326	4517	4843	364
C2	1202	4060	5261	382
C3	2488	3124	5612	408
C4	3560	2156	5716	432
C5	4524	1849	6372	491
C6	5308	2430	7738	588
C7	5894	2769	8664	668
C8	5290	2578	7868	714
C9	5477	2652	8129	746
C10	5562	2607	8169	750
C11	5550	2430	7980	725
C12	4656	1958	6615	706
C13	4589	1826	6349	684
C14	3765	1394	5158	635
C15	3233	1059	4292	555
C16	2714	1083	3797	496
C17	1576	895	2471	394
C18	1113	1606	2719	293

由表 9.2 可以看出，在恒载作用下，C7 号拉索为最大拉力索，其与水平面夹角约为 33°；拉力超过 5000kN 的较大拉力区域集中在 C6～C11 号拉索，拉索立面角度约为 31°～41°(下文中出现角度均代表拉索与顺桥向水平面夹角)。在恒载和地震共同作用下，C7 号拉索仍为最大拉力索，与水平面夹角约为 33°，最大拉力为 8664kN，其角度与集集地震中集鹿大桥出现锚固失效的拉索角度(34°)相近，

且都位于跨中区域[2]，拉力超过 7500kN 的较大拉力区域集中在 C6～C11 号拉索（约 31°～41°），应重视该区域索梁锚固设计，防止索梁锚固区出现的不良应力分布和应力集中，从而引起地震破坏[9]。

由于拉索截面设计不同，最大拉力索并非最大拉应力索，由表 9.2 可以看出，在恒载和地震共同作用下，C10 号拉索为最大拉应力索，其与水平面夹角约为 38°，最大值为 750MPa。拉应力超过 700MPa 的较大应力区域集中在 C8～C12 号拉索（约 35°～44°），所以，C10 号拉索为最不利受力索。

9.3.2 有阻尼器工况下的拉索地震反应

阻尼器布置方案为：在桥塔下横梁处对称布置 4 个黏滞阻尼器，其有效作用方向均为顺桥向，最大承载力为 3000kN，阻尼常数 C=3000 (kN · s/m)^{a}，阻尼指数 a=0.4。

有阻尼器工况下的拉索地震反应见表 9.3。表 9.3 中分别包括了恒载、地震作用及恒载和地震共同作用下的索力，其中后两种荷载下的索力为三条地震动分别作用下的最大索拉力。

表 9.3 有阻尼器工况下拉索地震反应

拉索编号	恒载索拉力/kN	地震索拉力/kN	恒载+地震索拉力/kN	恒载+地震索应力/MPa
C1	326	3914	4240	317
C2	1202	3510	4711	341
C3	2488	2754	5243	381
C4	3560	1976	5536	418
C5	4524	1711	6234	481
C6	5308	2295	7604	578
C7	5894	2697	8591	663
C8	5290	2507	7797	707
C9	5477	2583	8059	739
C10	5562	2511	8073	741
C11	5550	2316	7866	714
C12	4656	1729	6386	681
C13	4589	1617	6141	662
C14	3765	1289	5054	622
C15	3233	1048	4282	553
C16	2714	858	3572	467
C17	1576	606	2182	348
C18	1113	1000	2113	228

由表 9.3 可以看出，在恒载和地震共同作用下，与无阻尼工况相同，C7 号拉索仍为最大拉力索，其与水平面夹角约为 33°，拉力超过 7500kN 的较大拉力区域

仍集中在 C6～C11 号拉索(约 31°～41°)；最大拉应力索同样出现在 C10 号索，其与水平面夹角约为 38°，拉应力超过 700MPa 的较大应力区域集中在 C8～C12 号拉索(约 35°～44°)，但所有的索拉力较无阻尼器工况有所减小。

表 9.4 中比较了有、无阻尼两种工况下的索力。图 9.9～图 9.12 中为两种工况下的索力时程曲线比较。由表 9.4 可见，阻尼器能减小拉索的地震反应，对边索 C1、C2、C17、C18 号拉索减幅较大，分别达 14.2%、11.7%、13.2%、28.7%，再结合图 9.9～图 9.11 可知，阻尼器对拉力超过 7500kN 的较大拉力索(约 31°～41°)减震效果不明显。由表 9.4 及图 9.12 可知，阻尼器对最短索的减震效果最好。

表 9.4　两种工况下拉索地震反应比较

拉索编号	M1 索拉力/kN	M2 索拉力/kN	减幅/%
C1	4843	4240	14.2
C2	5261	4711	11.7
C3	5612	5243	7
C4	5716	5536	3.3
C5	6372	6234	2.2
C6	7738	7604	1.8
C7	8664	8591	0.85
C8	7868	7797	0.9
C9	8129	8059	0.87
C10	8169	8073	1.2
C11	7980	7866	1.4
C12	6615	6386	3.6
C13	6349	6141	3.4
C14	5158	5054	2
C15	4292	4282	0.2
C16	3797	3572	6.3
C17	2471	2182	13.2
C18	2719	2113	28.7

注：M1 表示无阻尼器工况，M2 表示有阻尼器工况；减幅=(M2 索拉力–M1 索拉力)/M1 索拉力×100%。

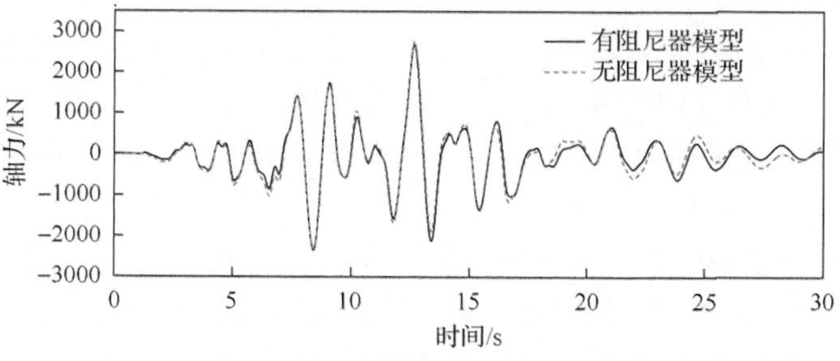

图 9.9　C7 号斜拉索索力时程曲线

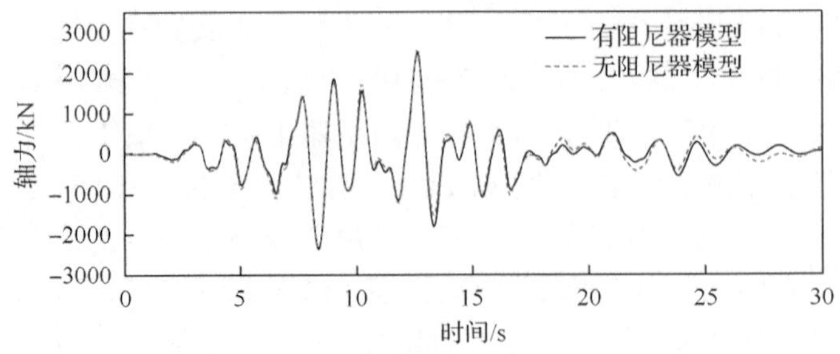

图 9.10　C8 号斜拉索索力时程曲线

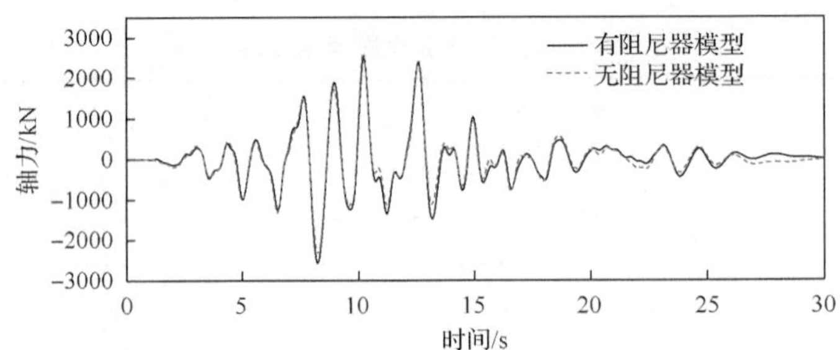

图 9.11　C10 号斜拉索索力时程曲线

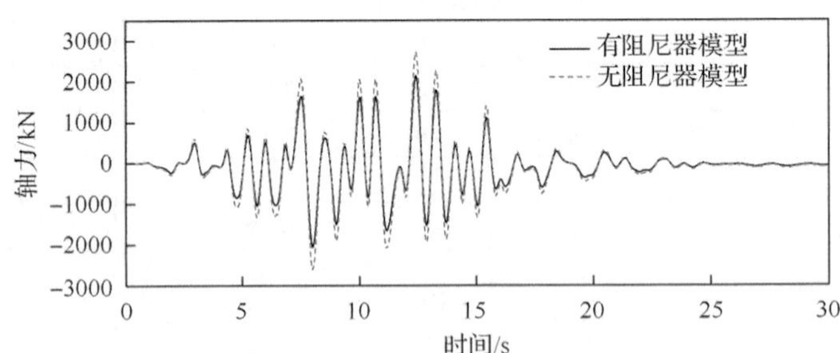

图 9.12　C18 号斜拉索索力时程曲线

9.4　本章小结

(1) 与水平面夹角约为 33°的拉索为最大拉力索，该拉索为地震作用下的最不利锚固索，且与文献[2]中集鹿大桥的索梁锚固地震破坏位置相近。

(2) 与水平面夹角约为 38°的拉索为最大拉应力索，该索为地震作用下的最不利受力索。

(3) 较大拉力索集中在与水平面夹角约 31°～41°的区域，较大拉应力索则集中在与水平面夹角约 35°～44°的区域，设计时需要注意。

(4) 黏滞阻尼器未改变最不利受力拉索的位置，对与水平面夹角约 31°～41°

区域的较大拉力索的减震率在 0.9%～1.8%，减震效果不明显。

(5)黏滞阻尼器对短索的减震效果最好，对边索的减震效果明显。

参 考 文 献

[1] 吴庆雄，王文平，陈宝春．多索-梁结构固有振动特性分析[J]．工程力学，2017，34(1)：109-116.

[2] 张国镇，周智杰．集鹿大桥震害评估与修复之研究[R]．台北：台湾地震工程研究中心，2004.

[3] 宋涛，宋一凡，贺拴海，等．基于索梁权矩阵的矮塔斜拉桥索力优化[J]．武汉大学学报(工学版)，2016，49(2)：259-263.

[4] 缪长青，王义春，黎少华．矮塔混凝土斜拉桥成桥索力优化[J]．东南大学学报(自然科学版)，2012，42(3)：526-530.

[5] 陈志军，刘洋，杨立飞，等．基于粒子群优化算法的独塔斜拉桥成桥索力优化[J]．桥梁建设，2016，46(3)：40-44.

[6] 何旭辉，杨贤康，朱伟．钢桁梁斜拉桥成桥索力优化的实用算法[J]．铁道学报，2014，36(6)：99-106.

[7] 易江，莫金生，李建中．强震作用下独塔斜拉桥拉索松弛现象研究[J]．工程力学，2018，35(6)：97-104.

[8] 叶爱君，苏振宇．超大跨径斜拉桥斜拉索局部振动对地震反应的影响[J]．同济大学学报(自然科学版)，2010，38(2)：158-163.

[9] 李小珍，蔡婧，强士中．大跨度钢箱梁斜拉桥索梁锚固结构型式的比较[J]．工程力学，2004，21(6)：84-90.

[10] 叶爱君．桥梁抗震[M]．2 版．北京：人民交通出版社，2017.

[11] 重庆交通科研设计研究院．JTG/T B02-01—2008．公路桥梁抗震设计细则[S]．北京：人民交通出版社，2008.

第 10 章　大跨度钢管混凝土拱桥非线性抗震性能

钢管混凝土拱桥以其跨度大、拱肋强度高、塑性好、自重小、结构造型美观等特点在拱桥中占很大比重。目前，我国抗震规范仍规定拱肋在罕遇地震下按照基本不损伤构件设计[1]。在已有的拱桥地震反应研究中，大多数学者将拱肋的拱脚、拱顶、1/4 等截面、3/8 等截面作为关键截面进行地震反应分析，结果表明：拱脚和拱顶为最不利位置，设计时需进行加强[2-7]。而对拱桥的主拱肋在强震下的非线性抗震性能研究较少。

10.1　地震反应分析模型建立

以藏木雅鲁藏布江大桥为工程背景，基于 OpenSees 平台建立有限元分析模型。主梁、吊杆横梁、桥墩、承台模拟采用三维 Elastic Beam Column Element 单元。拱肋的钢管混凝土本构模型中采用 Steel01 模型模拟钢管的钢材本构关系，混凝土材料采用不考虑拉应力的 Concrete01 Material-Zero Tensile Strength 模型，考虑钢管对混凝土的环向约束使得混凝土强度提高的效应。钢管内的核心混凝土材料，根据 Susantha 等提出的方法计算，相关内容见参考文献[8]。约束混凝土和普通混凝土均采用 Concrete01 Material，但本构模型中关键参数取值不同。为了能考虑拱肋在地震作用下非线性特性，采用基于位移 Element dispBeam Column 非线性纤维截面梁柱单元来模拟拱肋。拱肋间的横撑与吊杆采用三维 element truss 桁架单元模拟。桥梁结构自重、恒载及边跨压重都采用等效质量来模拟。全桥的边界条件与主从约束如表 10.1 所示。

表 10.1　全桥边界约束情况

位置	x	y	z	R_x	R_y	R_z
主梁与拱肋	0	1	1	0	0	0
桥墩与主梁	1	1	1	1	0	1
桥台与主梁	0	1	1	1	0	1
拱脚及墩台底	1	1	1	1	1	1

注：x、y、z 分别表示顺桥向、横桥向和竖向；0 表示自由；1 表示有(主从)约束。

10.2 模 型 验 证

吊杆与主梁通过刚臂连接，刚臂的抗弯刚度约为主梁的 100 倍。为了校核 OpenSees 模型，采用 Midas Civil 模型进行自振特性比较。Midas 抗震分析模型如图 10.1 所示。经分析，两模型结果吻合较好，其中前 5 阶自振周期及振型见表 10.2。

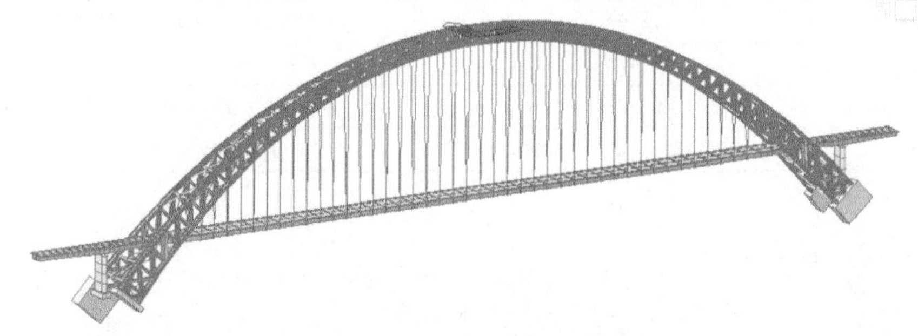

图 10.1　Midas 抗震分析模型

表 10.2　前 5 阶周期比较表

模态号	Midas 模型	OpenSees 模型	相差	振型描述
第 1 阶	5.233	4.817	–7.95%	横桥向振动
第 2 阶	3.042	3.252	6.90%	横桥向振动
第 3 阶	2.152	2.568	19.33%	竖向振动
第 4 阶	1.841	1.777	–3.485%	横桥向振动
第 5 阶	1.708	1.541	–9.78%	顺桥向振动

注：相差=(OpenSees 值–Midas 值)/Midas 值×100%。

10.3 横撑屈服对大跨度钢管混凝土拱桥抗震性能的影响

拱肋横撑为钢构件，采用 element truss 单元模拟，计算中不考虑横撑杆件受压失稳破坏。本节分析中假定拱肋始终处于弹性。

模型 1：弹塑性横撑。采用双线性 uniaxialMaterial ElasticPP 材料本构模型来实现(图 7.6)。其中，E 为型钢的弹性模量，取 2.06×10^5MPa；ε_P 为型钢受拉屈服应变，取 0.0018；ε_N 为受压屈服应变，取 0.0018；ε_0 为型钢的初应变，取 0。

模型 2：弹性横撑。

选取 El Centro 波作为地震动输入(图 5.24)进行横桥向 IDA，考察了横撑对横桥向抗震性能的影响。通过输入多次调幅的 El Centro 波进行地震反应分析，并对各单元结果进行分析比较。当地震动的峰值加速度 PGA=0.60g 时，距拱顶两侧 40m

的 X 形横撑(1259 号单元)最先屈服(图 10.2)；当 PGA=0.75g 时，两侧距拱脚 32m 的 X 形横撑屈服；继续增大地震动，横撑屈服往拱脚处方向发展，当 PGA=1.05g 时，X 形横撑大部分屈服，而一字型横撑大部分仍处于弹性状态。表 10.3 为 IDA 时，横撑塑性单元的形成及扩展情况。

表 10.3　横撑塑性单元形成及扩展规律

地震动峰值	塑性单元	位置
0.60g	1259	两侧距拱脚 40m 的 X 形横撑
0.75g	1258～1260	两侧距拱脚 32m、40m 的 X 形横撑
0.90g	1257～1260、1315、1316	两侧距拱脚 32m、40m、56m 的 X 形横撑
1.05g	1257～1262、1315～1320、1336、1337	两侧大部分 X 形横撑

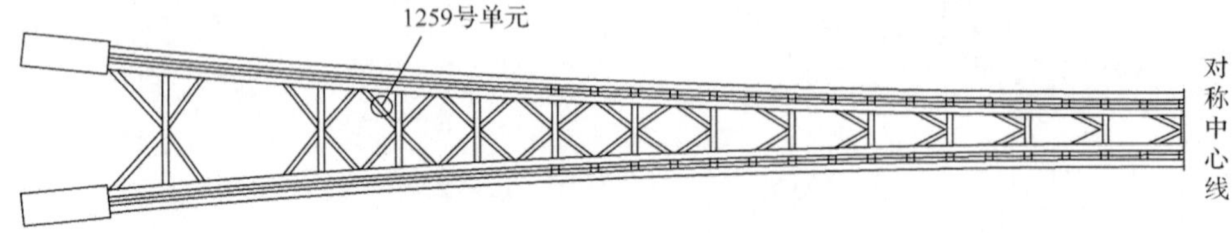

图 10.2　1259 号单元位置示意

由图 10.3 和图 10.4 可以看出，拱脚和 1/4 跨拱肋处考虑横撑非线性的弯矩小于横撑弹性状态下的弯矩，这是由于横撑进入塑性后可降低拱桥横向刚度，延长了结构周期，耗散了地震能量，从而拱肋弯矩有所减小。

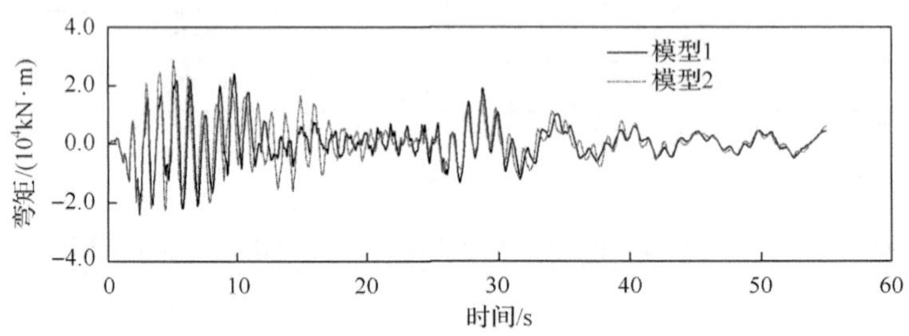

图 10.3　拱脚弯矩时程曲线(PGA=0.60g)

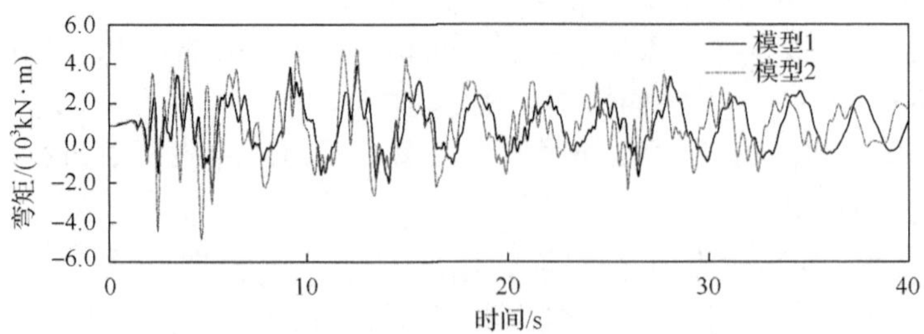

图 10.4　1/4 跨拱肋弯矩时程曲线(PGA=0.90g)

由图 10.5 可以看出，两种模型的拱顶横桥向位移时程曲线差异较大，26s 以前，模型 1 较模型 2 横桥向拱顶位移减小，这说明横撑屈服能减小拱顶横桥向的最大位移；26s 以后，模型 1 数值有所增大，这是由于横撑屈服拱桥横桥向刚度变小所致。由图 10.6 可以看出，考虑横撑非线性后，横撑轴向力较完全弹性有所减小，这是由于横撑杆件进入了屈服，所受内力不再增加的原因所致。

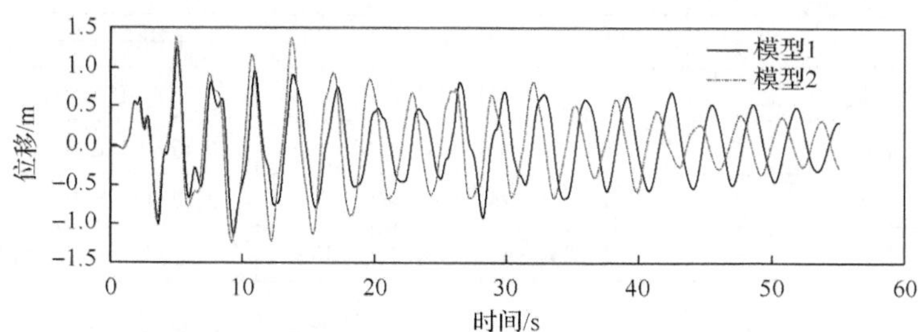

图 10.5　拱顶横桥向位移时程曲线(PGA=0.60g)

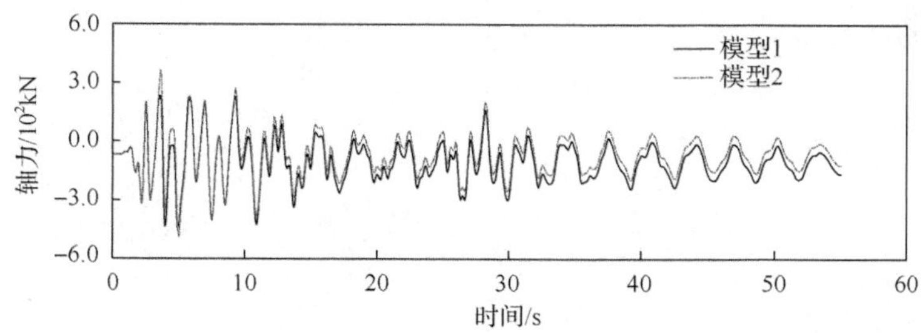

图 10.6　1259 号单元轴力时程曲线(PGA=0.60g)

在横桥向地震作用下，钢管混凝土拱桥距拱脚 40m 处 X 形横撑先屈服，在设计时需重点关注。考虑横撑非线性因素，拱脚、1/4 拱肋横桥向截面内力及拱顶横桥向位移均有所减小。鉴于拱肋横撑屈服可以减小拱桥横桥向的地震反应，建议将易屈服部位的 X 横撑设计成防屈曲支撑构件。

10.4　大跨度钢管混凝土拱桥拱肋的增量动力分析

通过增量动力分析(IDA)确定拱肋最早出现的屈服位置与拱肋屈服的发展规律，通过拱顶位移、拱肋曲率的 IDA 曲线来判断拱肋非线性抗震性能。鉴于横桥向控制拱肋的设计，本节仅进行了 El Centro 波作用下的横桥向 IDA。为考察拱肋横桥向的抗震性能，部分 IDA 结果还与拱肋处于弹性状态时的地震反应进行了比较。

IDA 时，当 PGA=0.39g 时，距拱脚 18m 附近的 23 号单元最先屈服；随着输入地震动的增大，当 PGA=0.51g 时，拱脚附近开始屈服；当 PGA=0.60g 时，拱顶附近开始屈服；当 PGA=1.8g 时，整个拱肋基本全部屈服。

IDA 分析时，拱肋塑性单元的形成及扩展规律如表 10.4 所示。

表 10.4　拱肋塑性单元形成及扩展规律

地震动峰值	塑性单元	位 置
0.39g	23	距拱脚 18m 附近
0.45g	23，25	距拱脚 18m 和 40m 附近
0.51g	21～25	拱脚 50m 范围
0.6g	21～26，464～466	拱脚 60m 范围，拱顶 16m 范围
0.9g	21～26，461～466	拱脚 60m 范围，拱顶 48m 范围
1.5g	21～26，445，453，460～466	拱肋 1/8、3/8 处开始屈服

由图 10.7 和图 10.8 可以看出，纤维梁单元模型的拱脚和 23 号单元(距拱脚 18m 附近)的弯矩小于弹性梁单元模型，这说明考虑拱肋的非线性能降低拱脚及 23 号单元截面的弯矩。

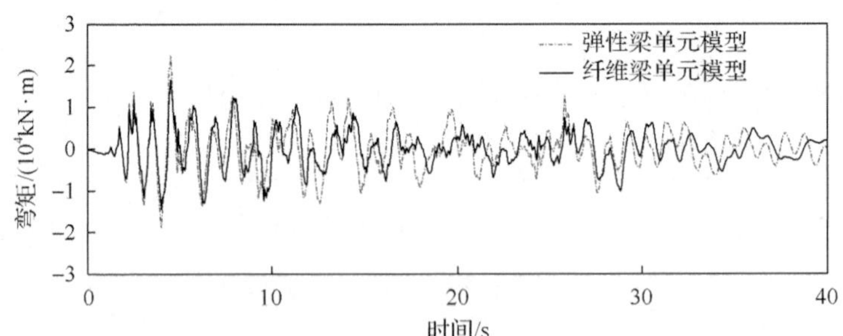

图 10.7　拱脚弯矩时程曲线(PGA=0.51g)

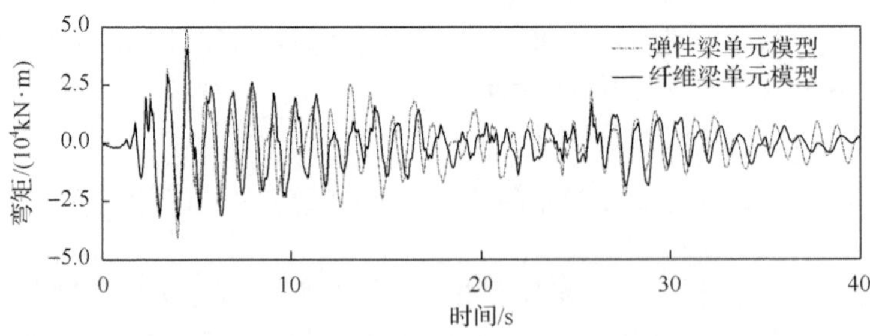

图 10.8　23 号单元弯矩时程曲线(PGA=0.39g)

由图 10.9 可以看出，两模型的拱顶横桥向位移时程曲线形状相差较大，对于位移最大值而言，纤维梁单元模型的最大值略小于弹性梁单元，时程曲线结果基本上符合长周期结构的等位移准则[9]。

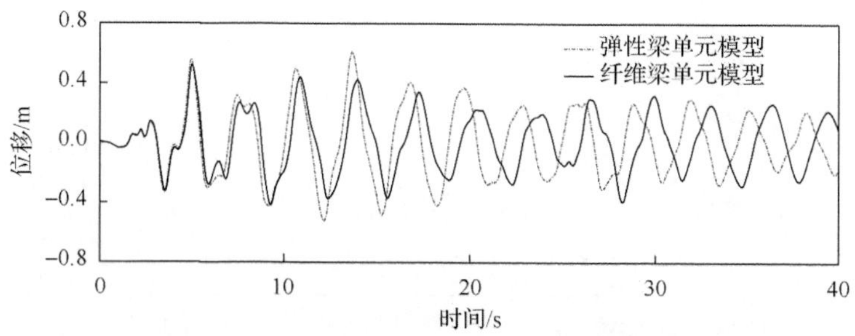

图 10.9　拱顶横桥向位移时程曲线(PGA=0.39g)

图 10.10～图 10.14 绘制了拱脚、拱顶和 23 号单元(最早屈服单元)3 个拱肋最不利位置截面的曲率 IDA 曲线、拱顶横桥向位移 IDA 曲线及 23 号单元的弯矩-曲率滞回曲线。拱脚的曲率 IDA 曲线趋向于线性，表明：拱脚的损伤随着地震动增大而呈线性增大。23 号单元曲率 IDA 曲线较复杂，PGA 在 0.39g～0.9g 段，曲线斜率减小，损伤减缓；PGA 在 0.9g～1.8g 段，曲线斜率增大，损伤加剧。拱顶

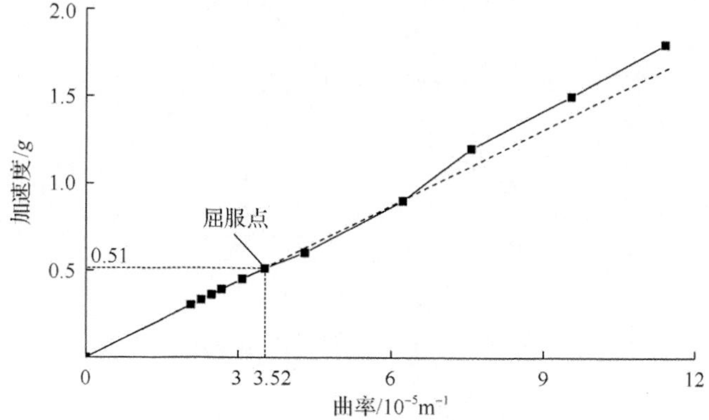

图 10.10　拱脚曲率的 IDA 曲线

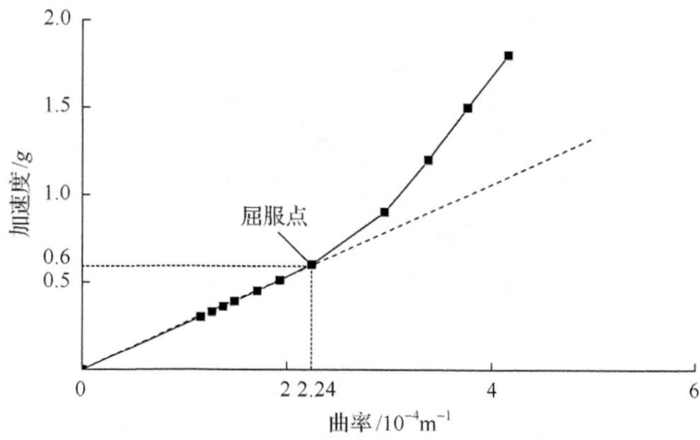

图 10.11　拱顶曲率的 IDA 曲线

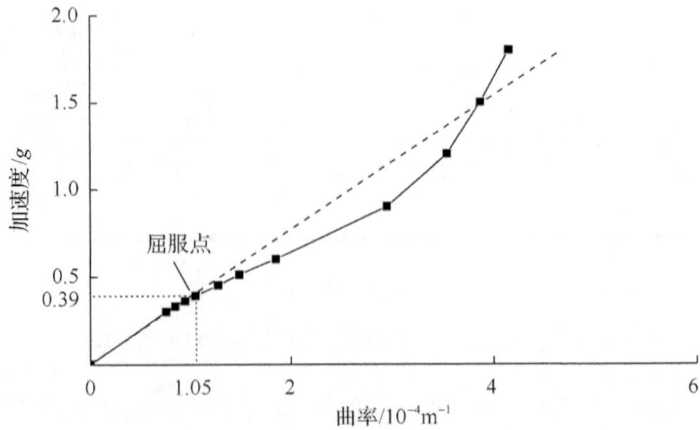

图 10.12　23 号单元曲率的 IDA 曲线

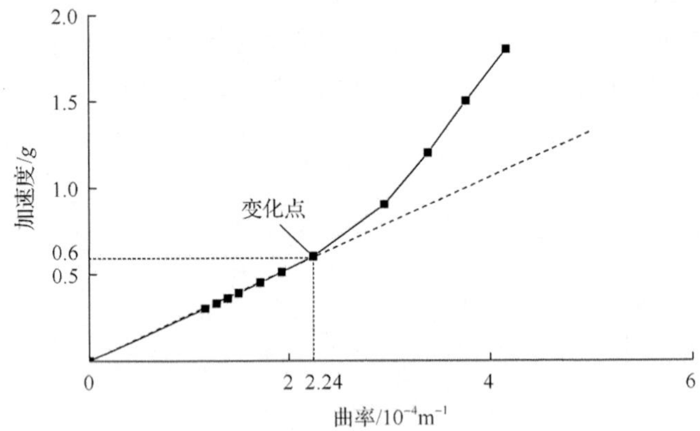

图 10.13　拱顶位移的 IDA 曲线

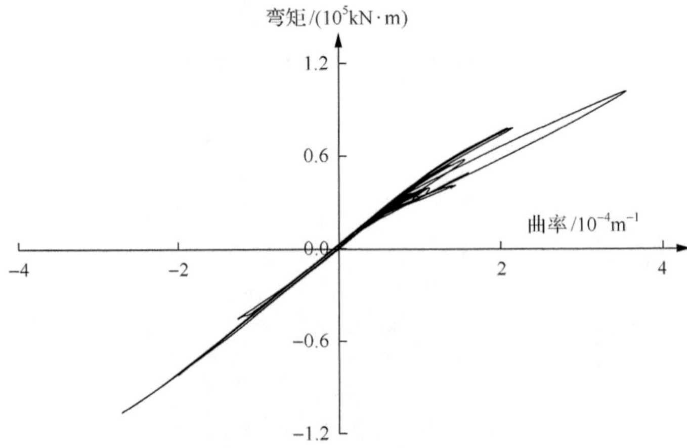

图 10.14　23 号单元的弯矩-曲率滞回曲线(PGA=1.2g)

位移和曲率 IDA 曲线超过屈服点后斜率均增大、出现硬化现象，说明拱顶进入塑性后损伤随地震动强度呈非线性变化，损伤恶化加剧。由图 10.14 可以看出，23 号单元在地震动的 PGA=1.2g 时仅发生轻微的屈服，鉴于 23 号单元所在区域为最先屈服区域，这表明大跨度钢管混凝土拱桥具有较好的抗震性能。

10.5 本章小结

(1)两侧距拱脚 40m 处的 X 形横撑在强震下会率先屈服，一字形横撑不易屈服，横撑屈服能降低拱脚与 1/4 拱的地震弯矩。

(2)横桥向拱肋塑性铰区位置的先后出现次序为距拱脚 18m 附近区域、拱脚与拱顶，拱脚损伤随着地震动增大而呈线性增大，拱顶损伤随着地震动增大呈非线性增大，设计时需要注意。

鉴于拱肋横撑屈服可以减小拱桥横桥向的地震反应，建议将易屈服部位的 X 形横撑设计成防屈曲支撑构件。

参考文献

[1] 重庆交通科研设计研究院. JTG/T B02-01—2008. 公路桥梁抗震设计细则[S]. 北京: 人民交通出版社, 2008.

[2] 尹志雨. 大跨度上承式钢管混凝土拱桥地震响应分析[J]. 水利与建筑工程学报, 2017, 2: 128-132.

[3] 黄福云, 李建中, 陈宝春, 等. 钢管混凝土单圆管拱结构振动台阵试验研究[J]. 工程力学, 2014, 4: 82-92.

[4] 王海良, 张铎, 王剑, 等. 基于 IDA 的钢管混凝土空间组合桁架连续梁桥抗震易损性分析[J]. 世界地震工程, 2015, 2: 76-86.

[5] 戴公连, 汪禹. 大跨度铁路连续梁拱组合桥地震响应及减震特性[J]. 华中科技大学学报(自然科学版), 2015, 43(7): 19-23.

[6] 刘震. 中承式钢管混凝土拱桥地震易损性分析[J]. 公路交通科技, 2015, 8: 72-79, 88.

[7] 王艳, 张广坡, 陈淮. 中、下承式拱桥抗震性能分析[J]. 世界地震工程, 2010, 26(4): 60-65.

[8] Susantha K A S, Ge H B, Usami T. Uniaxialstress-strain relationship of concrete confined by various shaped steel tubes[J]. Engineering Structures, 2001, 23: 1331-1347.

[9] Vidic T, Fajfar P, Fischinger M. Consistent inelastic design spectra-Strength and displacement[J]. Earthquake Engineering & Structural Dynamics, 1994, 23(5), 507-521.

第 11 章　藏木雅鲁藏布江大桥抗震设计

11.1　工程概况及抗震设防目标

11.1.1　工程概况

川藏铁路从四川盆地的成都市出发，西行分别穿越川西高山峡谷区、川西山地区、藏东南横断山高山峡谷区、藏南谷地区，到达终点拉萨。藏木雅鲁藏布江大桥位于西藏自治区山南地区加查县境内桑加峡谷内，海拔约 3500m，峡谷内山高谷深，水流湍急，河床下切较深，气候极端恶劣。

藏木雅鲁藏布江大桥主跨采用 430m 的中承式钢管混凝土拱桥(图 11.1)，是目前国内跨度最大的铁路钢管混凝土拱桥。采用的矢跨比为 1/3.8，悬链线拱轴线、拱轴系数为 2.1，加劲梁为等截面单箱三室预应力混凝土梁，梁高 3m、桥面宽 18m。拱肋为哑铃形截面，采用一字形、N 字形与米字形相结合的横撑形式。吊杆间距为 8m。桥址位于 8 度地震区，地震安全性评价的地面地震基本峰值加速度为 0.23g，反应谱特征周期为 0.45s。桥址表层为人工填土，下层为岩质坚硬的花岗岩。

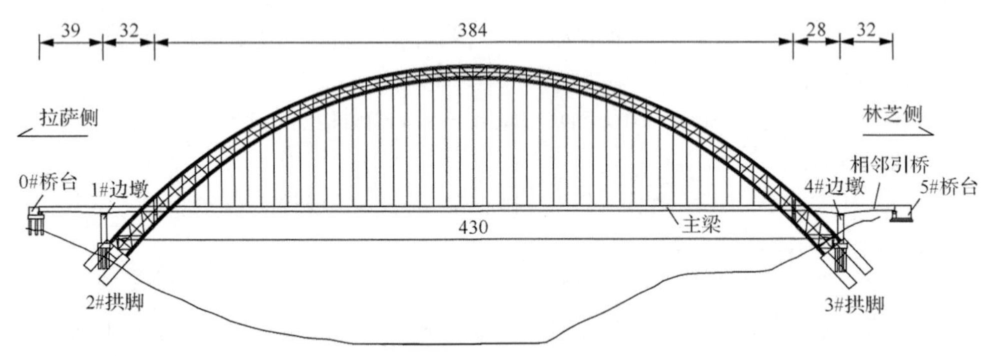

图 11.1　桥型立面布置(单位：m)

为减小主拱所受的地震作用，采用摩擦摆支座与黏滞阻尼器进行减隔震设计。全桥布置了 12 个曲率半径为 6m、滑动摩擦系数为 0.03 的摩擦摆减隔震支座。为限制梁体位移，全桥顺桥向布置了 8 个阻尼常数 C=2500(kN·s/m)^a、阻尼指数 a=0.3 的黏滞阻尼器，横桥向设置了 12 个阻尼常数 C=1200(kN·s/m)^a、阻尼指数 a=0.3 的黏滞阻尼器。

11.1.2 抗震设防目标

基于铁路抗震规范中“A 类工程的设防标准不得低于 B 类工程”原则，考虑到川藏铁路藏木雅鲁藏布江大桥所处地震烈度相对较高的特点，参考文献[1]及第 1 章中的设防原则与标准，制定的藏木雅鲁藏布江大桥所采用的抗震设防标准及设防目标，见表 11.1。

表 11.1 藏木雅鲁藏布江大桥的抗震设防目标

抗震设防标准	功能性评价	总体性能目标	构件性能目标
多遇地震：重现期 150 年 50 年超越概率 28.5%	震后不经修复保持完全通行能力	整体只发生轻微损伤	主拱：处于允许应力下 横撑及腹杆：处于允许应力下 吊杆与桥面连接处：处于允许应力下 主梁：处于允许应力之下 支座：允许进入非弹性 拱座及基础：无变位、无损伤 伸缩缝：允许破坏
罕遇地震：重现期 2475 年 50 年超越概率 2%	震后不经修复保持完全通行能力	整体只发生可修(恢)复损伤	主拱：处于基本弹性状态 拱座及基础：无变位、无损伤 横撑及腹杆：允许发生可修复损伤或震后可更换 吊杆与桥面连接处：可发生可修复损伤 主梁：基本弹性状态 支座：允许进入非弹性 伸缩缝：允许破坏

11.2 抗震概念设计

藏木雅鲁藏布江大桥主跨 430m，中承式钢管混凝土拱桥具有“跨度大、结构轻盈、重心高、阻尼低”的特点。由于输入地震动、材料本构关系及地震分析模型等方面的不确定性，抗震设计不能完全依赖数值计算[2]。若要藏木雅鲁藏布江大桥有理想的抗震性能，需要进行抗震概念设计[3-5]。

藏木雅鲁藏布江大桥的主要构件为拱肋、加劲主梁、吊杆及拱脚基础，次要构件为横撑、辅助墩、支座。藏木雅鲁藏布江大桥结构形式基本对称，采用了减隔震技术，传力路径明确，设计为次要构件先于主要构件发生地震破坏。

11.2.1 主要构件的抗震概念设计

主要构件的抗震概念设计包括：

(1) 拱肋采用强度高、延性好的材料，以提高拱肋的抗震能力，使其后于次要构件发生地震破坏。

藏木雅鲁藏布江大桥的拱肋采用钢管混凝土材料按基本弹性设计，且钢管采用耐候钢。拱肋钢管钢材为 Q420qENH，核心混凝土为 C60，截面含钢率为 9.8%。

(2) 加劲梁采用连续梁并延伸至相邻引桥。

为避免发生边跨落梁，藏木雅鲁藏布江大桥的加劲主梁全跨采用连续梁，并延伸至相邻引桥。

11.2.2 次要构件的抗震概念设计

次要构件的抗震概念设计包括：

(1) 横撑、辅助墩按延性抗震设计。

藏木雅鲁藏布江大桥的横撑及辅助墩按延性抗震设计，地震中先于主要构件破坏，并利用其延性破坏来延长结构周期、耗散地震能量、保护主要构件。震后其损伤可修复或构件可更换。

(2) 墩梁之间、拱肋与主梁之间设置减、隔震装置。

墩梁之间、拱肋与主梁之间设置了 12 个摩擦摆减隔震支座来减小拱肋与辅助墩中的地震作用。减隔震支座会增加梁体位移，顺桥向共设置了 8 个黏滞阻尼器、横桥向设置了 12 黏滞阻尼器进行主梁位移控制。

11.3 有限元模型及动力特性

采用 Midas 建立有限元模型，拱肋、拱肋横撑、主梁及桥墩均采用空间梁单元模拟，吊杆采用桁架单元模拟。钢管混凝土拱肋的两种组合材料采用换算截面法(即等代刚度法)换算成一种材料。模型中将钢材按照截面特性等效的原则换算为混凝土的截面，同时进行了容重修正[6]。拱脚及桥墩承台底处均为固结约束，桥台处按理想约束处理，计算模型见图 11.2。分析模型中摩擦摆支座采用文献[7]中的恢复力模型，黏滞阻尼器采用 Maxwell 模型[8]。

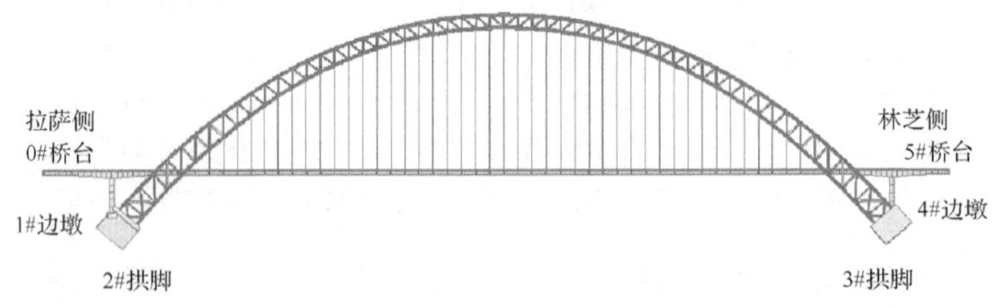

图 11.2 动力分析模型

藏木雅鲁藏布江大桥的前 5 阶自振周期列于表 11.2，前 5 阶振型如图 11.3～图 11.7 所示。

表 11.2　前 5 阶自振频率及其振型描述

振型	自振周期/s	振型描述
第 1 阶	4.983	主梁横向弯曲振动
第 2 阶	2.975	拱肋横桥向弯曲振动
第 3 阶	2.156	体系竖向弯曲振动
第 4 阶	1.735	体系横桥向弯曲振动
第 5 阶	1.497	体系横桥向弯曲振动

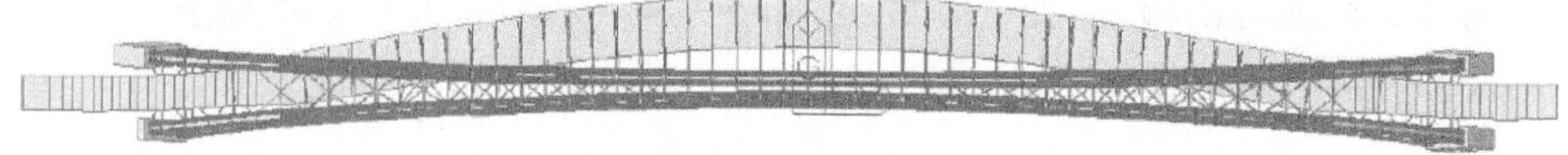

图 11.3　第 1 阶振型主梁横向弯曲振动

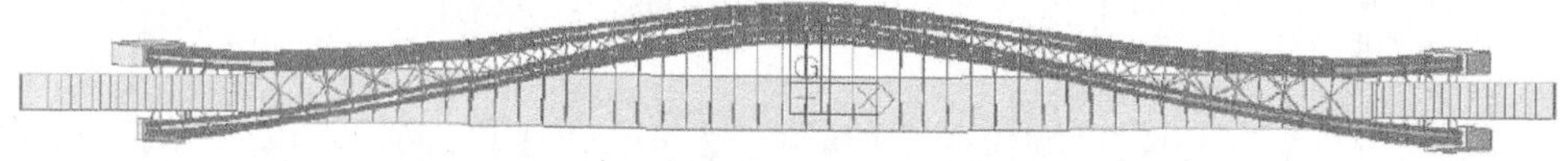

图 11.4　第 2 阶振型主拱侧弯

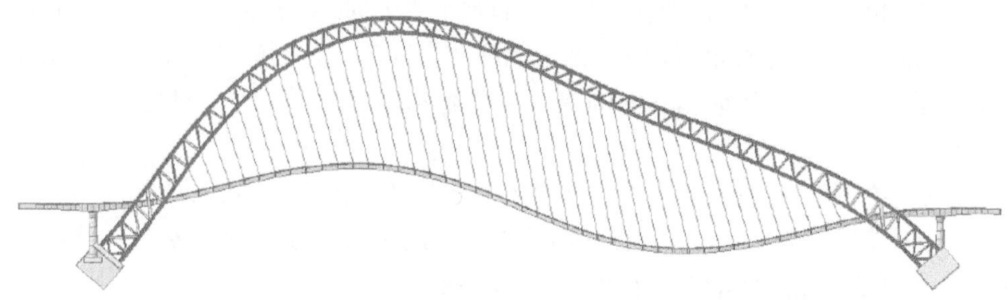

图 11.5　第 3 阶振型主拱竖弯

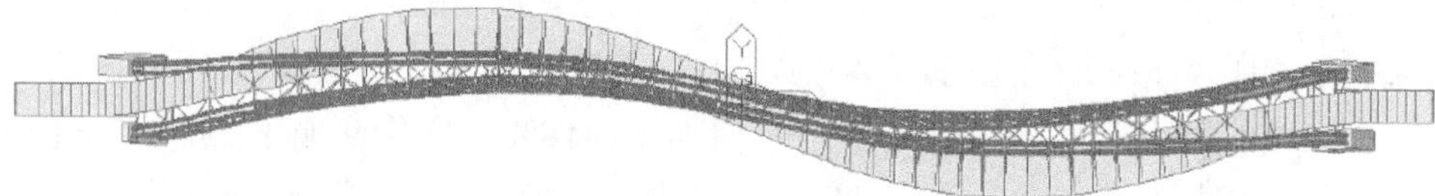

图 11.6　第 4 阶振型体系横桥向弯曲振动

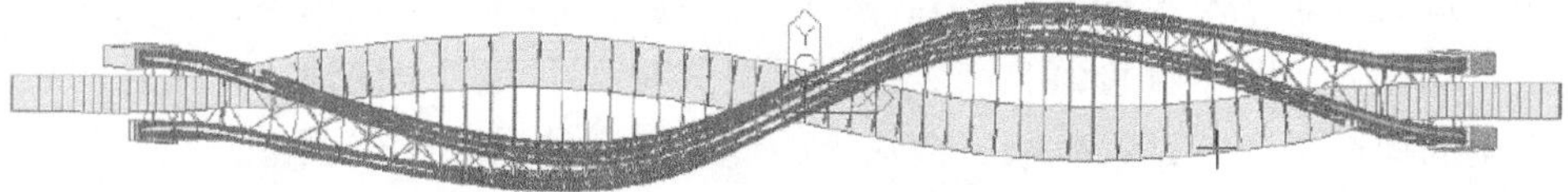

图 11.7　第 5 阶振型体系横桥向弯曲振动

11.4　行波效应分析

采用大质量法模拟行波效应[9]，参考场地安评报告给出的基岩剪切波速及文献[10]中视波速的估算方法，分析中将视波速取为 2000m/s。两拱脚之间的地震波到达时间差为 0.215s。行波效应分析时，顺桥向水平输入安评地震波。行波效应对藏木雅鲁藏布江大桥有重要影响，设计时需要考虑。行波效应对藏木雅鲁藏布江大桥不同位置影响不同，对拱顶影响最大，对拱脚的影响相对较小，对 1/4 拱的影响介于拱顶与拱脚之间。行波效应会增大藏木雅鲁藏布江大桥减隔震支座的滑动位移与黏滞阻尼器的冲程。关于藏木雅鲁藏布江大桥的行波效应分析，详见 5.4.2 节。

11.5　三向地震动输入分析

地震动输入模式取为(顺桥向+横桥向+竖向)三向同时输入。以三条安评波作用为地震动输入。参考文献[11]中规定，三个方向比例关系取为顺桥向：横桥向：竖向=1：0.85：0.65。顺桥向输入安评波的水平主方向，横桥向输入安评波的水平次方向为水平主方向的 85%，竖向输入地震波为水平主方向的 65%。为便于比较，还进行了地震波在顺桥向与竖向的双向地震输入，双向输入时竖向为水平主方向的 65%。

第一条安评波下双向输入与多向输入的结果比较如表 11.3、图 11.8～图 11.11 所示。其中，表 11.3 列出了关键截面的地震反应量值，图 11.8～图 11.11 给出了三向输入与双向输入下的关键截面内力时程曲线。

由图 11.8、图 11.9 可以发现，三向输入与双向输入下的拱脚轴力及弯矩时程曲线形状比较接近。结合表 11.3 可以看出，三向输入下拱脚的轴力比双向地震动输入下增加了 41%，弯矩增加了 45%。由图 11.10、图 11.11 及表 11.3 可知，三向输入下拱顶的轴力比双向地震动输入下增加了 118%，弯矩增加了 54%；三向输入下 1/4 拱顶的轴力比双向地震动输入下增加了 32%，弯矩增加了 5%。

综上所述，三向地震动输入对藏木雅鲁藏布江大桥不同位置影响不同，对拱顶影响最大，对 1/4 拱的影响相对较小，对拱脚的影响介于拱顶与拱脚之间。三向地震动输入对藏木雅鲁藏布江大桥有重要影响，不考虑三向地震作用会明显低估桥梁的地震反应，设计时取三向输入的地震反应结果进行抗震验算。

表 11.3　关键截面的地震反应

输入方式	2# 拱脚			1/4 拱			拱顶		
	轴力/kN	弯矩/(kN·m)	剪力/kN	轴力/kN	弯矩/(kN·m)	剪力/kN	轴力/kN	弯矩/(kN·m)	剪力/kN
双向	708384	262027	48220	185686	9033	888	198505	8681	1427
三向	996676	379606	72095	245844	9504	1067	434257	13378	1656

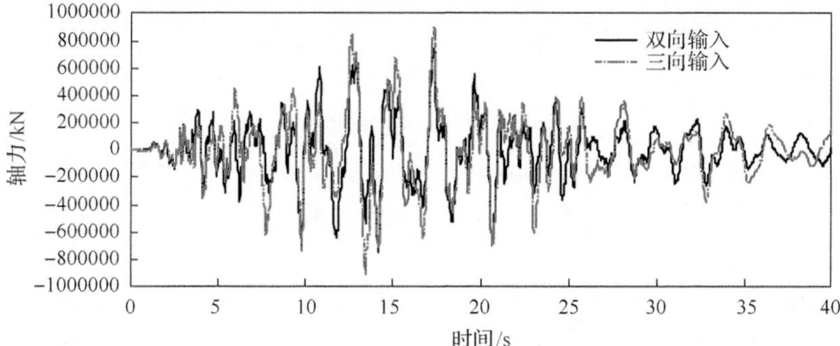

图 11.8　2#拱脚的轴力时程曲线

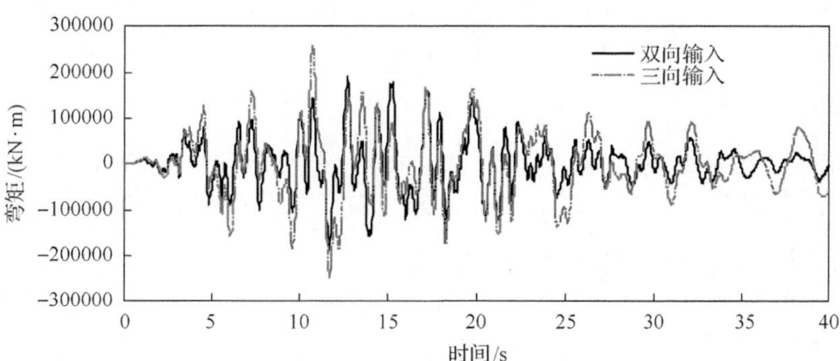

图 11.9　2#拱脚的弯矩时程曲线

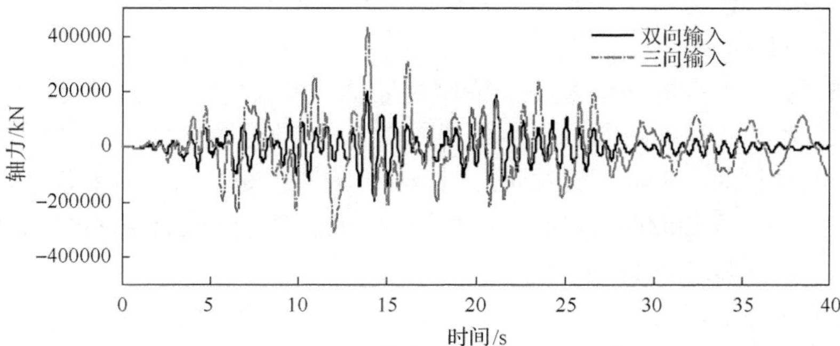

图 11.10　拱顶的轴力时程曲线

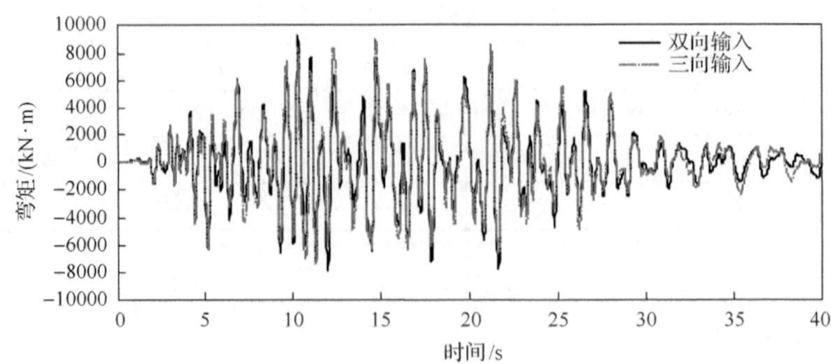

图 11.11　拱顶的弯矩时程曲线

11.6　抗震性能验算

与普通的桥梁结构不同，由于空间的耦合效应，拱肋在两个水平方向均会产生地震作用。为考虑空间效应的影响，采用 Bresier 建议的屈服面函数[12]进行拱肋的抗震性能验算，如下所示：

$$\left(\frac{M_{\mathrm{y}}}{M_{\mathrm{y}P}}\right)^a+\left(\frac{M_{\mathrm{z}}}{M_{\mathrm{z}P}}\right)^b=R \tag{11.1}$$

式中，$R>1$ 表示拱肋进入屈服阶段；$R<1$ 表示拱肋处于弹性阶段；M_{y}、M_{z}分别为顺、横桥向的地震弯矩；$M_{\mathrm{y}P}$、$M_{\mathrm{z}P}$分别为轴力 P 对应截面顺、横桥向的屈服弯矩，可借助 Ucfyber 软件或 Xtract 软件计算；a、b 为取决于截面形状的常数，对于椭圆形、矩形截面，通常取 $a=b=2$，对于窄长截面，可取 $a=b=1$。本桥的拱顶与 1/4 拱截面取 $a=b=2$，拱脚截面取 $a=b=1$。

通过藏木雅鲁藏布江大桥的抗震性能验算可知，拱脚的横桥向地震作用控制设计。罕遇地震作用下，取恒载内力与最不利地震作用进行组合，主拱肋横向抗震验算见表 11.4。

表 11.4 中，各截面均有 $R<1$，表明拱肋处于弹性工作状态。经验算可知，主梁、横撑、腹杆及吊杆的应力均小于其容许应力，处于弹性工作状态，减隔震支座顺桥向的位移为 19cm，横桥向为 29cm；顺桥向黏滞阻尼器的最大冲程约为 16cm，输出力约为 2000kN；横桥向黏滞阻尼器最大冲程约为 29cm，输出力约为 1000kN，达到了既定的抗震性能目标。

需要说明的是，已有的设计对主梁抗震设计关注较少，而此类索支撑主梁的横桥向地震弯矩较大，可能控制设计，需要引起设计人员的注意。本桥为减小主梁横桥向的地震作用，将横桥向的刚性约束改成了黏滞阻尼器约束，有效地降低了约束处及跨中处的主梁横向地震弯矩。

表 11.4　主拱肋横向抗震验算

截面位置		地震弯矩/(kN·m)		屈服弯矩/(kN·m)		R
		M_y	M_z	M_{yP}	M_{zP}	
2#拱脚(拉萨侧)	上弦	46245	110106	1.03×10^5	2.34×10^5	0.92
	下弦	26718	142499	1.28×10^5	2.99×10^5	0.69
3#拱脚(林芝侧)	上弦	45340	78147	1.03×10^5	2.35×10^5	0.77
	下弦	26037	110988	1.27×10^5	2.98×10^5	0.58
1/4 拱点(拉萨侧)	上弦	1115	5207	2.22×10^4	2.22×10^4	0.06
	下弦	1710	3141	3.48×10^4	3.48×10^4	0.01
1/4 拱点(林芝侧)	上弦	1175	5900	2.29×10^4	2.29×10^4	0.07
	下弦	1374	3258	3.41×10^4	3.41×10^4	0.01
拱顶	上弦	2751	3877	2.63×10^4	2.63×10^4	0.03
	下弦	2746	3159	7205	7205	0.34

注：M_{yP}与M_{zP}均为最小轴力对应的屈服弯矩。

11.7　本章小结

藏木雅鲁藏布江大桥为川藏铁路上一座跨度为 430m 的大跨度钢管混凝土中承式拱桥，桥址位于高烈度地震区。本节从抗震概念设计、动力特性分析、行波效应分析与三向地震动输入分析等方面对藏木雅鲁藏布江大桥进行了抗震分析与设计。行波效应与三向地震动输入对藏木雅鲁藏布江大桥有重要影响，且对不同位置的影响也不同，抗震设计时需要考虑。抗震验算表明，拱脚的横桥向地震作用控制设计，拱肋、主梁、横撑、腹杆及吊杆处于弹性工作状态下，摩擦摆支座最大滑移位移约为 29cm，黏滞阻尼器最大冲程约为 29cm，满足既定的抗震性能目标。

参考文献

[1] 夏修身，戴胜勇，陈兴冲，等. 川藏铁路大跨度桥梁抗震设防标准研究[J]. 铁道学报，2016，38(10): 85-89.

[2] Bradley B A. A Critical examination of seismic response uncertainty analysis in earthquake engineering[J]. Earthquake Engineering & Structural Dynamics, 2014, (42): 1717-1729.

[3] 叶爱君，胡世德，范立础. 大跨度桥梁抗震设计实用方法[J]. 土木工程学报，2001，34(1): 1-6.

[4] 项海帆. 桥梁概念设计[M]. 北京: 人民交通出版社, 2011.
[5] 夏修身, 戴胜勇, 刘尊稳. 大跨度拱桥抗震概念设计方法[J]. 地震工程与工程振动, 2017, 37(2): 90-96.
[6] 夏修身, 陈兴冲, 张永亮, 等. 非线性对大跨度拱桥地震反应的影响[J]. 城市道桥与防洪, 2009, (4): 35-38.
[7] 夏修身, 王希慧, 陈兴冲. 输入地震动维数对FPB隔震曲线桥地震反应的影响[J]. 公路交通科技, 2012, 29(11): 69-74.
[8] 夏修身, 崔靓波, 陈兴冲, 等. 长联大跨连续梁桥隔震技术应用研究[J]. 桥梁建设, 2015, 45(4): 39-45.
[9] 李小珍, 洪沁烨, 雷虎军, 等. 地震动输入方向对铁路部分斜拉桥地震响应的影响[J]. 桥梁建设, 2015, 45(1): 26-32.
[10] 刘枫, 张高明, 赵鹏飞. 大尺度空间结构多点输入地震反应分析应用研究[J]. 建筑结构学报, 2013, 34(3): 55-65.
[11] 中华人民共和国住房和城乡建设部. GB 50011—2010. 建筑结构抗震设计规范[S]. 北京: 中国建筑工业出版社, 2010.
[12] 范立础, 胡世德, 叶爱君. 大跨度桥梁抗震设计[M]. 北京: 人民交通出版社, 2001.

第12章　超长联大跨度连续梁桥抗震设计

预应力混凝土连续梁桥具有主梁刚度大、变形小、成桥线形平缓、造型简洁美观、桥面的伸缩缝数量相对较少、行车舒适、施工技术成熟、施工质量和施工工期能得到控制、后期养护工作量小等优点。随着对混凝土收缩徐变、纵向制动力分配、预拱度及施工变形控制等关键问题认识的深入，再加上大吨位支座和大变形量伸缩缝技术的发展，连续梁桥正在向大跨、超长联的方向发展[1-3]。

普通板式橡胶支座竖向承载能力有限，不能满足大跨连续梁桥竖向承载力的要求[4]。大跨连续梁通常采用承载能力较高的盆式橡胶支座。为适用温度变化及混凝土收缩徐变的影响，全桥仅设置一个制动墩，通过制动墩与活动墩支座的摩擦力共同抵抗制动力，以满足正常使用。由于只有一个制动墩，地震时上部结构巨大质量激发的惯性力主要由制动墩承担，制动墩及其基础的抗震问题比较突出。目前，解决这一问题有两类方法[5]：延性抗震设计与减隔震设计。

延性抗震允许结构构件在强震中进入塑性状态(产生地震损伤)，通过构件塑性延长结构周期、减小地震作用，利用塑性构件反复的非弹性变形来耗散地震能量。桥梁延性抗震设计的地震损伤一般预期发生在桥墩中，基础按能力保护设计，震后需对桥墩的地震损伤进行修复。超长联大跨度连续梁桥在路网中的重要性较高，其抗震设防的目标比较高，再加上梁体质量巨大，抗震设计时制动墩顺桥向的地震需求很大，不宜进行延性抗震设计。减隔震设计是通过设置阻尼装置或支座减隔震装置增加结构阻尼或者延长结构的基本周期，以降低结构的地震作用。减震是通过增加阻尼来降低结构中的地震反应，而隔震则是通过延长结构周期来减小地震反应。减震与隔震降低地震反应的机理有所不同。通常，柔性结构利用阻尼减震能取得较好的效果[6]。但阻尼装置的造价相对较高，多用于结构相对较柔、阻尼相对较小的斜拉桥与悬索桥中[7]。隔震技术适用于刚性(短周期)的桥梁结构[8]。

12.1　工 程 概 况

(55+10×100+55)m 预应力混凝土连续梁桥为内蒙古刘召黄河大桥主桥的其中一联，该联总长为 1110m，由左右两幅桥组成，两幅桥的联间墩共用承台与桩基础。超长联大跨度、梁体质量巨大、墩柱数量较多及第 1 阶自振周期较长是刘召黄河大桥主桥的主要特征。该联上部结构为变截面连续箱梁、单幅桥面宽为 12m，支点梁高为 6.25m、跨中梁高为 3m。联间主墩为 3.5m(顺)×6.5m(横)×

0.7m(壁厚)空心矩形截面、全截面纵向钢筋配筋率约为1.4%，联间过渡墩为实心矩形截面。钻孔灌注桩基础，主墩及过渡墩的桩径分别为1.8m、1.6m，全截面纵向钢筋配筋率为1.6%。梁体质量为45134t(含二期恒载)，14#墩为制动墩、墩高23.3m。桥址场地安评报告提供50年超越概率2%(2475年一遇)的地震动峰值加速度为0.237g，按JTG/T B02-01—2008《公路桥梁抗震设计细则》中的B类进行抗震设防。非隔震时结构(采用盆式橡胶支座)的第1阶自振周期为7.7s，体现为制动墩顺桥向的弯曲振动。该桥的有限元模型如图12.1所示。

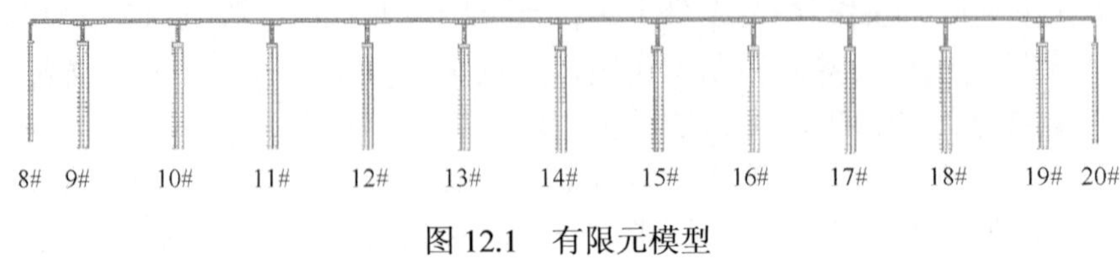

图12.1　有限元模型

12.2　抗震设防标准与性能目标

采用支座减隔震技术后，桥梁的预期地震损伤主要集中在减隔震支座中，桥梁的其余构件按能力保护设计。震后对减隔震支座进行损伤修复或更换，其修复工作较延性抗震设计相对容易。该桥联长、跨大，制动墩控制设计，若保证制动墩在E1水准地震作用下保持弹性，需要增加较多的造价。考虑该桥在路网中的重要性及震后修复工作相对困难，对该桥采用摩擦摆支座进行减隔震设计。

以50年超越概率2%(2475年一遇)的地震动进行抗震设防。制定的性能目标确定为：

(1)减隔震支座为全桥的主要塑性变形部位，支座中设置抗剪螺栓。

(2)当制动墩顶承受的水平地震力超过减隔震支座中的抗剪螺栓极限承载力，剪断支座的抗剪螺栓，全桥为减隔震体系，墩柱及基础保持弹性不发生损伤。

12.3　减隔震设计

板式橡胶支座可通过增加结构的柔性延长结构周期，降低作用于结构上的地震动加速度，减少地震作用，有利于各墩协同抗震，震后支座利用橡胶的弹性自复位。若在地震中板式橡胶支座相对于墩(梁)发生滑动，利用滑动隔震也可在一定程度上减小地震作用保护结构，不足之处是滑动位移不可自恢复，滑动后果具有不可预见性，有落梁的危险。铅芯橡胶支座除了具有板式橡胶支座的优点之外，还能通过增加结构阻尼来减小结构的地震反应，是理想的减隔震装置，在国内外得到了广泛的应用。但由于铅芯橡胶支座的竖向承载力有限，它不适用于大跨连续梁桥。E 形钢阻尼器与盆式橡胶支座组合而成的 E 形钢支座适用于大跨度桥梁，在国内外也有一定的工程应用，但 E 形钢阻尼器的位移能力及屈服后刚度有限且结构体积大。摩擦摆减隔震支座基于曲面滑动隔震原理，承载能力高、造价低，除有一般平面滑动隔震系统的特点外，还具有良好的稳定性、较好的震后自复位功能和抗平扭能力，在国内外新建大跨桥梁及旧桥的抗震加固中也得到了广泛的应用[4]。

摩擦摆支座的屈服后(摆动)刚度与作用于支座的竖向力及曲率半径有关，可以通过支座的曲率半径方便地调整屈服后刚度，与板式橡胶支座一样能使各墩协同抗震。结合本桥的特点，考虑到恒载作用下该桥联间墩一个支座的反力约为 25000kN，对支座承载能力的要求较高，制订了摩擦摆支座的隔震设计方案。为了便于阐述超长联大跨度连续梁桥的隔震机理，还进行了黏滞阻尼器减震方案及普通盆式橡胶支座单制动墩抗震方案的比较分析。

12.3.1　隔震支座布置方案及主要设计参数

单幅桥的每墩顶设置 2 个摩擦摆支座，全桥共布置 52 个摩擦摆支座，通过 14#主墩的摩擦摆支座设置剪力键[8](抗剪螺栓)，实现超长联大跨度连续梁结构在地震中的体系转换。正常使用时剪力键不能失效，14#主墩的摩擦摆支座不能发生摆动，仍为制动墩，利用 14#主墩的抗剪螺栓及活动墩支座的摩擦力共同抵抗制动力。强震中剪力键失效，14#主墩支座发生摆动，单制动墩体系转化为各墩协同抗震体系。为了协调各墩受力并取得较好的减隔震效果，摩擦摆支座的主要技术参数列于表 12.1。

表 12.1　摩擦摆支座设计参数

墩号	μ	W/kN	R/m	F_y/kN	K_{fps}/(kN/m)
8	0.03	3185	5	96	637
9	0.03	22159	5	665	4432
10	0.03	24384	5	732	4877
11	0.03	23544	5	706	4709
12	0.03	23893	5	717	4779
13	0.03	23741	5	712	4748
14	0.03	23822	5	715	4764
15	0.03	23742	5	712	4748
16	0.03	23892	5	717	4778
17	0.03	23544	5	706	4709
18	0.03	24384	5	732	4877
19	0.03	22152	5	665	4430
20	0.03	3183	5	95	637

表 12.1 中，μ 为滑动摩擦系数；W 为恒载支座反力；R 为摩擦摆支座的曲率半径；K_{fps} 为屈服后(摆动)刚度。隔震桥梁的设计基本周期(隔震周期)为 4.1s，体现为桥墩顺桥向的协同弯曲振动。

隔震方案设计时仅在 14#墩顶的摩擦摆支座中设置剪力键，使其在正常使用中具有制动墩的功能。只有一个制动墩且其余支座的摩擦系数较小，为 μ=0.03，与传统的盆式橡胶支座布置方案一样仍能较好地适应温度及混凝土收缩。

12.3.2 阻尼器的布置方案及主要设计参数

在温度及混凝土收缩徐变(低速荷载)作用下，黏滞阻尼器发生蠕变，产生的抗力很小，不会影响到桥梁结构的正常使用功能，地震作用(高速荷载)下激发阻尼器的减震功能。当阻尼指数为 1 时，阻尼器力与速度成比例。当桥墩变形最大时，黏滞阻尼器的阻尼力处于最小，接近于零；桥墩速度最大时，黏滞阻尼器阻尼力也最大，但此时桥墩对应的变形最小，相应的地震内力也最小[9]。因此，桥梁中设置黏滞阻尼器不会显著地额外增加桥墩的地震作用。

除制动墩外，单幅桥的每个墩顶沿顺桥向设置 2 个黏滞阻尼器，全联共设 52 个阻尼器。为了兼顾经济性并取得较好的减震效果，参考已有的工程实践[10]，取黏滞阻尼器的最大承载力为 1500kN，阻尼常数 C=1500(kN·s/m)$^{\alpha}$，阻尼指数 α=0.3。

12.4 减隔震效果分析

12.4.1 动力分析模型

采用有限元软件 Midas Civil 建立动力计算模型。有限元计算模型以顺桥向为 X 轴，横桥向为 Y 轴，竖向为 Z 轴。主梁、桥墩、承台及桩基采用空间梁单元模拟，承台底和桩基顶节点采用主从连接。土对桩的约束用分布弹簧模拟，弹簧的刚度用 m 法计算。动力计算时 m 值为静力的两倍，取 m=15000kN/m^4。模型中考虑了 18.92m 的冲刷深度，二期恒载等效为质量、均匀地施加到主梁中。

建立了三个方案的动力分析模型。采用摩擦摆支座隔震方案时，摩擦摆支座采用 4.4 节的双线性恢复力模型。采用黏滞阻尼器减震方案时，黏滞阻尼器采用 4.3 节的力学分析模型，忽略了活动盆式橡胶支座摩擦耗能的影响。采用固定盆式橡胶支座抗震方案时，固定支座按理想约束，考虑活动盆式橡胶支座的摩擦影响，活动盆式橡胶支座采用理想双线性模型。

12.4.2　地震动输入

本节对内蒙古刘召黄河大桥工程进行了地震危险性分析，提供了桥址的地震动参数。根据桥址场地的《工程场地地震安全性评价工作报告》确定了桥址的输入地震动参数。地震反应分析输入 3 条 50 年超越概率 2%的水平加速度地震动，其伪加速度谱及位移谱见图 12.2 和图 12.3。

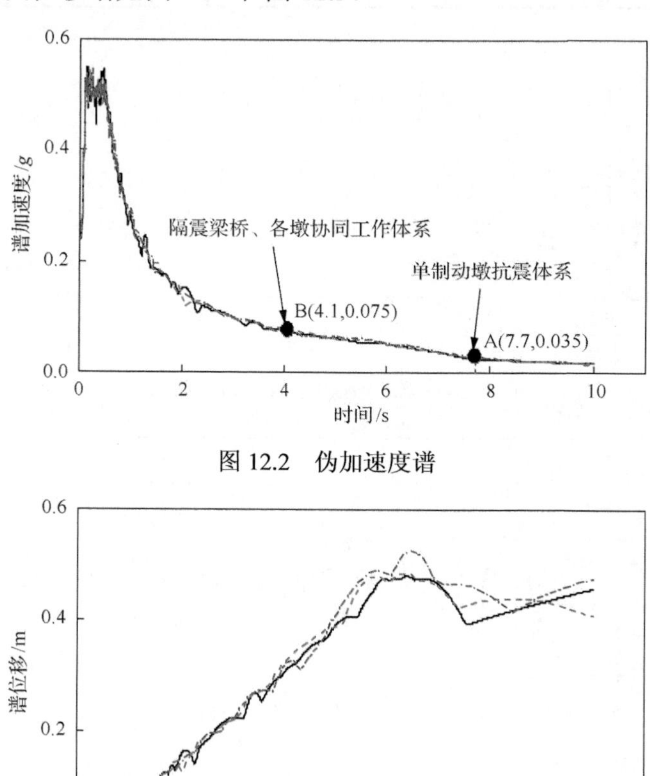

图 12.2　伪加速度谱

图 12.3　位移谱

12.4.3　结果及其分析

表 12.2 给出了三个设计方案下 9#～19#联间主墩在三条安评地震波下墩底弯矩峰值的比较。图 12.4～图 12.9 给出了第一条安评地震波作用下，三个设计方案的时程反应曲线比较，其中图 12.4～图 12.6 为 14#墩(制动墩)时程反应曲线，图 12.7～图 12.9 为 17#墩地震反应。

表 12.2 墩底弯矩比较

设计方案	墩底弯矩/(kN · m)										
	9#	10#	11#	12#	13#	14#	15#	16#	17#	18#	19#
摩擦摆支座	58259	68255	70286	72134	75633	76213	75751	79421	83779	82044	75691
黏滞阻尼器	50230	56275	57666	58674	66630	210040	74456	78812	83265	82677	66899
盆式橡胶支座	45602	49447	50911	51977	56080	255191	66540	71929	76341	76364	55805

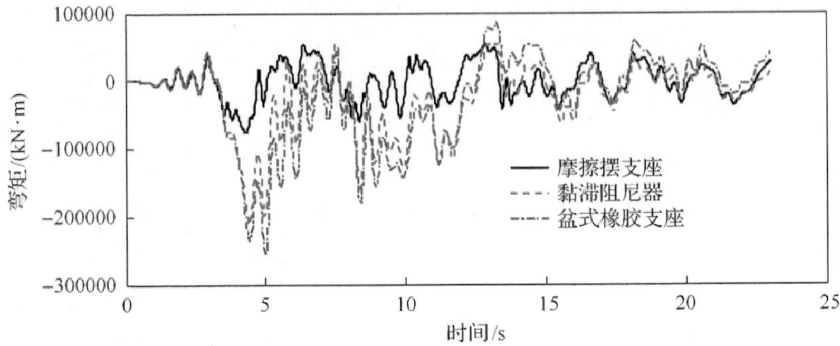

图 12.4 制动墩底弯矩时程曲线比较

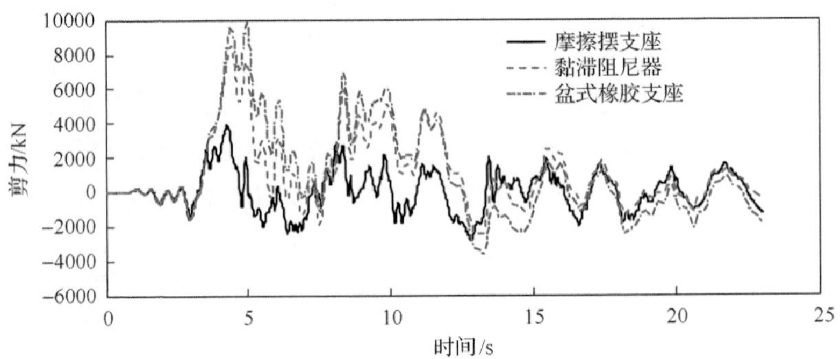

图 12.5 制动墩墩底剪力时程曲线比较

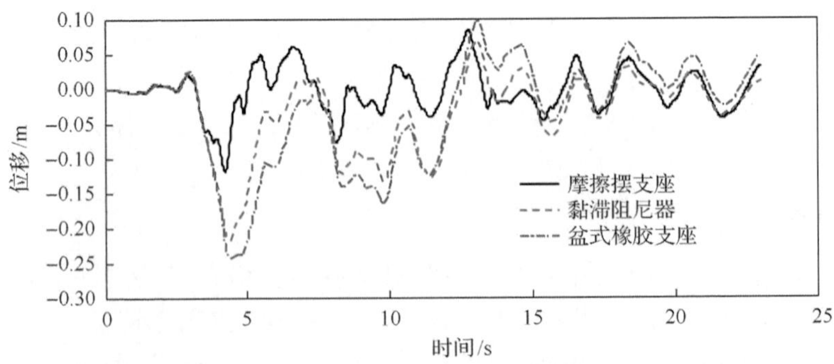

图 12.6 14#墩墩顶位移时程曲线比较

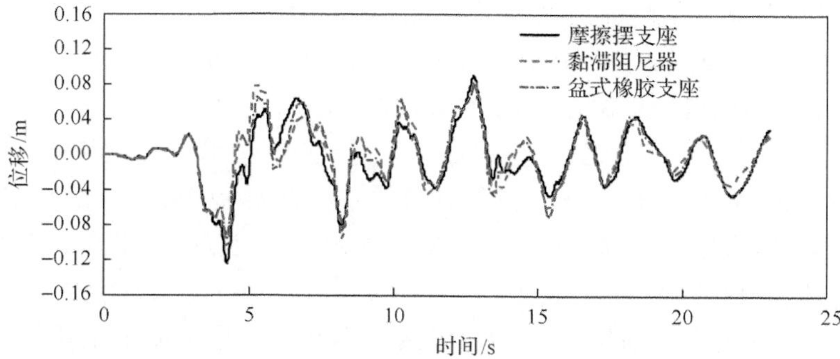

图 12.7　17#墩墩顶位移时程曲线比较

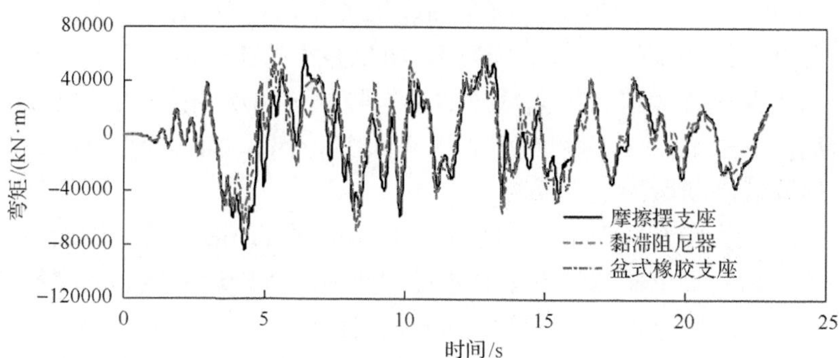

图 12.8　17#墩墩底弯矩时程曲线比较

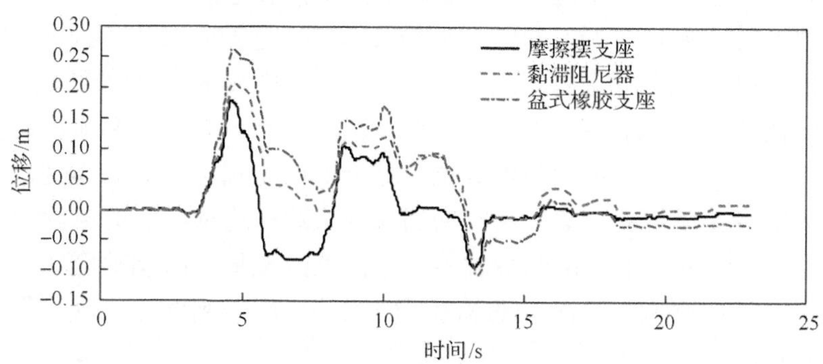

图 12.9　17#墩支座位移时程曲线比较

由表 12.2 可以看出，尽管联间墩具有相同的截面尺寸且墩高相差较小，盆式橡胶支座单制动墩抗震及黏滞阻尼器减震时，制动墩(14#墩)的地震弯矩远大于活动墩，地震作用在制动墩及非制动墩间的分配不均匀。

由表 12.2、图 12.4～图 12.6 可以看出，黏滞阻尼器减震方案的制动墩地震反应小于盆式橡胶支座单制动墩抗震方案，这表明黏滞阻尼器的耗能作用减小了制动墩的反应；而非制动墩的地震反应大于盆式橡胶支座抗震方案的制动墩，这是因为黏滞阻尼器激发的阻尼力加强了非制动墩与主梁间的约束，使地震作用在各墩间进行了一定的重分配。该桥阻尼器减震后制动墩的墩底弯矩为 210040kN·m，较减震前的 255191kN·m 减小了约 18%(若考虑活动支座摩擦耗能的影响，对阻尼常数 C 及阻尼指数 a 适当优化后减震率还会有所提高)。摩擦摆支座隔震后制动墩的墩底弯矩为 76213kN·m，较阻尼器减震后的 210040kN·m 减小了约 64%。摩擦摆支座隔震方案制动墩底的弯矩、剪力及墩顶位移远小于黏滞阻尼器减震方案，且各墩间的数值相对比较接近。

通常的观点认为长周期结构的隔震效果不好，宜增加阻尼减震。本节的长周期超长联大跨度连续梁桥摩擦摆支座隔震比黏滞阻尼器减震的效果好，这是因为，长周期超长联大跨度连续梁桥隔震机理与通常利用隔震延长结构周期相比，显著降低了结构中的地震动加速度，所以减小结构的地震反应有所不同。长周期超长联大跨度连续梁桥的隔震虽然不能降低桥墩承受的地震动加速度(隔震后还有增加，见图 12.2)，但可以显著地降低作用于制动墩墩顶的有效主梁质量，从而明显地降低制动墩的地震反应。

由图 12.7、图 12.8 及表 12.2 可以发现，摩擦摆支座隔震的非制动墩顶位移及墩底弯矩大于黏滞阻尼器减震方案且各墩的数值比较接近，这表明摩擦摆支座隔震后非制动，很好地分担了制动墩的部分地震作用。

从图 12.9 可以看出，17#墩的支座位移、盆式橡胶支座抗震方案最大，摩擦摆支座隔震方案最小，黏滞阻尼器减震方案介于两者之间。隔震方案的支座位移反而小于非隔震支座方案，这是因为盆式橡胶支座抗震时，结构的第一周期较长、主梁质量巨大(45134t)且主要由制动墩承担，地震中梁体带动制动墩产生较大的位移，梁体在地震中基本不产生水平变形，从而引起非制动墩墩顶较大的支座位移。由于黏滞阻尼器有一定的减震效果，黏滞阻尼器减震方案的非制动墩支座位移小于盆式橡胶支座抗震方案。长周期超长联大跨度连续梁桥的摩擦摆支座有效地降低了作用于制动墩墩顶的有效主梁质量，能改变传统的制动墩单独抗震为各墩协同抗震，且本桥的摩擦摆支座采用了较大的屈服后刚度，所以其隔震位移最小也很好理解。

长周期超长联大跨度连续梁桥的隔震机理为：通过减弱制动墩对主梁的约束来有效地降低制动墩墩顶分担的有效主梁质量，从而显著降低制动墩的地震反应；再通过调整隔震支座(桥墩与主梁的约束)刚度加强非制动墩与主梁的约束，使地震作用在各墩之间分配合理，从而使各墩协同抗震。本桥的各桥墩高度相差较小，桥墩刚度比较接近，除边跨外，中间的梁跨按等跨布置，支座反力也比较接近，当采用相同的摩擦摆隔震支座时，支座刚度也比较接近，有利于各墩协同抗震，故隔震效果明显优于黏滞阻尼器减震方案。

12.5　抗震性能验算

该桥最终采纳了摩擦摆支座隔震设计方案。尽管该超长联大跨度预应力混凝土连续梁桥(55+10×100+55) m 的结构非隔震第 1 阶周期长达 7.7s，加速度反应谱值为 0.035g，见图 12.2 中的 A 点，较隔震后第 1 阶周期为 4.1s、加速度反应谱值有所增大，见图 12.2 中的 B 点。该长周期桥梁采用摩擦摆支座隔震之所以可行，主要是因为梁体质量巨大(45134t)，桥墩的地震作用主要由梁体质量贡献，非隔震时主要由制动墩承担，隔震后由各墩共同分担。因此，超长联大跨度连续梁桥有以下主要特点：

(1) 梁体质量巨大，激发的惯性力也大；

(2) 支座反力较大，对支座的承载力要求较高；

(3) 自振周期较长。

当采用摩擦摆支座隔震时，可充分结合超长联大跨度连续梁桥的特点，能最大程度减小地震的不利影响，可有效提高超长联大跨度连续梁桥的抗震性能。

减隔震后 17#桥墩控制设计，需对 17#墩及桩基础进行抗震性能验算。17#墩底截面及桩身截面的抗震验算结果如表 12.3 和表 12.4 所示。

表 12.3　17#墩底截面抗震验算

计算方向	墩底弯矩 M_{max}/(kN·m)	M_y/(kN·m)	$M_{max}<M_y$	验算结论
顺桥向	83779	1.76×10^5	是	通过
横桥向	98191	2.94×10^5	是	通过

表 12.4　17#墩下桩身截面抗震验算

计算方向	地震弯矩 M_{max}/(kN·m)	M_y/(kN·m)	$M_{max}<M_y$	验算结论
顺桥向	6109	7513	是	通过
横桥向	7924	8252	是	通过

验算表明：减隔震后桥墩及桩基础的地震弯矩均小于其初始屈服弯矩，处于弹性工作状态，满足既定的抗震性能目标。

超长联大跨度连续梁桥需要采用大位移量伸缩缝，以适应温度变化及混凝土收缩徐变，该桥摩擦摆支座的顺桥向最大水平滑动位移为 207mm，横桥向最大水平滑动位移为 198mm，梁体位移略大于支座位移。当支座位移介于 50mm～400mm 时，对普通桥梁来说都在可接受的范围之内[12]，隔震时地震作用下的支座位移及梁体位移对该桥伸缩缝选取影响很小。正常使用时及地震中摩擦摆支座沿曲面滑动会引起主梁抬高，由此产生的主梁次内力已通过设计的相关验算。

12.6　支座抗剪螺栓设计

由于剪力键失效前，全桥主要体现为单制动墩抗震体系，剪力键设计时基于以下原则：剪力键失效前各墩的地震弯矩不大于失效后各墩的地震弯矩(隔震弯矩)。支座抗剪螺栓剪断时，桥墩与桩基础不能发生破坏。为了实现预定的抗震设防目标，桥墩与桩基础按能力保护设计。14#主墩设置支座抗剪螺栓，以14#墩底弯矩作为控制设计参数，当螺栓剪断时的墩底弯矩不超过其隔震反应中的最大地震弯矩76213kN时(表12.2)，墩柱不发生破坏。此弯矩对应的墩顶剪力为3267kN(支座的水平承载力)。扣除此墩的支座摩擦力1430kN(可按表12.1中参数计算)，建议制动墩墩顶支座中抗剪螺栓提供的最大剪力之和不宜大于1837kN。该联桥的制动墩剪力键水平极限承载力取为1800kN，可满足制动力下的正常使用要求。

12.7　本 章 小 结

长周期超长联大跨度连续梁桥有其自身的结构特点，是支座隔震技术的适用对象。摩擦摆支座隔震能减弱主梁与制动墩的约束，加强非制动墩与主梁的约束，使各墩协同抗震，可有效地提高其抗震性能。

参 考 文 献

[1] 姚昌荣, 李亚东, 梁东, 等. 山区大跨度桥梁结构选型[J]. 桥梁建设, 2012, 46(2): 81-86.

[2] 何庭国, 袁明, 陈列, 等. 福厦铁路跨越乌龙江长联大跨连续梁桥设计[J]. 桥梁建设, 2008, (4): 43-46.

[3] 刘天培. 将金山特大桥高墩大跨连续梁桥设计[J]. 桥梁建设, 2011, (5): 69-73.

[4] 夏修身. 铁路连续梁拱组合桥基于摩擦摆支座的减隔震研究[J]. 西北地震学报, 2012, 34(4): 350-354.

[5] 夏修身. 铁路高墩抗震设计方法研究[D]. 兰州: 兰州交通大学, 2012.

[6] Symans M D, Charney F A, Whittaker A S, et al. Energy dissipation systems for seismic applications: Current practice and recent developments[J]. Journal of Structural Engineering, 2008, 134(1): 3-21.

[7] 叶爱君, 范立础. 附加阻尼器对超大跨度斜拉桥的减震效果[J]. 同济大学学报(自然科学版), 2006, 34(7): 859-863.

[8] 夏修身, 陈兴冲, 王希慧, 等. 剪力键对隔震桥梁地震反应的影响[J]. 地震工程与工程振动, 2012, 32(6): 104-109.

[9] 王志强, 胡世德, 范立础. 东海大桥粘滞阻尼器参数研究[J]. 中国公路学报, 2005, 18(3): 1-6.

[10] 陈永祁. 桥梁工程液体黏滞阻尼器设计与施工[M]. 北京: 中国铁道出版社, 2012.

[11] 宋子威, 蔡小培. 粘滞性阻尼器在高速铁路长联大跨连续梁中的应用[J]. 清华大学学报(自然科学版), 2012, 52(8): 1102-1105.

[12] Skinner R I. An Introduction to Seismic Isolation[M]. London: John Wiley & Sons, 1993.

附录　大跨度斜拉桥中黏滞阻尼器的阻尼常数 C 的确定方法

全漂浮体系大跨斜拉桥的第 1 阶纵漂周期 T_1 和自振圆频率 ω_b 可按下式计算：

$$T_1=\frac{\sqrt{L}}{2}$$

$$\omega_b=\frac{2\pi}{T_1}$$

式中，T_1 为全漂浮体系大跨斜拉桥的第 1 阶纵漂周期，s；L 为斜拉桥主跨，m；ω_b 为大跨斜拉桥的第 1 阶纵漂自振圆频率，rad/s。通常结构阻尼与黏滞阻尼器的等效阻尼比介于 20%～30%，且不超过 30%。斜拉桥的结构阻尼比为 3%，黏滞阻尼器提供的等效阻尼比 ζ_b 为 17%～27%。

阻尼常数 C 的计算方法如下：

$$C=2m_e\omega_b\zeta_b$$

式中，ζ_b 为黏滞阻尼器提供的等效阻尼比；m_e 为主梁质量，t；C 为阻尼常数，$\mathrm{kN/(m/s)}^{\alpha}$，$\alpha$ 为黏滞阻尼器的速度指数，建议取值介于 0.3～1.0。